Erneuerung der Kritik

Mauro Basaure ist Associate Professor des Instituto de Humanidades der Universidad Diego Portales, Santiago de Chile, und Mitglied des Instituts für Sozialforschung (IfS), Frankfurt/M., sowie der Groupe de Sociologie Politique et Morale (GSPM) an der Pariser École des Hautes Études en Sciences Sociales (EHESS).

Jan Philipp Reemtsma ist Vorstand des Hamburger Instituts für Sozialforschung und der Arno Schmidt Stiftung sowie Professor für Neuere deutsche Literatur an der Universität Hamburg.

Rasmus Willig ist Vorsitzender der Danish Sociological Association, Leiter der Forschungsgruppe »Sociological critique« und Associate Professor am Institute for Society and Globalization, Roskilde University, Dänemark.

Mauro Basaure, Jan Philipp Reemtsma,
Rasmus Willig (Hg.)

Erneuerung der Kritik

Axel Honneth im Gespräch

Unter Mitarbeit von Nora Sieverding

Campus Verlag
Frankfurt/New York

Bibliografische Information der Deutschen Nationalbibliothek
Die Deutsche Nationalbibliothek verzeichnet diese Publikation in der Deutschen Nationalbibliografie; detaillierte bibliografische Daten sind im Internet über http://dnb.d-nb.de abrufbar.
ISBN 978-3-593-38859-5

Umschlaggestaltung: Campus Verlag, Frankfurt/Main
Umschlagbild: Axel Honneth © Wolfgang Becker, Frankfurt/Main
Satz: Campus Verlag, Frankfurt/Main
Druck und Bindung: KM-Druck, Groß-Umstadt
Gedruckt auf säurefreiem und chlorfrei gebleichtem Papier.
Printed in Germany

Besuchen Sie uns im Internet: www.campus.de

Inhalt

Vorwort

Axel Honneth gilt als einer der bedeutendsten deutschen Denker der Gegenwart, der die soziologischen und sozialphilosophischen Diskussionen auch jenseits der Frankfurter Tradition, innerhalb derer er sich intellektuell und beruflich bewegt, in entscheidender Weise geprägt hat und noch immer prägt. Als Nachfolger von Jürgen Habermas auf dem Lehrstuhl für Sozialphilosophie an der Frankfurter Universität und als Direktor des Instituts für Sozialforschung hat er, ebenso wie einst Max Horkheimer, eine institutionelle Doppelstellung, die auf seine Schlüsselfunktion für die Weiterführung der Frankfurter Tradition der Kritischen Theorie verweist.

Die in diesem Band versammelten Interviews aus den letzten zwei Dekaden werfen ein Licht auf den intellektuellen Werdegang Axel Honneths, in dessen Verlauf sich seine tiefe theoretische, institutionelle und persönliche Verbundenheit mit der Tradition der Frankfurter Schule immer mehr herauskristallisiert hat. Die Gespräche dokumentieren das Wechselspiel von *Kontinuität* und *Erneuerung* in seiner Auseinandersetzung mit der Frankfurter Schule, das für die Idee der Weiterführung einer Tradition unerlässlich ist und das er durch die Ausarbeitung der Anerkennungstheorie um ein bedeutsames Kapitel erweitert hat.

In seinen Gesprächen mit Vertretern der Philosophie und der Soziologie unterschiedlicher Nationalitäten werden seine kritische Auseinandersetzung mit der Tradition der Kritischen Theorie der Frankfurter Schule und seine eigenen Positionen offenbar. Sie vermitteln einen lebendigen Eindruck von der Dynamik seines Denkens, die sich aus der Oszillation zwischen gesicherten Positionen und noch unerforschten Fragestellungen ergibt, und sie zeigen zugleich die Grenzen seines Denkens und seiner empirisch ausgerichteten Forschungsinteressen auf.

Was alle Gespräche miteinander verbindet, ist ihr Fokus auf Themen der Gesellschaftskritik und die Tradition kritischer Gesellschaftstheorie. Da die Interviews von sehr unterschiedlichen Personen und in einem Zeitraum von mehreren Jahren geführt wurden, verfolgt jedes aber zugleich spezifische Fragen und sozialwissenschaftliche und philosophische Problemstellungen. Dennoch lassen sich Redundanzen natürlich nicht ganz vermeiden, ebenso wenig wie die Tatsache, dass Axel Honneth in einigen Interviews auf sehr voraussetzungsreiche Fragen nur stichwortartig eingeht. Dafür wird die Frage jedoch vielleicht in einem anderen Gespräch wieder aufgenommen und aus einem etwas anderen Blickwinkel von Honneth genauer beleuchtet. Insgesamt, so hoffen wir, zeichnen die Gespräche ein ausgewogenes und zugleich abwechslungsreiches Bild eines dynamischen Denkprozesses, der den Hintergrund der Entwicklung komplexer sozialphilosophischer Thesen und Gegenwartsdiagnosen bildet, und ermöglichen so auch Lesern, die nicht Spezialisten auf dem Gebiet der Soziologie oder der Sozialphilosophie sind, einen leichteren Zugang zu Honneths Denken.

Wir freuen uns ganz besonders, dass der Band nun im selben Jahr erscheinen wird, in dem Axel Honneth seinen 60. Geburtstag feiert. Die Tatsache, dass Jan Philipp Reemtsma sich unter anderem aufgrund dieser schönen Koinzidenz dazu entschlossen hat, gemeinsam mit uns diesen Band herauszugeben und die Einleitung zu verfassen, stellt für uns eine wertvolle Ergänzung und einen wichtigen Beitrag zu unserer Arbeit an diesem Band dar.

Unser Dank gilt selbstverständlich in erster Linie den verschiedenen Interviewpartnern Axel Honneths, die wir an dieser Stelle gerne namentlich erwähnen möchten: Roger Behrens und Harald Lemke, Reinhard Brunner, Michaël Foessel, Francesc Hernàndez und Benno Herzog, Ulrike Jaspers, Christoph Lieber, Marcos Nobre und Luiz Repa, Armin Pongs, Krassimir Stojanov, Olivier Voirol sowie die Mitglieder der Internationalen Studiengruppe zur Kritischen Theorie des Instituts für Sozialforschung. Auch die Verlage und Zeitschriften, die uns bei diesem Projekt unterstützt haben, seien an dieser Stelle dankend genannt: La Découverte (Paris), Dilemma-Verlag (München), Trotta (Madrid), *Critique & Humanism Journal* (Rumänien), *Esprit* (Frankreich), *Folha de S. Paulo* (Brasilien), *Forschung Frankfurt* (Deutschland), *Revista internacional de filosofía política* (Mexiko-Spanien), *Sozialismus* (Deutschland), *Tüte* (Deutschland) sowie *Widerspruch. Münchner Zeitschrift für Philosophie* (Deutschland). Unseren besonderen Dank möchten wir Nora Sieverding aussprechen, ohne deren sowohl inhaltlich-theoretische als auch editorische und organisatorische Mitarbeit dieser Band wohl nicht zustande gekommen wäre. Außerdem möchten wir uns bei Monica Denz, Frauke Köhler und Beate Kotar, die uns bei der

Suche nach den Texten der vorliegenden Interviews eine große Hilfe waren, sowie bei Sibylle Drews für ihre beratende und unterstützende Hilfe bei der Vorbereitung dieses Buches bedanken. Schließlich danken wir Judith Wilke-Primavesi und dem Campus Verlag dafür, dass sie diese Veröffentlichung möglich gemacht und in jeder Hinsicht unterstützt haben.

Mauro Basaure, Frankfurt am Main
Rasmus Willig, Kopenhagen
im Februar 2009

Widerspruch und Fortsetzung – Axel Honneth im Gespräch über die Kritische Theorie

von Jan Philipp Reemtsma

1.

Man kann immer versucht sein, die »Kritische Theorie« als eine Konstellation von Intellektuellen anzusehen, die, wenn sie nicht durch biografische Zufälle zusammengebracht worden wären, sich auf je eigene Weise entwickelt hätten, so dass man gar nicht auf die Idee käme, sie anders zusammenzudenken als beliebige andere aus annähernd derselben Generation. Einwenden könnte man, dass doch mehr zusammenkommt. Biografisch: geboren zwischen 1892 und 1903, Angehörige des Großbürgertums bzw. gehobenen Mittelstands, mehr oder weniger jüdischen Traditionen verbunden, aber alle im Alter zwischen 30 und Anfang 40 von Diskriminierung und Verfolgung betroffen und mit dem Tode bedroht, exiliert – Walter Benjamin beging nach seiner Internierung in Frankreich bei dem Versuch, die spanische Grenze zu überqueren, Selbstmord.

Was über ähnliche biografische Erfahrungen hinaus intellektuelle Gemeinsamkeiten angeht, so ist die Spekulation eigentlich müßig, ob sich die Konstellation »Kritische Theorie« aufgrund entsprechender Affinitäten gebildet oder sich durch die faktische Konstellation und den Bezug der je eigenen Gedanken auf den und die anderen hergestellt hat. Das eine geht nicht ohne das andere. Dennoch kann man die Konstellation »Kritische Theorie« unterschiedlich dicht beschreiben – als das Gewebe verschiedener hinüber und herüber schießender Fäden, die sich kreuzen, verbinden, verflechten, aber doch aus jeweils eigenen Richtungen in unterschiedliche Richtungen geschossen werden, oder als im Resultat strukturiertes Gewebe, neben dem von ihm mehr oder weniger unabhängige eigene Weberstücke entstanden sind.

Wenn man sich mit *der* Kritischen Theorie beschäftigen will, hat nur letztere Betrachtungsweise einen Sinn, und für jemanden wie Axel Honneth, Direktor des Instituts für Sozialforschung und Inhaber des Lehrstuhls für Sozialphilosophie an der Universität Frankfurt, ist eine solche Betrachtungsweise ein Obligo. Da nichts, womit es ernst ist in der Welt, ohne Ambivalenzen zu haben ist, so wohl auch dieses Obligo nicht. »Als ich Direktor wurde [wollte ich] eigentlich all das, was in diesem Raum noch an Adorno erinnerte, entfernen [...]. Aber natürlich kann ich mich von diesem Erbe nicht ganz freimachen, und das hat auch eine positive Seite. Denn daraus erwächst für mich der Anspruch, Philosophie und Sozialforschung auf einem gewissen Niveau wieder zusammenzuführen. Dieser Herausforderung stelle ich mich.« (39)*

Nun wird das Problem, was denn die Kritische Theorie überhaupt ausmache, gerade dann, wenn man sie als ein generationenübergreifendes Projekt ansieht, durchaus noch weit verzwickter. Helmut Dubiel schreibt von einem »Schisma der kritischen Theorie«, in dem die Orthodoxie von der ersten Generation, namentlich Horkheimer und Adorno, hingegen die, wenn man so will, Häresie von Jürgen Habermas repräsentiert wird: »Diejenigen, die nicht daran glauben, daß die Dynamik des Kapitalismus domestizierbar ist, die die Demokratie letztlich für ein ideologisches Gespinst halten und emanzipatorische Bewußtseinsformen für unwahrscheinlich in der gegebenen Gesellschaft, werden die radikale Variante kritischer Theorie favorisieren, die in der ›Dialektik der Aufklärung‹ vorliegt. Diejenigen hingegen, die solchen Antworten widersprächen, würden eher der Variante kritischer Theorie zuneigen, die Jürgen Habermas in der ›Theorie des kommunikativen Handelns‹ vorgelegt hat.« (Dubiel 1989: 505) Und was ist mit der dritten Generation, der Axel Honneth angehört, der sowohl der *Dialektik der Aufklärung* (Horkheimer/Adorno [1947] 1997) widerspricht als sich auch Habermas' *Theorie des kommunikativen Handelns* (1981) nicht umstandslos anschließt?

Nun kann man sich selbstverständlich im Rahmen eines theoretischen Kontextes widersprechen und muss keineswegs unisono reden, aber dennoch stellt sich die Frage, was denn bei doch recht fundamentalen intellektuellen Gegensätzen das Gemeinsame dieses Rahmens ausmacht. Auch wenn wir zum Beispiel in der *Enzyklopädie der Philosophie und Wissenschaftstheorie* (Mittelstraß 1996) in dem Artikel »Theorie, kritische« auf einzelne charakterisierende Stichwörter stoßen wie Beharren auf einer »nicht auf technische Einsichten reduzierten praktischen Vernunft«, so sind das derart allgemeine Bestimmungen, dass sich aus ihnen schwerlich etwas

---

* Die Seitenzahlen im Text beziehen sich auf diesen Band.

wie ein gemeinsamer Theoriekorpus gewinnen lässt. Es ist mit der Kritischen Theorie wie mit der Philosophie allgemein, von der Richard Rorty sagt, das »Aufzählen der ›philosophischen Probleme‹ und die Frage, was diese Probleme gemeinsam haben, verhilft uns nicht zu einer Spezifizierung des Eigentlichen der Philosophie. Was dem einen Jahrhundert als Problem galt, ist dem nächsten nur scholastische Haarspalterei.« (Rorty 2000: 10) Man solle sich nicht auf »gemeinsame Probleme«, sondern auf Textbezüge verständigen. Rorty nennt diejenigen »Philosophen«, die die Texte Platons und Kants »mit Faszination und Spannung gelesen und sich auf die Philosophie eingelassen haben, um ihr Handwerkszeug zum Durcharbeiten der Fragen zu haben, die diese Schriften ihnen aufgaben. Viele von diesen Leuten erklären freilich ihr Leben lang, genau welche schrecklichen Fehler Platon, Kant oder beide gemacht hätten. Aber es ist die Beunruhigung durch die Fehler gerade *dieser* beiden und nicht durch irgendwelche alten Fehler oder beliebige alte Rätsel, die solche Leute zu Philosophen stempelt.« (Ebd.: 13f.)

Analog kann man sagen, dass man jemanden zur Kritischen Theorie rechnen kann, der durch die Lektüre der *Dialektik der Aufklärung* nachhaltig geprägt und beunruhigt worden ist – wozu keineswegs gehört, dass er den Thesen oder dem Argumentationsgang der Schrift zustimmen muss.

2.

Aber kommt denn der *Dialektik der Aufklärung* tatsächlich diese zentrale Stellung zu? Adornos Spätwerk – seine Schriften zur Literatur, seine *Ästhetische Theorie* ([1969] 1997), die *Negative Dialektik* ([1966] 1997) – sind Fortschreibungen und Radikalisierungen zentraler Intentionen der *Dialektik der Aufklärung* (Horkheimer/Adorno [1947] 1997; vgl. Reemtsma 2005). Ähnliches gilt für den späten Horkheimer. Jürgen Habermas unterzieht im *Philosophischen Diskurs der Moderne* (1998) die *Dialektik der Aufklärung* einer fundamentalen Kritik: Sie stelle eine Diagnose – die einer fugenlos beherrschten Welt –, die im Grunde die Diagnose selbst unmöglich mache. Adorno und Horkheimer – vor allem dann auch Adorno in den *Minima Moralia* ([1951] 1997) – versuchten aus diesem »performativen Widerspruch« zu entkommen, indem sie ihn sozusagen als Stilprinzip einer »sich selbst überbietenden Ideologiekritik« (Habermas 1998: 154) in das eigene Werk einbauten. Habermas' Einrede: »Wer an einem Ort, den die Philosophie einst mit ihren Letztbegründungen besetzt hielt, in einer Paradoxie verharrt, nimmt nicht nur eine unbequeme Stellung ein; er kann die Stellung nur halten, wenn mindestens plausibel zu machen ist, dass es *keinen Ausweg* gibt. Auch der Rückzug aus einer aporetischen Situation muß verlegt sein, sonst gibt es einen Weg, eben den zurück. Dies, meine ich, ist aber der Fall.« (Ebd.: 155) Adorno und Horkheimer hätten sich »einer hemmungslosen Vernunftskepsis überlassen, statt die Gründe zu erwägen, die an dieser Skepsis selber zweifeln lassen.« (Ebd.: 156)

Gleichwohl: Für Habermas bleibt die *Dialektik der Aufklärung* einer der zentralen Texte der philosophischen Moderne, mit dessen Widersprüchen und Aporien es sich auseinanderzusetzen gilt, statt ihn, wie es ja auch denkbar wäre, einfach achselzuckend beiseite zu schieben. Für Helmut Dubiel markiert diese Auseinandersetzung den Bruch zwischen »alter« und »neuer« Kritischer Theorie – die Rede vom »Schisma« war bereits zitiert worden. Für Axel Honneth ist die *Dialektik der Aufklärung* ein Klassiker, der sich von seinen Autoren gleichsam gelöst habe und ein »Eigenleben« führe (66).

Die Frage nach dem »Erbe dieses Buches in Bezug auf die [...] ›dritte Generation‹ der Frankfurter Schule« (49) beantwortet Honneth in Bezug auf die eigene Person durchaus reserviert: »Also ich glaube, nüchtern gesagt, die *Dialektik der Aufklärung* spielt für meine eigene Forschungstätigkeit keine maßgebliche Rolle.« Jedoch: »Alle diese Auseinandersetzungen mit der *Dialektik der Aufklärung*« – im eigenen Werk – »sind Versuche gewesen, mich in einer bestimmten Tradition zu verorten und diese Tradition angemessen zu verstehen, um sozusagen das Beste aus ihr zu machen.« (70) »Meine ursprüngliche Frage war: Was ist unter sozialtheoretischen Gesichtspunkten falsch und unzureichend an der *Dialektik der Aufklärung*? Später war die Frage: Warum ist die *Dialektik der Aufklärung* eigentlich bis heute eine faszinierende Studie, obwohl sie theoretisch in manchen Hinsichten nicht zureichend und sogar äußerst problematisch ist?« (53) Honneth bietet zwei Lesarten der *Dialektik der Aufklärung* an. Einmal könne man sie als sozialtheoretischen Entwurf lesen, zum anderen als »erschließende Kritik«. In letzterer Lesart gehöre sie zu Schriften wie etwa Rousseaus *Diskurs über die Ungleichheit*, wo sich die Frage nach dem empirischen Gehalt nicht stelle, sondern in denen ein veränderter Blick auf die Gesellschaft eingeübt werde: »Dann ist es ein einmaliges Buch, ein großer Wurf – Punkt, Schluss, aus; danach gibt es nichts, da kann man nicht einfach anknüpfen, weil es auch gar nicht akademisch als Anregung zu verstehen ist [...], wenn man anknüpfen kann an die *Dialektik der Aufklärung*, dann im Prinzip nur, wenn man sie als sozialtheoretischen Entwurf versteht.« Mit dieser Lesart aber verfalle die »Dialektik« der fachlichen Kritik: »Da ich nun viele der Konstruktionsmittel und der gesellschaftstheoretischen Konzepte für äußerst problematisch halte, kann ich sowieso nicht ohne Weiteres an diesen sozialtheoretischen Entwurf anknüpfen.« Zwar gebe es Momente, die das fortführende Durchdenken lohnten, »aber dann in einer vollkommen anderen Weise«. (71)

So bleibt dieser zentrale Text der ersten Generation der Kritischen Theorie ein erratischer, mit dem sich jeder, der sich zu dieser Tradition rechnen möchte, herumzuschlagen hat, der aber gleichwohl nicht als Theoriebestand zu übernehmen, noch weiterzuschreiben ist, sondern von dem sich die Generationen immer wieder erneut abstoßen müssen, um zu ihren eigenen Theoriesprachen zu finden.

3.

Wenn Honneth von »Kritischer Theorie« oder »Gesellschaftskritik« spricht – »Ich nutze bestimmte normative Potenziale der Philosophie, um sie mit einer gesellschaftstheoretischen Grundannahme zu verknüpfen, so dass sich daraus begründete Ansatzpunkte für eine Kritik unserer gegenwärtigen Gesellschaften ergeben« (21) –, so tut er das stets in einem weiter gefassten Traditionsrahmen, dem (links-)hegelianischen. Das heißt, dass kritische Maßstäbe, an denen sich die vorhandene Sozialität zu messen habe, nicht von außen an die Gesellschaft herangetragen werden können, sondern sich auf etwas beziehen müssen, was in der Gesellschaft als kritisches Potenzial vorhanden und sichtbar sein muss, »dass der Gesichtspunkt der Kritik in irgendeiner Weise als verankert in der existierenden Gesellschaft gedacht werden soll.« Honneth bezeichnet das als »vorwissenschaftliche Instanz der Kritik«, und »diese Anbindung der Kritik an eine vorwissenschaftliche Instanz wäre ein Identitätsmerkmal der Frankfurter Schule« (150). Die Kritische Theorie der ersten Generation führte die marxistische Idee eines gesellschaftskritischen (und -verändernden) Potenzials in Gestalt der Arbeiterklasse eine Zeit lang weiter, aber spätestens ab der *Dialektik der Aufklärung* sei dergleichen in der Gesellschaft nicht mehr auszumachen und damit entfällt diese linkshegelianische Rechtfertigung der Kritik. Insofern hat Helmut Dubiel natürlich Recht, wenn er sagt, die *Dialektik der Aufklärung* sei gewissermaßen von einem »teilnahmslosen Beobachter, der seine motivationalen Antriebe zur Herrschaftskritik im Rahmen seiner eigenen Theorieprämissen nicht ausweisen« könne, verfasst (Dubiel 1989: 513). Diese Haltung musste aufgegeben werden, wenn das Projekt »Kritische Theorie« irgend fortgeführt werden konnte. Bei Habermas ist es das kommunikative Handeln, aus dessen Analyse er eine Erneuerung der Kritik der rein instrumentellen Rationalität gewinnen konnte und das für ihn jene normativen Implikationen barg, die einen kritischen Blick auf die Gesellschaft ermöglichten. Habermas habe »das Paradigma der Produktion [...] durch das Paradigma der Verständigung ersetzt« (116).

Honneth fühlt sich dem Theorieentwurf Habermas' näher als dem der ersten Generation der Kritischen Theorie (vor oder nach der *Dialektik der Aufklärung*) und sieht die eigene Arbeit an der »Anerkennungstheorie« (Honneth 1992) als »eine Vertiefung oder Nuancenverschiebung im Begriff des kommunikativen Handelns«, aber – in dieser »Nuancenverschiebung« – durchaus auch als Korrektur: »mit dem Ziel, das Konfliktuelle und das Antagonistische in unserer sozialen Praxis viel stärker ins Zentrum zu rücken.« (77f.) Habermas' Theorie lasse »am Ende [...] der Tatsache sozialer Konfliktualität zu wenig Raum [...], also der Grundtatsache einer Konfliktualität oder einer Konkurrenz und eines Kampfes unter den vergesellschafteten Subjekten.« (116) In Anknüpfung an den frühen Hegel, an Mead und Sartre entwickelt Honneth die Idee sozialer Evolution als Prozess konflikthaften Suchens der Menschen nach Anerkennung. Honneth leugnet dabei natürlich nicht, dass es immer auch Auseinandersetzungen gibt, die sich aus den unterschiedlichen (materiellen) Interessenlagen ergeben, bezieht sich aber unter anderem auf Barrington Moore (1982), wenn er betont, dass diese wenigstens zumeist der Übersetzung in eine Idee davon, was gerecht oder ungerecht, angemessen oder unangemessen ist, bedürfen.

Die Vorstellung von intersubjektiver Anerkennung differenziert sich im Prozess der Modernisierung aus; Honneth unterscheidet drei Anerkennungsformen: die Liebe, das Recht und die Wertschätzung (respektive Solidarität). Diese Anerkennungsformen entfalten sich dabei zwar auch, aber nicht nur in verbaler Kommunikation, sondern in der Körperlichkeit, im Gestischen, im Wahrgenommenwerden – Honneth spricht auch von »Sichtbarkeit«. Es geht hier nicht nur um eine Dimension des Sozialen, sondern diese Dimension des Sozialen ist die anthropologische Voraussetzung dafür, dass sich jemand überhaupt als Subjekt erfährt. Es geht darum, als Liebender (oder Geliebter), als jemand, der Rechte hat (man denke an Hannah Arendts berühmten Satz, das Grund-Recht bestehe darin, überhaupt Rechte zu haben), und als jemand, dem Zuwendung zu Teil wird, gesehen zu werden. Aber es geht auch darum, sich als Selbst im Blick des Anderen wiederzufinden. Wer die Erfahrung hat machen müssen, eine gewisse Zeit ohne menschlichen Blickkontakt zu leben, hat dabei erfahren, dass man irgendwann nicht einmal mehr den eigenen Gedanken traut. Der Mensch ist, um sich als Subjekt zu erfahren, auf Kommunikation – verbale und nonverbale – angewiesen.

Arno Schmidt schrieb in seinem Essay über Charles Dickens: »Nunmehr stehen seine Gestalten […] finster und wortlos da; sehen Gott ins Gesicht; ziehen die Lumpen enger; und sagen nur die Anklage aller Anklagen: ›Look at me!‹« (Schmidt 1990: 396) In diesem Satz ist aber, neben der Anklage dessen, den man im sozialen Dunkel nicht sieht, ebenso das normative Ideal einer Gesellschaft enthalten, nach dem man sich sehnt: »Look at me!« Auf diese Pointe läuft Axel Honneths Anerkennungstheorie hinaus, und, noch einmal sei es zitiert: »diese Anbindung der Kritik an eine vorwissenschaftliche Instanz wäre ein Identitätsmerkmal der Frankfurter Schule«.

Literatur

Adorno, Theodor W. ([1951] 1997), *Minima Moralia. Reflexionen aus dem beschädigten Leben*, in: ders., *Gesammelte Schriften*, Bd. 4, Frankfurt/M.

— ([1966] 1997), *Negative Dialektik*, in: ders., *Gesammelte Schriften*, Bd. 6, Frankfurt/M.

— ([1969] 1997), *Ästhetische Theorie*, in: ders., *Gesammelte Schriften*, Bd. 7, Frankfurt/M.

Dubiel, Helmut (1989), »Herrschaft oder Emanzipation? Der Streit um die Erbschaft der kritischen Theorie«, in: Axel Honneth, Thomas McCarthy, Claus Offe, Albrecht Wellmer (Hg.), *Zwischenbetrachtungen. Im Prozeß der Aufklärung*, Frankfurt/M., S. 504–518.

Habermas, Jürgen (1998), *Der philosophische Diskurs der Moderne*, Frankfurt/M.

Honneth, Axel (1992), *Kampf um Anerkennung. Zur moralischen Grammatik sozialer Konflikte*, Frankfurt/M.

Horkheimer, Max/Adorno, Theodor W. ([1947] 1997), *Dialektik der Aufklärung*, in: Theodor W. Adorno, *Gesammelte Schriften*, Bd. 3, Frankfurt/M.

Mittelstraß, Jürgen (Hg., 1996), *Enzyklopädie der Philosophie und Wissenschaftstheorie*, Stuttgart, Weimar.

Moore, Barrington (1982), *Ungerechtigkeit. Die sozialen Ursachen von Unterordnung und Widerstand*, Frankfurt/M.

Reemtsma, Jan Philipp (2005), »Der Traum von der Ich-Ferne. Adornos literarische Aufsätze«, in: Axel Honneth (Hg.), *Dialektik der Freiheit. Frankfurter Adorno-Konferenz 2003*, Frankfurt/M., S. 318–362.

Rorty, Richard (2000), *Die Schönheit, die Erhabenheit und die Gemeinschaft der Philosophen*, Frankfurt/M.

Schmidt, Arno (1990), »Tom all alone's. Bericht vom Nicht=Mörder«, in: ders., *Bargfelder Ausgabe*, Bd. II.2, Bargfeld.

Vita Axel Honneth

Axel Honneth wurde am 18. Juni 1949 geboren und wuchs in Essen in Nordrhein-Westfalen auf. Von 1969 bis 1974 studierte er an den Universitäten Bonn und Bochum Philosophie, Soziologie und Deutsche Literaturwissenschaft und schloss sein Studium 1974 mit dem Magister Artium in Philosophie ab. 1974 begann er seine Promotion zunächst mit einem Postgraduierten-Stipendium der Freien Universität Berlin (FU), und anschließend war er von 1977 bis 1982 dort wissenschaftlicher Assistent am Institut für Soziologie. 1982 promovierte er bei Urs Jaeggi an der FU mit einer Arbeit unter dem Titel »Kritik der Macht. Foucault und die Kritische Theorie«. Von 1982 bis 1983 verbrachte er einen Forschungsaufenthalt bei Jürgen Habermas am Max Planck Institut für Sozialwissenschaften in Starnberg und wurde im Anschluss von 1983 bis 1989 Hochschulassistent am Institut für Philosophie der Johann Wolfgang Goethe-Universität Frankfurt am Main. Von 1989 bis 1990 war Axel Honneth Fellow am Wissenschaftskolleg, Berlin. 1990 habilitierte er sich bei Jürgen Habermas mit der Arbeit »Kampf um Anerkennung« am Institut für Philosophie der Goethe-Universität. Es folgten Professuren für Philosophie an der Universität Konstanz und Politische Philosophie an der FU Berlin (Otto-Suhr-Institut). 1996 wurde er als Nachfolger von Jürgen Habermas auf den Lehrstuhl für Sozialphilosophie an der Frankfurter Universität berufen und 2001 zum geschäftsführenden Direktor des Instituts für Sozialforschung ernannt. Seit 2007 ist er in der Nachfolge von Rüdiger Bubner Präsident der Internationalen Hegel-Vereinigung.

Im Verlauf seiner Karriere hat Axel Honneth zahlreiche Stipendien und Auszeichnungen erhalten sowie verschiedene Gastprofessuren innegehabt. So war er bereits 1985 Visiting Lecturer an der McGill University, Montreal und 1987 Gastwissenschaftler an der Kyoto-Universität, Kyoto. Es folgten zahlreiche Gastprofessuren: 1995–1996 hatte Honneth die Theodor-Heuss-Professur an der Graduate Faculty of the New School, New

York, inne, 2005 nahm eine Gastprofessur am Department of Philosophy am Boston College, Boston, wahr, 2006 war er Harris Visiting Professor am Department of Philosophy des Darthmouth College, Hannover/New Hampshire, und 2008 Gastprofessor am Fachbereich für Philosophie der Universität Paris I (Sorbonne). 1997 hielt er die Hannah Arendt Memorial Lecture an der University of Southampton, 2002 die Rice University Lecture Series an der Rice University, Houston, und 2005 die Tanner-Lectures an der University of California, Berkeley. 2004 erhielt er die F. Palacky Honorary Medal for Merit in Social Sciences (Academy Council of the Academy of Sciences des Tschechischen RepublicAwards) und 2008 wurde ihm die Ehrendoktorwürde der Leuphana Universität Lüneburg verliehen.

Die Forschungsgebiete Axel Honneths umfassen Sozialphilosphie, Ethik und Moralphilosphie, Gesellschaftstheorie und Moralsoziolgie. Er ist Herausgeber und Autor zahlreicher Bücher und Aufsätze* und Mitherausgeber verschiedener Zeitschriften (*Deutsche Zeitschrift für Philosophie*, *European Journal of Philosophy*, *Constellations*, *WestEnd*). Als Direktor des Frankfurter Instituts für Sozialforschung ist er zugleich Herausgeber der Schriftenreihe Frankfurter Beiträge zur Soziologie und Sozialphilosophie, die im Campus Verlag, Frankfurt/M. erscheint.

* Für detailliertere Informationen zu den Schriften Axel Honneths siehe die ausführliche Bibliografie am Ende des Bandes – Anm. d. Hrsg.

1. Die gespaltene Gesellschaft

Gespräch mit Armin Pongs

Armin Pongs: *Sehen Sie sich selbst als Gesellschaftstheoretiker, Gesellschaftskritiker, Gesellschaftsarchitekt oder lediglich als geselliger Zeitgenosse?*

Axel Honneth: Als irgendetwas zwischen Gesellschaftstheoretiker und Gesellschaftskritiker. Ich sehe mich nicht in der Lage, Prinzipien einer ganzen Gesellschaftstheorie zu entwickeln. Das verlangt enorm viel an soziologischer Grundlagenforschung, außerdem gibt es beeindruckende Vorbilder, von den Klassikern bis zu Jürgen Habermas. Ich glaube nicht, dass man heute ohne Weiteres noch einmal eine eigene Gesellschaftstheorie aus dem Boden stampfen kann. An den Konzeptionen solcher Theorien sieht man immer, was alles mit der Erklärung grundbegrifflicher Fragen verknüpft ist. Gesellschaftskritiker bin ich dagegen schon eher. Ich nutze bestimmte normative Potenziale der Philosophie, um sie mit einer gesellschaftstheoretischen Grundannahme zu verknüpfen, so dass sich daraus begründete Ansatzpunkte für eine Kritik unserer gegenwärtigen Gesellschaften ergeben. Insofern befinde ich mich irgendwo in dem Kontinuum zwischen Gesellschaftstheorie und Gesellschaftskritik. Gesellschaftsarchitekt würde ich nicht sagen. Ich habe weder Aspirationen dieser Art noch das Maß an institutioneller Fantasie, das nötig ist, um tatsächlich architektonisch denken zu können. Als jemand, der im Ruhrgebiet geboren ist, vereine ich wohl die geselligen Züge des Rheinländers mit den störrischen, trotzköpfigen Eigenschaften des Westfalen.

In welcher Gesellschaft leben wir eigentlich?

Weiterhin in einer kapitalistischen. Ich glaube auch, dass es sinnvoll ist, weiterhin diese zentrale Charakterisierung, die eigentlich von den großen Gesellschaftstheoretikern des 19. Jahrhunderts geprägt wurde, zu verwenden. Es kommt heute eher darauf an, die besondere Form des Kapitalismus in der Gegenwart zu kennzeichnen. Diese besondere Form ist durch einige wesentliche Prozesse gekennzeichnet, für die auch schon Begriffe, wenn auch häufig sehr unklare, bereitstehen. Einer dieser Begriffe ist »Globalisierung«, womit ja eigentlich eine ganze Vielzahl von Prozessen gemeint ist, sowohl im ökonomischen als auch im sozialen und kulturellen Bereich. Prozesse, die vielleicht ein bisschen vorschnell als Desintegration bezeichnet werden. Häufig handelt es sich dabei lediglich um Umbrüche und sozialstrukturelle Wandlungen, die wir noch nicht richtig beschreiben können. Im Einzelnen scheint mir die Lage der westlichen kapitalistischen Gesellschaften, wenn man sie von der Seite einer normativ interessierten Gesellschaftstheorie betrachtet, durch eine Reihe von Transformationen gekennzeichnet zu sein, die sich auf die Anerkennungskultur dieser Gesellschaften beziehen.

Worin sehen Sie die Stärken und Schwächen dieser Gesellschaft?

Die Stärke liegt zweifellos in dem relativ soliden Fundament einer, wenn auch noch nicht hinreichend entwickelten, so doch mehr oder weniger gut funktionierenden demokratischen Verfassung. Eine Stärke ist das hohe Maß der inzwischen eingeräumten Bürgerrechte, die von einiger Stabilität sind, wenn auch immer wieder durch politische Konjunkturen gefährdet; außerdem die ausgeprägte Liberalität. Die Unfähigkeit unserer Gesellschaft, einem Großteil ihrer Mitglieder eine gesicherte Basis für ein zufriedenstellendes Leben in der Sozialität zu geben, ist sicherlich eine Schwäche. Unsere Gesellschaft verwehrt Vielen die Chance der Partizipation durch Arbeit. Auch staatsbürgerliche Rechte, etwa für bestimmte Ausländergruppen, werden vorenthalten. Eine eklatante Schwäche ist jedoch die durch eine krasse Form der »ökonomischen Gewalt« verursachte Unfähigkeit unserer Gesellschaft, dem Druckpotenzial großflächig global verknüpfter Kapitalunternehmen zu widerstehen.

Welche Rolle spielen Sie in der Gesellschaft?

Zunächst einmal die eines Hochschullehrers, das heißt, ich bin in einem ganz bestimmten Sektor dieser Gesellschaft zuständig für die Ausbildung von Studierenden, die das Ziel haben, irgendetwas mit der Philosophie anzufangen. Im Übrigen sollte nicht nur der Philosoph in seiner spezifischen Rolle, sondern jeder Hochschullehrer die besondere Verantwortung wahrnehmen, die mit einer Position verknüpft ist, die für die kulturelle Reproduktion der Gesellschaft verantwortlich ist. Das bedeutet nicht nur, ein waches Auge auf gesellschaftliche Entwicklungsprozesse zu haben, sondern auch als Staatsbürger, nicht unbedingt nur als Hochschullehrer, die eigenen Wahrnehmungen zu artikulieren und sich kritisch zu Wort zu melden. Insofern repräsentiere ich die klassische Kombination von Hochschullehrer und – zumindest versuchsweise – Intellektuellem.

Welche Gesellschaftsromane haben Sie fasziniert?

Darauf muss ich biografisch antworten. Schon sehr früh haben mich Romane fasziniert, die als klassische Gesellschaftsromane gelten können, Romane von Honoré de Balzac, Leo N. Tolstoi oder Émile Zola zum Beispiel, also hauptsächlich der französischen und russischen Realisten. Durch mein Germanistikstudium entwickelte ich bald auch ein spezifisches Interesse an Bertolt Brecht, der zwar weniger Romane geschrieben hat als Theaterstücke, der mich aber als Gesellschaftsdiagnostiker über alle Maßen interessiert hat. Später fand ich dann in zum Teil ganz anderen Stilrichtungen als der des Realismus Themen vor, die mich faszinierten, so etwa das Thema »soziale Missachtung«. August Strindberg ist zum Beispiel ein Autor, der mich sehr beeinflusst hat, aber es gibt auch neuere französische Autoren wie etwa Claude Simon, den ich für ganz außerordentlich halte und der gerade kein realistischer Autor ist. Fasziniert hat mich auch Marcel Prousts *Auf der Suche nach der verlorenen Zeit*, vor allem als Gesellschaftspanorama. Proust hat eine unglaubliche Sensibilität für latente Formen der kulturellen Missachtung, auch des Ausschlusses und der Hierarchisierung. Kurz, was das gesellschaftsdiagnostische Potenzial anbelangt, so ist es nicht allein konzentriert in der Tradition des Realismus anzutreffen, sondern in den verschiedensten Stilrichtungen der modernen Romankunst.

Welchem Gesellschaftsspiel gehen Sie gerne nach?

Die Frage ist, so glaube ich, bewusst oder provokativ offen gehalten und gibt mir die Chance, einmal zu sagen, dass Fußball ein Gesellschaftsspiel ist. Ich habe immer sehr gerne Fußball gespielt. In meiner Studentenzeit war ich außerdem eine Zeit lang ein begeisterter Monopolyspieler. Monopoly fand ich deswegen so überzeugend, weil es anschaulich demonstriert, wie wenig auszurichten ist, wenn einmal ein hinreichendes Stück Eigentum vorhanden ist, selbst dann, wenn man die Spielregeln zugunsten einer sehr progressiven Besteuerung ändert, wie wir das früher immer gemacht haben. Das hatte einen sehr anschaulichen, beinahe pädagogischen Charakter.

In wessen Gesellschaft halten Sie sich bevorzugt auf?

Diese Frage beantworte ich zunächst negativ. Sehr unwohl fühle ich mich meistens in Professionsrunden, in Runden also, die bei Tagungen zustande kommen. Während solcher Tagungen trifft man Vertreter der eigenen Profession, und man findet sich dann meist bei Tisch wieder, um die Höhen und Tiefen der eigenen Karriere zu diskutieren. Dabei fühle ich mich ausgesprochen unwohl. Ansonsten fällt es mir eigentlich nicht schwer, mich in den unterschiedlichsten Kreisen wohl zu fühlen. Das gilt insbesondere dann, wenn sehr divergierende Gesichtspunkte und Erfahrungen zusammenkommen und eine Atmosphäre der wechselseitigen Bereicherung vorherrscht.

Welcher Gesellschaftsgruppe fühlen Sie sich zugehörig?

Soziologisch gesehen, gehöre ich einer ökonomisch gut ausgestatteten Mittelschicht mit kulturellem Kapital an, einer Schicht, die früher Bildungsbürgertum genannt wurde. Darüber hinaus fühle ich mich milieumäßig eher im linksliberalen Kulturzusammenhang unserer Gesellschaft verankert.

Welche Person(en) von gesellschaftlicher Größe schätzen Sie?

Es gibt einerseits Politiker, die mich tief beeindrucken, etwa durch ihren Mut und eine besondere Begabung, politische Entwicklungen gewissermaßen physiognomisch zu repräsentieren. Das reicht von Willy Brandt bis Nelson Mandela. Und es gibt Künstlerfiguren, die bei allem Narzissmus die Fähigkeit haben, gesellschaftliche Erfahrungen zu artikulieren; diesen gilt ebenfalls meine Bewunderung. Das geht von Bert Brecht bis Bob Dylan. Ich bin leicht begeisterungsfähig, und insofern gibt es eine große Zahl von Persönlichkeiten, die ich für bedeutsam halte. Allen gemeinsam ist eine bestimmte Artikulationskraft im künstlerischen Bereich, also die Fähigkeit, gesellschaftliche Erfahrungen zugespitzt zu artikulieren, so dass sie für eine große Zahl von Mitgliedern unserer Gesellschaften erfahrbar und reflexiv verarbeitbar werden. Bei Politikern schätze ich eine Art von sensibler und enorm wacher Fähigkeit, politische Lagen in ihrer gesamten Person zu repräsentieren und solcherart Entwicklungstendenzen überzeugend darstellen zu können. Zum Beispiel Nelson Mandela: Sein Befreiungswille zusammen mit einem sehr beeindruckenden persönlichen Mut haben geholfen, eine die gesamte südafrikanische Gesellschaft integrierende Persönlichkeit herauszubilden. Auch Willy Brandt besaß die Fähigkeit, in bestimmten Situationen beinahe ungewollt genau die richtige Ausdrucksgestalt zu repräsentieren. Auf fast nonverbalem Wege gelang es ihm, politische Einstellungen der Gerechtigkeit, der moralischen Verantwortung gegenüber der Vergangenheit zu repräsentieren.

Wie sieht für Sie die ideale Gesellschaft aus?

Am liebsten würde ich eine Formel benutzen, die, wenn ich mich recht erinnere, von Adam Smith ([1776] 1910: 351f.) verwendet worden ist. Das wäre eine Gesellschaft, in der jedes einzelne Mitglied genügend Selbstachtung, Freiheit und Unabhängigkeit genießt, um ohne jede Scham öffentlich auftreten zu können. Wenn wir alle uns gleichberechtigt in die Augen schauen könnten, niemand soziale Scham empfände und eigene Überzeugungen frei artikuliert werden könnten – das wäre schon eine ideale Gesellschaft. Eine solche Gesellschaft würde ohne das Maß an sozialer Hierarchie auskommen, das wir heutzutage kennen. Es gäbe gewissermaßen gute sozialisatorische Voraussetzungen für jeden Einzelnen, Selbstvertrauen und Selbstwertgefühl zu entwickeln.

Wollen Sie die Gesellschaft verändern?

Ich glaube ja. In gewisser Weise war dieser Wunsch sogar der Impuls, der mich zu meinem Studium gebracht hat. Ich habe mit der Soziologie begonnen, und wahrscheinlich war ein gewisses Maß an Veränderungswillen dabei eine stark motivierende Kraft. Inzwischen ist mir klar, dass es zunächst einmal der sorgfältigen Analyse einer Gesellschaft bedarf, bevor man auch nur daran denken kann, sich vorsichtige Schritte zu ihrer Veränderung auszumalen.

Wie sieht die Gesellschaft von morgen aus?

Es ist in jedem Fall nicht die Gesellschaft, die ich mir wünsche. Die schwärzeste Vision ist die einer in den Kernbereichen des hochentwickelten westlichen Kapitalismus tief gespaltenen Gesellschaft, die ohne ein Drittel oder die Hälfte der Bevölkerung auszukommen versucht, indem – mehr oder weniger – erfolgreich mit Mitteln der kulturellen Kompensation und Repression die ausgeschlossenen Sozialgruppen integriert werden. Dieser Kern an reichen, aber tief gespaltenen Ländern ist umgeben von einer Peripherie, die von ethnischen Konflikten gekennzeichnet ist, und von einer durch Hunger und Ausbeutung gekennzeichneten Barbarei. Das ist, wie gesagt, die düsterste Vision, und natürlich gibt es auch genügend Gegentendenzen.

Die zentrale Aufgabe der Sozialphilosophie, so schreiben Sie, ist die Diagnose sozialer Fehlentwicklungen. Welche Fehlentwicklungen sind momentan in der Gesellschaft auszumachen? Welche Spaltungstendenzen zwischen welchen Gruppen gibt es?

Man muss in diesem Punkt stark unterscheiden, von welcher Gesellschaft wir mit Blick auf die Gegenwart sprechen, von den hochentwickelten und, was das Bruttosozialeinkommen anbelangt, reichen Gesellschaften – damit sind im Wesentlichen die westlichen kapitalistischen Gesellschaften gemeint, die USA, England, Frankreich, Deutschland, vielleicht aber auch Japan – oder von den peripheren Gesellschaften. Was unsere Gesellschaften anbelangt, ist die zentrale Herausforderung und die zentrale Gefahr sicherlich mit der Entwicklung des Arbeitsmarktes verbunden. Tendenzen der Globalisierung und der Technologisierung laufen darauf hinaus, dass in immer größerem Maße soziale Gruppen mit oder ohne Qualifikation vom Arbeitsmarkt ausgeschlossen werden. Ihnen wird weder die ökonomische Chance einer angemessenen Reproduktion gegeben, noch können sie die sozialen Voraussetzungen entwickeln, sich überhaupt als Teilnehmer und Mitglieder demokratischer Gesellschaften zu fühlen. Das sind die Spaltungstendenzen, die in westlichen Gesellschaften sicherlich eine große Rolle spielen werden, sie sind unter dem Stichwort der wachsenden Exklusion zusammengefasst.

In peripheren Gesellschaften, also in Gesellschaften, in denen das Netz an institutionellen Voraussetzungen, unter denen sich Kapitalismus und rechtsstaatliche Demokratie überhaupt erst entwickeln konnten, bislang nicht aufgebaut wurde, gibt es noch ganz andere Probleme. Das reicht von noch vor zehn Jahren ungeahnten ethnischen Spannungen, nicht nur im ehemaligen Jugoslawien, sondern auch beispielsweise in Indonesien, bis hin zu enormen Verarmungstendenzen und Stammesfehden in afrikanischen Gesellschaften. Auch die Herausbildung von Lösungsstrukturen in Ländern, die lange Zeit durch den Staatssozialismus diktatorisch regiert waren, ist nicht unproblematisch. Das heißt, wir haben heute gewissermaßen eine Unzahl von ethnischen, politischen, ökonomischen Spaltungstendenzen, die außer Kontrolle zu geraten drohen.

Das Hauptproblem kapitalistischer Gesellschaften, sagten Sie, liegt im Arbeitsmarkt. Karl Marx hat Arbeit als ein zentrales Medium der Anerkennung zwischen Menschen gesehen, gleichfalls aber auch als ein Feld möglicher Missachtung. Wie ist das Problem zu lösen, dass immer mehr Menschen vom Arbeitsmarkt ausgeschlossen werden und damit die Chance verlieren, in ihren Fähigkeiten sozial wertgeschätzt zu werden?

Solange diese Gesellschaften nicht in der Lage sind, entweder durch eine sozialstaatliche Regulierung des Arbeitsmarktes oder durch eine völlige Umstrukturierung des Arbeitsmarktes dafür Sorge zu tragen, dass nicht nur die Mehrheit, sondern im Prinzip alle Gesellschaftsmitglieder die Chance auf Partizipation durch sozialen Beitrag, durch soziale Tätigkeit haben, scheint mir das der Hauptgrund des Ausschlusses zu sein. Denn der Arbeitsmarkt ist nicht nur ein ökonomischer Mechanismus der Akkumulation von Arbeitskräften, sondern in unseren Gesellschaften auch ein wesentlicher Mechanismus der Sicherung von sozialem Status und sozialer Identität. Diejenigen, die keine Chance haben, eine sozial anerkannte Tätigkeit auszuüben, verlieren nicht nur die ökonomischen Voraussetzungen der Existenzsicherung – wobei hier durch die Mittel des Sozialstaates gegengesteuert werden kann –, sondern sie verlieren auch das Maß an sozialer Identität, das nötig ist, um – wie ich mit Verweis auf Adam Smith gesagt habe – ohne Scham an der gesellschaftlichen Wirklichkeit teilzunehmen.

Wie können diese Handlungsspielräume im Zuge eines, wie Sie sagen, »neoliberal enthemmten Kapitalismus« aufrechterhalten werden?

Hier würde ich auf zwei Ebenen antworten: Von Seiten des Sozialtheoretikers besteht die Chance, dadurch einen gewissen, freilich nur geringen Druck auszuüben, dass die normativen Implikationen des Legitimationssystems unserer gegenwärtigen Gesellschaften reaktualisiert, ja, neu artikuliert werden. Darin ist nämlich das Versprechen angelegt, nicht nur allen Gesellschaftsmitgliedern durch soziale Rechte ein minimales Wohlergehen zu sichern, sondern jedem Einzelnen die Chance auf Partizipation an der sozialen Kooperation, kurz: der Arbeit, zu gewährleisten. Von wesentlicher Bedeutung dürfte es heute sein, auf eine radikale Erweiterung des traditionell industrialistisch gefassten Arbeitsbegriffs zu drängen, so dass eine Vielzahl bislang verkannter Tätigkeiten als Arbeit Berücksichtigung finden und dementsprechend soziale Wertschätzung erfahren.

Von Seiten der Betroffenen selbst besteht die Chance, die Erfahrung des Ausgeschlossenseins kollektiv zu artikulieren und öffentlich zum Ausdruck zu bringen, inwiefern mit der Vorenthaltung nützlicher Tätigkeiten auch die Möglichkeit der sozialen Partizipation und der sozialen Wertschätzung verstellt wird. Die ersten, noch tastenden Versuche der Initiierung von Arbeitslosenbewegungen, wie wir sie aus Frankreich oder Belgien kennen, weisen genau in diese Richtung, weil sie nicht nur auf ökonomische Mindestsicherung, sondern auch auf soziale Inklusion drängen.

Sie nennen in dem Aufsatz »Umverteilung als Anerkennung« (Honneth 2003b) zwei Begriffe, die auf zwei Ebenen Spaltungstendenzen entgegenwirken sollen: zum einen die Anerkennung im sozial-rechtlichen Bereich und zum anderen die Umverteilung im materiellen Bereich. Spielt sich das gesellschaftliche Leben nach wie vor auf diesen Ebenen ab? Stehen beide nebeneinander oder hat eine der beiden Vorrang?

Ich bin davon überzeugt – und das versuche ich auch in dem eben erwähnten Aufsatz zu zeigen –, dass die Gegenüberstellung von Anerkennung und Umverteilung irrelevant ist. Es bedarf der Erläuterung, wie ich mir die moralische Infrastruktur moderner Gesellschaften vorstelle, bevor ich erklären kann, warum ich diese Entgegensetzung problematisch finde.

Ich stehe bei diesen Überlegungen sehr stark in der Tradition der Hegel'schen Diagnose moderner Gesellschaften. Unsere modernen Gesellschaften sind, was ihre moralische Stabilität anbelangt, gekennzeichnet durch das, was ich Anerkennungssphären nenne, genauer gesagt durch drei Anerkennungssphären, die dafür Sorge tragen sollen, dass sich unter Geltung eines jeweiligen Prinzips die Subjekte untereinander in wesentlichen Aspekten anerkennen können. Das erste Prinzip, darin folge ich der Analyse von Niklas Luhmann (1982), trägt den Titel »Liebe«. Es handelt sich hierbei um eine Art normative Idee: In Intimbeziehungen bringen wir uns wechselseitig emotionale Anerkennung entgegen, die den individuellen Bedürfnissen des Einzelnen entspricht. Die gesamte soziale Praxis, die damit verknüpft ist und die wir in privaten Beziehungen, in der Familie oder auch in Freundschaften am Werk sehen, ist gekennzeichnet durch den Bezug auf die Idee der Liebe.

Ich sehe zweitens ein Anerkennungsprinzip am Werk, das Hegel eher zu unterschätzen neigte. Im modernen Recht ist verankert, dass alle Gesellschaftsmitglieder als gleichberechtigte Subjekte anerkannt sein sollen. Dies ist eine ganz wesentliche Voraussetzung unserer modernen kapitalistischen Gesellschaften.

Das dritte Anerkennungsprinzip verdankt seine Existenz der Tatsache, dass moderne Gesellschaften Arbeitsgesellschaften sind, Gesellschaften also, in denen die Erwerbsarbeit die zentrale Basis sozialer Identität darstellt. Man könnte dieses Prinzip vielleicht mit der Idee der Leistung umschreiben. Wir erkennen uns gegenseitig als Bürger an, wenn wir durch unsere Tätigkeit zur gesellschaftlichen Reproduktion beitragen.

Durch diese drei Anerkennungssphären sind unsere Gesellschaften nach meiner Auffassung gekennzeichnet. Es sind Interaktionsformen, die systematisch zu unseren Gesellschaften gehören und jeweils Prinzipien gehorchen, die normative Geltung haben. Interessant ist nun zu verfolgen, wie sich diese Anerkennungsprinzipien und die Dynamik der Sphären von Sozialität herausgebildet haben, aber vor allen Dingen auch, wie sie sich heute verändern.

Wir haben es heute mit enormen Umbrüchen in der Anerkennungskultur dieser Gesellschaften zu tun, wenn man so will, mit Umbrüchen innerhalb der »moralischen Infrastruktur« dieser Gesellschaften. Das betrifft den gesamten Bereich der Privatsphäre, in der eine weitgehende Enttraditionalisierung die Freisetzung von Individualität, vor allem auf Frauen bezogen, ermöglichte. Es ist zu Veränderungen desjenigen klassischen institutionellen Repertoires gekommen, das für die Wirksamkeit des Anerkennungsprinzips »Liebe« gesorgt hat. Die Transformationen, die wir heute in Familien beobachten, laufen auf eine Deinstitutionalisierung der Kleinfamilie hinaus. Und es ist noch überhaupt nicht abzusehen, wie in Zukunft das notwendige Maß an emotionaler Anerkennung gewährleistet werden kann.

Wohin die Entwicklungsprozesse führen werden, ist ungewiss. Die sich abzeichnenden Tendenzen neuer Familienstrukturen, die man postfamiliale Familien nennt, können tatsächlich dazu führen, dass sich die Menschen im privaten Bereich in einem höheren Maße autonom verwirklichen können. Vor allem Frauen ist es dadurch möglich, ein höheres Maß an Selbstbestimmung zu erlangen. Es kann aber auch dazu kommen, dass sich der Kernbestand an Institutionen, die für unser emotionales Wohlbefinden gesorgt haben, auflöst. Empirisch ist vollkommen unklar, welche emotionalen und psychischen Folgen die Auflösung der Kleinfamilie haben wird. Es ist ein historischer Prozess mit offenem Ausgang.

Im Bereich der zweiten Anerkennungssphäre, die die Rechtsbeziehungen innerhalb einer Gesellschaft beinhaltet, gibt es in unserer Gesellschaft große Defizite. Man denke nur an das brisante Thema des Staatsbürgerschaftsrechts, wo es doch darum geht, Individuen und Gruppen, denen rechtliche Anerkennung verweigert wird, als Träger gleicher Rechte und Freiheiten anzuerkennen. Nur so sei die Chance gegeben, wie Sie einmal sagten, in vollständiger Autonomie an der gemeinsamen Willensbildung teilzunehmen.

Zunächst einmal muss ich sagen, dass es in der Anerkennungssphäre des modernen Rechts in der Nachkriegszeit in den westlichen Gesellschaften zu enormen Fortschritten gekommen ist, vor allem mit Blick auf die bislang benachteiligten Gruppen, etwa die der Frauen. Gleiches gilt in ersten Ansätzen auch für kulturelle Minderheiten. Wir haben, soweit ich mich erinnern kann, zum ersten Mal eine Diskussion darüber, durch welche individuellen oder kollektiven Rechte die kulturellen Eigenarten von Minderheiten in einer Gesellschaft gesichert werden können. Dies vollzieht sich zwar lediglich auf der Ebene von rechtlichen Diskussionen, vor allen Dingen in den USA oder in Kanada, bedeutet aber schon eine erhebliche Erweiterung der Reziprozitätsbedingungen der Anerkennungssphäre des Rechts.

Die rechtlichen Auseinandersetzungen in der Bundesrepublik haben ihre Wurzeln in einer kulturellen Erbschaft, die in europäischem Maßstab ein Sonderweg ist. Nur wenige Staaten in Westeuropa kennen das Prinzip, staatsbürgerliche Rechte an die ethnische Zugehörigkeit zu binden. Dieses politisch unglückliche Erbe müssen wir hinter uns lassen. Die politisch sehr leicht zu mobilisierende Abwehr gegen ein verändertes Staatsbürgerschaftsrecht hat wahrscheinlich ihre Ursache in einer nur sozialpsychologisch zu analysierenden Form der Fremdenangst. Ängste, die darauf hinauslaufen, dass »wir Deutschen« unsere eigenen kulturellen Traditionen, Praktiken,

Erbschaften riskieren, wenn wir zu vielen Mitgliedern anderer ethnischer oder kultureller Gruppen erlauben, in Deutschland staatsbürgerliche Rechte in Anspruch zu nehmen. Wer nur einen kurzen Blick auf die USA wirft, wird feststellen, dass diese Angst vollkommen unbegründet ist. Ein kulturelles Erbe überlebt nicht dadurch, dass wir anderen Rechte vorenthalten und es durch irgendwelche Selektionen oder Exklusionen sichern, kulturelles Erbe überlebt dann, wenn es aktiv weitergegeben und praktiziert wird.

Diese Themen werden meist auf der Ebene von Ethnie, Kultur und Nation bearbeitet. Sollte eine Diskussion nicht auf der Ebene des Individuums ansetzen? Geht es nicht in erster Linie um die Würde- und Integritätsansprüche des Individuums?

Ich meine, die Würdebestimmung in der Verfassung der Bundesrepublik Deutschland ist extrem unklar und deutungsoffen formuliert. Diese für eine Reform des Staatsbürgerrechts zu benutzen, scheint mir sehr schwierig zu sein. Es gibt sicherlich gute legale Möglichkeiten, den Würdeparagrafen oder die Würdebestimmung zu benutzen, um andere Entwicklungen reflexiver oder genauer zu betrachten, etwa die Ausweitung der Pornografie. Was die Ausweitung von Staatsbürgerrechten auf so genannte Nichtdeutsche anbelangt, scheinen mir die Würdebestimmungen nicht der richtige Weg zu sein.

Welchen Weg schlagen Sie vor, damit auch die Individuen, deren Würde verletzt ist oder denen Rechte vorenthalten werden, das Maß an Anerkennung erhalten, das ihnen als Mensch in einer freien Gesellschaft zusteht? Oder sind diese aufgefordert, um ihre rechtliche Anerkennung zu kämpfen?

Natürlich. Rechtliche Reformen, sei es die Erweiterung individueller Rechte oder die soziale Generalisierung bereits bestehender Rechte, haben sich immer nur auf dem Weg eines Kampfes um rechtliche Anerkennung durchsetzen können. Denken Sie an die Arbeiterbewegung, die um die Gewährleistung sozialer und politischer Rechte gekämpft hat, denken Sie an die Frauenbewegung, die zunächst um rechtliche Gleichstellung gekämpft hat, heute für die Berücksichtigung von kulturspezifischen Unterschieden streitet, denken Sie an die amerikanische Bürgerrechtsbewegung. Und solche Kämpfe sind mühsam, erfordern häufig individuellen Mut und persönliches Engagement, aber sie besitzen auch den nicht zu unterschätzenden kulturellen oder sozialpsychischen Effekt, dass im Zuge der praktischen Auseinandersetzung die Betroffenen selbst schon ein höheres Maß an Selbstachtung gewinnen, weil sie sich gewissermaßen indirekt ihrer moralischen Integrität versichern.

Die rechtliche Gleichheit aller ist in einer Gesellschaft sicherlich grundsätzlich anzustreben. Ebenso die soziale Wertschätzung und die materielle Absicherung. Wie und auf welchem Niveau können diese Ziele erreicht werden?

Um zunächst auf die Frage nach der rechtlichen Gleichheit zu antworten: Ich denke, es wäre falsch, sich zu fragen, wie in Zukunft eine wünschenswerte Rechtsordnung, die hinreichend rechtliche Gleichheit gewährt, aussehen könnte. Dabei kommen nur ziemlich radikale Vorstellungen von Rechtsgleichheit heraus. Man kann eigentlich nur die historischen Prozesse abwarten, um zu sehen, welche Gesichtspunkte durch soziale Bewegungen oder durch Gruppen, die von der jeweils etablierten Rechtsgleichheit noch nicht profitieren, artikuliert werden. Insofern haben wir es mit einem dialektischen Prozess zu tun, in dem die Betroffenen selbst die nötigen Verbesserungen des Rechts artikulieren können.

Ein ganz typisches Beispiel ist die feministische Bewegung der letzten 30 Jahre. Es wurden zum Teil Überlegungen angestellt, die sich heutzutage im Hinblick auf die Rechtsgleichheit als relevant erweisen und die vorher rechtlich überhaupt nicht wahrgenommen werden konnten. Es ist also unmöglich, ein Bild vollständiger Rechtsgleichheit zu entwerfen, weil wir nicht sicher sein können, welche Gesichtspunkte, die eine weitere Verbesserung unserer rechtlichen Institutionen verlangen, von zukünftig Betroffenen genannt werden.

Was die andere für mich ebenso bedeutsame Sphäre anbelangt – die Sphäre der sozialen Wertschätzung und damit verknüpft die Frage der sozialen Verteilung –, ist das Hauptproblem die Frage danach, was als Leistung angesehen und als sozialer Beitrag wahrgenommen wird. Das ist nämlich aufgrund einer Reihe von Entwicklungen extrem fragwürdig geworden. Wir leben weiterhin in einer durch industriekapitalistische Werte geprägten Gesellschaft, in der ganz bestimmte soziale Beiträge als Basis der sozialen Wertschätzung, der Anerkennung von Status und auch der ökonomischen Verteilung dienen, während andere Tätigkeiten und Beiträge aus diesem industriekapitalistischen Werthorizont vollkommen herausfallen und überhaupt keine soziale Wertschätzung erfahren. Ich bin davon überzeugt, dass es in Zukunft einer radikalen Überprüfung unserer Bewertungssysteme, Bewertungsschemata und auch Wertüberzeugungen bedarf. Dann wird sich neu herausstellen, was eigentlich sinnvollerweise in unserer Gesellschaft als sozialer Beitrag gelten und dementsprechend auch als Basis für Verteilungsmaßnahmen herangezogen werden soll. Wahrscheinlich wird diese Überprüfung darauf hinauslaufen, dass die hoch entwickelten kapitalistischen Gesellschaften ihren eigenen Arbeitsbegriff radikal hinterfragen müssen, um sowohl zu einer Neugestaltung sozialer Wertschätzung als auch zu anderen Formen der sozialen Verteilung zu gelangen. Symbolische und kulturelle Debatten werden sich darauf konzentrieren, was zukünftig als Arbeit und was als Sozialarbeit gelten soll. Wenn immer weniger Bürger die Chance haben, die wenigen formal organisierten und dauerhaft abgesicherten Arbeitsplätze einzunehmen, wird sich notwendigerweise die Frage stellen, wie wir die gleichwohl zu vollziehenden Tätigkeiten in unserer Gesellschaft, die durch den Arbeitsmarkt nicht geregelt werden, eigentlich bezeichnen, anerkennen, wertschätzen und damit zur Basis der Verteilung machen können.

Nancy Fraser (2003) wirft Ihnen vor, dass Sie Fragen der Umverteilung zu wenig berücksichtigen. Dabei rücken Tendenzen einer wachsenden Verarmung von großen Teilen der Bevölkerung immer mehr in den Vordergrund. Auf welcher Anerkennungsebene vollziehen sich die Verteilungskonflikte?

Verteilungskonflikte können sich, wenn man sie auf ihre normativen Implikationen hin untersucht, in zwei verschiedenen Anerkennungssphären vollziehen, je nachdem welches Prinzip zur Begründung von Forderungen nach Umverteilung in Anspruch genommen wird: Entweder lässt sich die Idee der rechtlichen Gleichstellung mobilisieren, um kollektiv zur Geltung zu bringen, dass die gegebene Verteilung materieller Ressourcen eine effektive Inanspruchnahme der liberalen und politischen Rechte nicht ermöglicht; auf diesem Weg haben sich in den meisten liberal-kapitalistischen Gesellschaften soziale Rechte herausgebildet, die jedem Gesellschaftsmitglied ein Mindestmaß an ökonomischer Grundsicherung verbürgen. Der andere Weg, Umverteilungsforderungen einzuklagen, besteht in der Mobilisierung der in unseren kapitalistischen Gesellschaften tief verankerten Leistungsidee, die das normative Versprechen enthält, jedem gemäß seines sozialen Beitrags oder seiner Arbeitsleistung auf gerechte Weise materiell zu belohnen. Bei der kollektiven Einklagung dieses zweiten Prinzips wird natürlich sofort deutlich, in welchem Maße die herrschende Ausdeutung dieses Leistungsprinzips von nur partikularen, selektiven Wertvorstellungen durchsetzt ist – denken Sie nur daran, dass lange Zeit die weitgehend von Frauen vollzogene Hausarbeit aufgrund patriarchalischer Wertsetzungen erst gar nicht als Arbeit gewertet wurde. Insofern ist ein solcher Kampf um Umverteilung, der sich in seiner normativen Rhetorik und Symbolik auf das Prinzip der Leistung oder des Verdienstes bezieht, im Wesentlichen eine Auseinandersetzung über die Deutung und Praktizierung jenes Anerkennungsprinzips, das den Subjekten gegenseitig eine gerechte Wertschätzung ihrer Arbeitsleistung verspricht. Ich bin nun der Überzeugung, dass Verteilungskonflikte im Allgemeinen genau diese normative Form besitzen, auch wenn das auf den ersten Blick kaum zu erkennen ist. Die verschiedenen jeweils benachteiligten Gruppen kämpfen um eine Aufwertung des Beitrags, den sie im Rahmen der gesellschaftlichen Reproduktion leisten, kurz, es handelt sich um symbolische Kämpfe um die Definition dessen, was in unseren Gesellschaften in welchem Maße als Arbeit gelten kann.

Der zentrale Punkt wird wohl die Identitätsfrage sein. Sehen Sie eine Chance, jenseits von Arbeit eine identitätsstiftende Basis in unserer Gesellschaft zu etablieren?

Soziale Identität, also eine Identität als Bürger einer Gesellschaft, entwickelt sich nur dann, wenn in irgendeiner Weise Erfahrungen des sozialen Beitrags erlebt werden können. In diesem Sinne können wir tatsächlich eine Arbeitsidentität entwickeln, wobei Arbeit allerdings ein sehr problematischer Begriff ist, weil der klassische industriekapitalistische Begriff der Arbeit auf bestimmte Tätigkeiten zugeschnitten war und andere begrifflich ausschloss. Hausarbeit zum Beispiel galt nicht als Arbeit. Insofern gehe ich davon aus, dass wir unsere soziale Identität weiterhin nur durch die Erfahrungen der produktiven Teilnahme am gesellschaftlichen Leben entwickeln und zur Basis einer ökonomischen Stabilität machen können.

Gleichzeitig aber wird sich die persönliche Identität weiter diversifizieren. Traditionelle Rollenmuster und auch traditionelle Aufgabenfelder verlieren ihren Stellenwert. Durch diesen Verlust wird es gewissermaßen zu einem durchaus wünschenswerten Wildwuchs an Identitäten kommen. Wenn unsere Gesellschaft Rollenmuster nicht mehr vorschreibt und die Kultur nicht mehr so eindeutig auf bestimmte Rollenerwartungen fixiert ist, entstehen neue Spielräume. Das ist genau das, was auch Ulrich Beck (1986) vor Augen hat, wenn er – ein wenig einseitig und manchmal auch blauäugig – von Individualisierung redet. Gegen den Beck'schen Optimismus lässt sich allerdings einwenden, dass ohne die notwendige Verankerung in sozialer Identität und sozialem Status kein Gesellschaftsmitglied Freude an und Nutzen von den möglichen neuen Identitäten haben wird. Beck hat dieses Problem zu wenig bedacht.

Sie sprechen von neuen Feldern, in denen sich Sozialität und auch Selbstwahrnehmung herausbilden.

Ich glaube, es ist schwer, jenseits von sozialem Status und sozialer Identität eine Identität zu entwickeln. Die Chancen könnten sich erhöhen, wenn eine sozial, ökonomisch und kulturell hinreichende Absicherung von sozialer Identität für jedes Mitglied unserer Gesellschaft gewährleistet wäre. Dann ergäben sich ganz neue Erfahrungsmöglichkeiten und Identitätskonstruktionen, dann wird sicherlich auch der Einfluss dessen, was wir *gender identity* nennen, also die Fixierung einer sozialkonstruierten Geschlechtsidentität, nachlassen. Davon bin ich überzeugt.

Noch einmal zurück zu den drei Anerkennungssphären: Intim-, Rechts- und Sozialbeziehung. Die Anerkennung ist selbst im nationalen Bereich noch nicht vollständig erreicht, wie sieht es dann erst außerhalb bestehender gesellschaftlicher Grenzen aus? Müssten in dieser Hinsicht nicht schon jetzt mögliche Schritte vorgedacht werden?

Mit Sicherheit. Nur sieht es mit Blick auf die unterschiedlichen Anerkennungssphären, durch die die moralische Infrastruktur dieser bürgerlich-kapitalistischen Gesellschaften gesichert ist, unterschiedlich aus. Die Anerkennungssphäre, die ich mit Hilfe des Bezugs auf das Prinzip der Liebe beschreibe, ist ja immer – wenn man so will – lokal. Sie ist meiner Ansicht nach überhaupt nur in *Face-to-Face*-Interaktionen vorstellbar, entwickelt sich im Nahbereich von Liebesbeziehungen und Freundschaften und ist schwer abzukoppeln von der körperlichen Präsenz. Natürlich werden Freundschafts- und Liebesbeziehungen nicht mehr so stark wie bisher lokal verankert sein müssen, sie werden grenzüberschreitend möglich sein. Aber sie sind nach wie vor angewiesen auf die Anwesenheit der Mitmenschen.

Das Rechtsmedium, überhaupt das Prinzip der rechtlichen Gleichheit, das zeigt sich schon in Europa, wird angesichts der allmählichen Aushöhlung staatlicher Souveränität natürlich die Grenzen des Nationalstaates überschreiten müssen. Die verschärfte Debatte über die internationale Geltung der Menschenrechte ist ja nur ein erster Anstoß. Die Frage, wie ein gewisses Maß an Rechtsgleichheit auch international durch die Herausbildung von überstaatlichen Instanzen gesichert werden kann, gewinnt immer mehr an Bedeutung. Auf Europa bezogen, wird es früher oder später zu einer gemeinsamen, also übernationalen Gestaltung sozialer Rechte kommen.

Der Bereich der sozialen Wertschätzung schließlich, also das Prinzip, das sicherstellt, dass Beiträge oder Leistungen in der jeweiligen Gesellschaft anerkannt werden, ist sehr kompliziert. Einerseits zeichnet sich eine Art von Globalisierung auch der Arbeitsmärkte ab, so dass auch der Mechanismus der Statusbildung gewissermaßen die Grenzen des Nationalstaates verlässt. Andererseits bin ich davon überzeugt, dass der Arbeitsmarkt zumindest in den westlichen Gesellschaften über kurz oder lang nicht mehr der entscheidende Mechanismus der Verteilung von sozialem Status sein kann. Ein radikal transformierter, erweiterter und unter neuen Wertbezügen geöffneter Arbeitsbegriff wird künftig der Mechanismus sozialer Wertschätzung sein. Diese Transformation wird sich wahrscheinlich eher innerhalb regionaler Grenzen entwickeln. Ob in nationalstaatlich geprägten oder politischen Regionen ist mir jedoch nicht ganz klar.

Unter Solidarität, schreiben Sie in Ihrem Buch Kampf um Anerkennung *(Honneth 1992) lässt sich eine Art von Interaktionsverhältnis verstehen, in dem die Subjekte wechselseitig an ihren unterschiedlichen Lebenswegen Anteil nehmen, weil sie sich untereinander auf symmetrische Weise wertschätzen. Worin liegt der gegenseitige Werthorizont? Ist Solidarität eine Grundbedingung von Gesellschaft und wie kommt diese heute zustande?*

Ich bin tatsächlich noch der etwas »alteuropäischen« Überzeugung, dass auch unsere hochkomplexen, sektoral differenzierten Gesellschaften weiterhin einer Sozialintegration bedürfen, für die der Begriff der Solidarität nicht vollkommen überzogen ist. Das ergibt sich schon aus meiner Analyse der legitimatorischen Bedeutung des Leistungsprinzips, das ja nur unter der kulturellen Voraussetzung gelten kann, dass ein gewisses Maß der Einigung auf die Werte besteht, gemäß derer unterschiedliche Tätigkeiten als sozial wertvolle Beiträge gewertet werden. Solange also unsere Gesellschaften einen Teil ihrer normativen Legitimation aus der Geltung des Leistungsprinzips beziehen, wird es einen Bedarf an sozialer Solidarität im Sinne der wechselseitigen Orientierung an gemeinsam geteilten Werten geben. Worin nun heute noch einmal die Chance der Reaktivierung solcher Solidaritäten bestehen kann, ist natürlich vollkommen offen; aber aufgrund des Drucks, den über kurz oder lang die generell vom Arbeitsmarkt Ausgeschlossenen werden machen müssen, werden sich Werte herausbilden müssen, die eine radikal erweiterte Definition von Arbeit oder sozialem Beitrag enthalten.

In einer früheren Publikation, Die zerrissene Welt des Sozialen *(Honneth 1990a), stellen Sie verschiedene »Zerrissenheitserfahrungen« in den Mittelpunkt der Betrachtung. Sehen Sie in der Auflösung sozialer Bindungen eine Chance oder eher eine Gefahr für die Gesellschaft?*

Ich weiß nicht, ob man darauf eine spezifische Antwort mit Blick auf unseren gegenwärtigen Zustand geben kann. Alle neuen Formen des sozialen Konflikts und insofern alle neuen Formen der Zerrissenheit haben ein Doppelgesicht. Einerseits besteht die Chance einer Neuerung und Transformation in Richtung einer Erweiterung von Anerkennungsverhältnissen und insofern für eine Erweiterung der jeweiligen Chancen auf Individualitätsbildung. Auf der anderen Seite bergen Konflikte auch die Gefahr des Rückschritts und der gesellschaftlichen Destruktion. Unsere Gegenwart ist gekennzeichnet durch einen solchen Spannungszustand. Wir wissen nicht genau, in welche Richtung die gegenwärtigen Prozesse tendieren. Entweder führen sie zu einer Erweiterung der Anerkennungsverhältnisse oder aber zu einem Rückfall in kapitalistische Barbarei. Ich glaube, es wird eine Frage zukünftiger politischer Kämpfe sein, welche der beiden Seiten tatsächlich die Oberhand gewinnt.

2. Frei, aber abhängig: Zu den Paradoxien des Kapitalismus und der Zukunft des Instituts für Sozialforschung

Gespräch mit Ulrike Jaspers

Ulrike Jaspers: *Gleich rechts neben dem Eingang des Instituts für Sozialforschung befindet sich das Zimmer 1a; Axel Honneth steht auf dem Namensschild – Treffen an einem historischen Ort: Von diesem Arbeitszimmer aus lenkten auch Max Horkheimer und Theodor W. Adorno die Geschicke des Instituts für Sozialforschung, von hier aus verbreitete sich der Weltruf der Frankfurter Schule. Inspiriert Sie die Aura dieses Raums?*

Axel Honneth: Zunächst war es schon eher ein Druck, das ganze Erbe im eigenen Rücken zu spüren und diese großen Vorbilder zu haben, an denen man eigentlich nur scheitern kann. Ich habe den Raum primär nie als Inspiration wahrgenommen, sondern zunächst nur als ein Symbol der Einschüchterung. Das war wahrscheinlich auch der Grund, warum ich, als ich Direktor wurde, eigentlich all das, was in diesem Raum noch an Adorno erinnerte, entfernen wollte. Aber natürlich kann ich mich von diesem Erbe nicht ganz freimachen, und das hat auch eine positive Seite. Denn daraus erwächst für mich der Anspruch, Philosophie und Sozialforschung auf einem gewissen Niveau wieder zusammenzuführen. Dieser Herausforderung stelle ich mich.

Jubiläen wie der 100. Geburtstag von Adorno beflügeln Forscher, Biografen, aber auch Reliquienjäger. Klopft hier gelegentlich mal jemand an Ihre Tür, um nach Spuren oder gar nach ungehobenen Schätzen des Philosophen zu suchen?

An die Tür des Instituts schon, das passiert mindestens einmal in der Woche. Es sind überwiegend Ausländer, die das Institut für Sozialforschung immer noch ganz eng mit den Namen von Adorno und Horkheimer in Verbindung bringen und erwarten, dass sich hier auch die Archive befinden und dass das Haus noch voll ist mit Relikten der damaligen Zeit, mit

Fundstücken zu und von Adorno. Wir müssen die Leute dann immer ein wenig enttäuschen. Am ehesten findet sich etwas von der Aura Adornos noch in der Strenge und in der unkonventionellen Bescheidenheit der Arbeitszimmer, die den Geist der 1950er-Jahre spüren lassen.

Gibt es denn in diesem Arbeitszimmer, das Sie nun mit den nüchtern funktionalen Designer-Büromöbeln der 1990er-Jahre, wie USM Haller, Artemide und Wilkhahn, ausgestattet haben, noch irgendetwas, das an Adorno erinnert?

Die Deckenlampe, und nach meiner Kenntnis hat zumindest Horkheimer schon diesen Schreibtisch benutzt.

Adorno starb am 6. August 1969, da dürften Sie gerade mit ihrem Abitur auf einem Essener Gymnasium fertig gewesen sein. Haben Sie diese Nachricht damals wahrgenommen?

Nein, bis zum Abitur war ich ein eher indifferenter, schlechter Schüler. Meine Begeisterung für die Philosophie setzte unmittelbar nach der Schulzeit ein. Ich war einer derjenigen, die das Gymnasium in seinen Möglichkeiten eher behindert als gefördert hat.

Die Nähe zwischen den politischen Forderungen der Studentenbewegung, insbesondere dem Sozialistischen Demokratischen Studentenbund (SDS), und der Kritischen Theorie war offensichtlich. Doch ebenso unübersehbar waren die persönlichen Spannungen und Zerwürfnisse zwischen den Studierenden und Adorno als einem der Väter der Kritischen Theorie. Sie haben die Studentenrevolte als junger Student im beschaulicheren Bonn erlebt. Spielten diese Zerwürfnisse aus der Distanz überhaupt irgendeine Rolle?

In gewisser Weise schon: Ich gehörte nie den wirklich radikalen Gruppierungen der Studentenbewegung an, sondern eher einem reformistischen Flügel. Ich war damals Mitglied der Jungsozialisten und fühlte mich eher von den reservierten Analysen Adornos und dann auch Habermas' angezogen. In Bonn habe ich mit Begeisterung und nächtelang Adorno gelesen. Nur war Bonn natürlich ein denkbar ungeeigneter Ort, um diese Studieninteressen zu vertiefen. Ich bin dann nach Bochum gegangen: Die Ruhruniversität war noch keine wirklich etablierte Universität. Es gab noch Professoren, die von benachbarten Universitäten »ausgeliehen« wurden, das

Milieu war daher wesentlich offener und zeichnete sich durch eine starke Studentenbewegung aus. Danach hat es mich dann nach Berlin verschlagen.

Sie haben begonnen, Adorno gleich als junger Student zu lesen. Und auch verstanden?

Das ist eine Frage, die ich gar nicht mehr beantworten kann. Adorno versteht man ja immer irgendwie: Zunächst meint man, ihn sofort zu verstehen, dann entwickelt man selbst so eine Art von adornitischer Prosa, die von heute aus gesehen unlesbar ist. Durch eine solche Phase des Adornitentums bin ich kurz gegangen – von heute aus betrachtet beinahe peinlich. Aber vielleicht geht jeder Student, der etwas auf sich hält, durch eine solche Phase der geradezu mimetischen Anschmiegung an einen großen Autor. In Bochum wurde dann einiges getan, um mir bei der Lektüre zu helfen, weil ich mit dem dortigen Hegel-Archiv in Beziehung kam. Da wurde Hegel richtig studiert, und das waren gute Voraussetzungen.

Haben Sie persönlich zu den Vätern der Frankfurter Schule Kontakt gehabt?

Adorno und Horkheimer habe ich nie erlebt, aber Marcuse in den frühen 1970er-Jahren, auf der Buchmesse, das hat mich stark beeindruckt. Später bin ich dann über Habermas mit Leo Löwenthal in Berührung gekommen. Und das war eine nachhaltige Erfahrung. Leo Löwenthal war eine sehr charismatische Persönlichkeit und eigentlich der letzte Überlebende der Frankfurter Schule, auch wenn er nach dem Krieg in Kalifornien blieb. Er war im Institut der Kultur- und Literaturanalytiker und stand in sehr enger Verbindung mit Erich Fromm und Siegfried Kracauer.

Unter den Intellektuellen über 50 gehört es fast zum guten Ton, zum Kreis von Adornos Schülern zu gehören. Wie ist das Interesse an Adorno und seiner Philosophie unter den heutigen Studierenden?

Gespalten – es gibt einen überaus aktiven, nicht erlahmenden Kreis von Kennern seines Werks, auch innerhalb der Studentenschaft, der aber vom Mainstream der Philosophie oder der Sozialwissenschaft eher abgekoppelt ist. Nach meiner Wahrnehmung wird die Kluft zwischen einem Vertrautsein mit dem Werk Adornos und dem, was den Weg der Philosophie heute bestimmt, immer größer. Zu meinen Adorno-Seminaren kommen überwiegend die, die sein Werk schon kennen. Die anderen Studenten – zum Teil hoch talentierte und sehr engagierte junge Philosophinnen und Philosophen – verbinden mit dem Namen Adornos kaum mehr etwas. Die Adorno-Konferenz, die wir im September zum 100. Geburtstag veranstalten werden, hat im Wesentlichen den Zweck, diese Kluft zu verringern (vgl. Honneth 2005a). Deswegen habe ich zu dieser Konferenz auch nicht nur die Adorno-Spezialisten eingeladen, sondern eher Fachleute aus Philosophie und Sozialwissenschaften, die ihre eigene Theorie unabhängig von Adorno entwickelt haben und heute Antworten darauf geben können, in welchem Verhältnis sie zu Adorno stehen.

»Kritische Theorie nach ihrem Ende« – diesen Vortrag hielt Ihr Darmstädter Kollege Gerhard Gamm (2003) zu Beginn dieses Jahres im Institut für Sozialforschung. Ist das Institut auf der Suche nach einem neuen Profil? Wie sieht das aus?

Mit meinem Ziel, philosophisch-theoretische Reflexion und Sozialforschung wieder enger zusammenzubringen, habe ich mich bewusst in die Tradition des Instituts stellen wollen. Das geht aber nur durch eine sehr entschiedene Erneuerung: Die alten, zum Teil im Institut noch übernommenen Erklärungsmuster und Verknüpfungsweisen müssen wir aufgeben und nach neuen konzeptuellen Grundlagen suchen. Außerdem soll die alte interdisziplinäre Offenheit des Instituts wieder revitalisiert werden. In den 30 Jahren nach dem Tod Adornos stand aus nachvollziehbaren Gründen die Industriesoziologie im Vordergrund. Meine Wunschvorstellung wäre es, hier wieder einen Ort zu etablieren, an dem die unterschiedlichen Disziplinen – also auch Kultur- und Kunstanalyse sowie Psychoanalyse – erneut kooperieren, indem sie an einer gemeinsamen Fragestellung arbeiten.

In der Hochzeit des Instituts, sowohl vor als auch nach dem Zweiten Weltkrieg, waren alle von dieser Interdisziplinarität beseelt. Empirische Forschung und Theoriebildung bestimmten eigentlich immer die Ausrichtung des Frankfurter Instituts. Schon Horkheimers Absicht war es, aufgrund aktueller philosophischer Fragestellungen empirische Untersuchungen durchzuführen, zu denen – wie er sagte – »Philosophen, Soziologen, Nationalökonomen, Juristen, Historiker, Psychologen sich in dauernder Arbeitsgemeinschaft vereinigen« (Institut für

Sozialforschung 1952: 10). Sie müssen nun Wissenschaftler finden, die dieses Konzept reanimieren.

Das inhaltliche Konzept findet sehr positive Resonanz; wir hoffen, dass der alte Ruf und die wiedergewonnene Attraktivität entsprechende Anreize bieten. Es ist zurzeit äußerst schwierig, Kooperationspartner für Projekte zu gewinnen, weil das Institut keinen Cent vorstrecken kann und die Kollegen aus den Universitäten unter einem enormen Druck stehen, Drittmittel für ihre eigenen Institute einzuwerben.

Droht nun der positive Impuls zu scheitern?

Nein, es ist uns gelungen, Wissenschaftler von der Universität Frankfurt und auch von benachbarten Universitäten als Kollegiaten zu gewinnen; sie investieren hier einen Teil ihrer Arbeitskraft und helfen dabei, Projekte anzuzetteln, die in Verbindung stehen mit einem neuen, leitenden Motiv des Instituts: der Krise der kapitalistischen Modernisierung. Zum Kreis der Kollegiaten gehören der Entwicklungspsychologe Martin Dornes, der Rechtsphilosoph Klaus Günther, der Kultursoziologe Sighard Neckel, der Wirtschaftshistoriker Werner Plumpe und der Industriesoziologe Wilhelm Schumm. Wir sind noch auf der Suche nach einer Kollegiatin, die bereit ist, eine frauenbezogene, feministische Perspektive mit einzubringen.

Wie viele wissenschaftliche Mitarbeiter hat das Institut inzwischen?

Wir expandieren mittlerweile recht stark, im Jahr 2001 waren es rund elf wissenschaftliche Mitarbeiter und Mitarbeiterinnen, heute etwa 25 – die Berechnung ist nicht so leicht, weil wir eine Menge halber Stellen und zudem noch unfinanzierte Gastwissenschaftler haben. Seitdem ich angefangen habe, sind eine Vielzahl von Projekten von der Deutschen Forschungsgemeinschaft und der Volkswagen-Stiftung bewilligt worden. Wir haben allerdings mit dem strukturellen Problem zu kämpfen, dass wir Mitarbeiterinnen und Mitarbeiter gewinnen müssen, die während oder nach ihrer Promotion hier mit uns Projekte beantragen, ohne dass wir ihnen eine dauerhafte Einstellung garantieren können. Daher sind wir auf jüngere Wissenschaftler angewiesen, die dem Institut so viel Bindung und Loyalität entgegenbringen, dass sie sich bereit erklären, in den nächsten zehn Jahren verschiedene Projekte in Folge durchzuführen.

Kapitalismuskritik gehörte immer schon zu den Essentials des Instituts. Was ist das inhaltlich Neue an ihrem Konzept?

Wir können heute nicht mehr nur von einer Krise des Kapitalismus reden, auch nicht mehr wie vor 20 Jahren von wachsenden Widersprüchen des Kapitalismus. Der Kapitalismus hat vielmehr einen paradoxen Entwicklungsverlauf genommen. Wir wollen untersuchen, wie ein innovativer, bis ins Kulturelle und Psychische hinein reichender Fortschrittsprozess in neue Formen der Abhängigkeit, Entmündigung und Regression umschlagen kann. Dafür lassen sich eine Reihe von Beispielen nennen: Die Idee der individuellen Verantwortung, die einen durchaus sinnvollen, emanzipierenden Kern enthält, schlägt heute in der Sozialpolitik und im Strafrecht unter dem Druck eines neoliberal operierenden Kapitalismus in ein neues Mittel der Disziplinierung von Subjekten um. Das Ideal der individuellen Selbstverwirklichung, eine kulturelle Errungenschaft der 1960er- und 1970er-Jahre, gerät in der jüngsten Zeit zu einer Legitimationsinstanz für weitgehende Flexibilisierungen des Arbeitsmarktes. Was zunächst als ein normativer Fortschrittsprozess begann, schlägt unter den Zwängen einer Expansion kapitalistischer Marktrationalität in eine neue Stufe von Abhängigkeit um – das ist heute unser eigentliches Zentralmotiv.

Was trennt die Generation der heutigen Philosophen und Soziologen am Institut für Sozialforschung von den gedanklichen Prämissen der Frankfurter Schule?

Das alte Institutsprogramm war stark von der marxistischen Gesellschaftstheorie abhängig. Wir hingegen müssen uns ein neues gesellschaftstheoretisches Modell erst erarbeiten, wobei wir uns natürlich auf eine große Zahl von theoretischen Anregungen und Vorbildern stützen können. Im Hause herrscht im Augenblick ein ziemlich undurchsichtiger, momentan aber wohl sehr fruchtbarer Pluralismus: Neben der Gesellschaftstheorie von Habermas, die für mich selbstverständlich von großer Bedeutung war, spielen dabei die Entwürfe von Pierre Bourdieu, Michel Foucault und wahrscheinlich auch Anthony Giddens eine zentrale Rolle. Aus diesen Bruchstücken müssen wir uns, wenn möglich, eine Gesellschaftstheorie erst noch erarbeiten, die dann den Rahmen abgeben könnte für Untersuchungen der Paradoxien der kapitalistischen Modernisierung.

In den 1920er-Jahren, aber auch nach der Wiedereröffnung in den 1950er-Jahren, haben der Konkurrenzkampf untereinander, aber auch die daraus resultierende intellektuelle Debatte das Profil des Instituts für Sozialforschung bestimmt. Adorno mit seinem Pseudonym »Hektor Rottweiler«, aber auch Horkheimer, dessen Führungsstil als ausgesprochen autoritär galt, zeigten gegenüber Kollegen keine »Beißhemmung«. Jürgen Habermas, bei dem Sie Hochschulassistent waren, zog sich damals aus dem Institut zurück. Ist der offensichtlich auch inspirierende Biss seit den 1970er-Jahren verloren gegangen?

Man kann die Zeiten nicht direkt miteinander vergleichen. Die erste Generation der Frankfurter Schule verfügte natürlich über so etwas wie eine einheitliche Theorie; die marxistische Grundüberzeugung wurde durch hegelianische Motive und bestimmte Elemente aus der Soziologie Max Webers ergänzt. Das Institut hat dann im Exil und später in den 1950er-Jahren stark in dem Bewusstsein gelebt, eine Insel kritischer Reflexion zu sein, die intellektuell und politisch verteidigt werden müsste. Abweichungen waren daher mehr als bloß intellektuelle Zerwürfnisse, sie waren ein Verrat an der gemeinsamen Sache. Es gab überhaupt wenige Köpfe, die Adorno und Horkheimer hätten Paroli bieten können. Die große Ausnahme war tatsächlich Habermas, der hier im Institut als wissenschaftlicher Mitarbeiter gearbeitet, dann aber das Institut verlassen hat. Er wäre durchaus jemand gewesen, wie sich dann ja auch abzeichnete, der einen richtigen Streit mit Horkheimer hätte vom Zaun brechen können. Doch Horkheimer war in einer Weise autoritär, die so etwas gar nicht aufkommen ließ. Daher besaß die spätere Entwicklung im Institut dann doch eine wesentlich größere theoretische Sprödigkeit. Ich hoffe, wir können an die intellektuellen Debatten der frühen Zeit wieder anknüpfen. Wir, die Kollegiaten, testen zurzeit Differenzen und Gemeinsamkeiten. Ich bin relativ sicher, dass dies zu einer intellektuellen Neuorientierung führen wird.

Zur Finanzierung des Instituts: Von der Familie Weil war das Institut Mitte der 1920er-Jahre bestens ausgestattet worden, doch die Gelder schwanden, nicht zuletzt durch Inflation und Umzug ins Exil. Nach dem Zweiten Weltkrieg war von dem Gründungsvermögen nichts mehr vorhanden. Mit Unterstützung von Stadt, Land, dem US High Commissioner for Germany und der Johann Wolfgang Goethe-Universität konnte das neue Gebäude Anfang der 1950er-Jahre errichtet werden. Wie finanziert sich das Institut seither?

Die Finanzierung des gesamten Instituts erfolgt aus Mitteln von Stadt und Land, die jährlich etwa zur Hälfte für die Gesamtausstattung Sorge tragen, zu der im Wesentlichen die technische und administrative Infrastruktur gehören. Das sind im Jahr etwa 550 000 Euro. Alles, was an Forschung geleistet wird, können wir nur durch Drittmittel finanzieren, die wir regelmäßig beantragen müssen. Auch hier wächst natürlich der Druck, weil die großen Drittmittelgeber wie die Deutsche Forschungsgemeinschaft und die Volkswagen-Stiftung durch den Umbau der Universitäten zunehmend und inflationär mit Anträgen geradezu überschwemmt werden.

Und da droht das Institut für Sozialforschung zum armen Nachbarn der Universität zu werden?

Wie so viele kleinere, selbstständige oder teilautonome Forschungsinstitute sind wir Leidtragende einer wissenschaftspolitischen Entwicklung, die mit der schleichenden Automatisierung der Universitäten zu einer wachsenden Konkurrenz um öffentliche Forschungsmittel führt – heute wird ja der Ruf einer Universität stark an der Menge der erfolgreich beantragten Drittmittelprojekte gemessen, so dass bei nachlassendem Finanzvolumen die Zahl der Anträge von Jahr zu Jahr steigt. Natürlich stellt sich unter solchen Bedingungen immer mal wieder die Hoffnung auf einen sozial engagierten Sponsor ein, der uns mit einem Schlag aus der Situation einer stets prekären Finanzlage befreien könnte.

Die Bundesrepublik steckt in einer tiefen Krise, die sozialen Systeme stehen vor einer umfassenden Reform. Die Diskussion über »soziale Gerechtigkeit« scheint angesichts der wirtschaftlichen Schwierigkeiten eher zu einem Randthema der gesellschaftlichen Diskussion geworden zu sein. Werden Sie versuchen, diese gesellschaftskritische Analyse neu zu beleben und mit dem Namen des Instituts für Sozialforschung zu verbinden?

Im Grunde genommen steht genau diese Absicht natürlich hinter dem Programm, das wir uns vorgenommen haben. Schon die Idee der paradoxalen Entwicklungen soll signalisieren, dass wir ein normatives Interesse daran haben, die soziale Gerechtigkeit für die gegenwärtige Gesellschaft zu erweitern. Unsere Diagnose ist, wie bereits gesagt, dass normative Möglichkeiten und Entwicklungen, die soziale Gerechtigkeit fördern, heute im hohen Maße durch gegenläufige Prozesse untergraben werden. Das ganze

Institutsprogramm ist stärker als früher von einer moralischen Intuition getragen, die ich persönlich in Kategorien einer Konzeption sozialer Anerkennung formulieren würde. Eine gerechte Gesellschaftsordnung würde verlangen, dass die Mitglieder in den unterschiedlichen Rollen der Privatperson, des Staatsbürgers und des Arbeitsbürgers genügend soziale Anerkennung erfahren, um ein Leben in Freiheit und ohne Scham leben zu können. Wir alle hier im Institut sind davon überzeugt, dass die gegenwärtigen Bedingungen diesen normativen Forderungen zuwiderlaufen. Wo liegen die Ursachen dafür, dass es den Mitgliedern unserer Gesellschaften an dem Maß sozialer Anerkennung mangelt, das nötig ist, um ein befriedigendes Leben führen zu können – nichts anderes wollen wir analysieren.

3. Erbe und Erneuerung der Kritischen Theorie

Gespräch mit der Internationalen Studiengruppe zur Kritischen Theorie[*]

Mauro Basaure: *Die Vorbereitung des Interviews gab uns Gelegenheit zu einer mehrwöchigen Lektüre und gemeinsamen Diskussion Ihrer spezifischen Perspektive auf das intellektuelle Erbe der* Dialektik der Aufklärung *(Horkheimer/Adorno [1947] 1997) von Adorno und Horkheimer. Uns interessiert vor allem das Erbe dieses Buches in Bezug auf die so genannte »dritte Generation« der Frankfurter Schule, zu deren gegenwärtig wichtigsten Vertretern Sie gezählt werden.*

Thorsten Fath (Moderation): *Sie sind institutioneller Nachfolger Max Horkheimers als Direktor des Instituts für Sozialforschung und haben gleichzeitig, wie dieser vormals, einen Lehrstuhl für Philosophie inne – verpflichtet dies in besonderem Maße gegenüber der Person Max Horkheimers?*

Axel Honneth: Nein, ich würde sagen, ich fühle mich nicht der Person Horkheimers verpflichtet. Es wäre für mich auch schwer, mir vorzustellen, was das eigentlich hieße. Ich habe Horkheimer nie kennen gelernt, und insofern weiß ich gar nicht, was es heißt, sich seiner Person verpflichtet zu fühlen. Alles, was ich von der Person Horkheimers weiß, ist auch nicht derart, dass man, ohne ihn zu kennen, Motive haben könnte, sich ihm verpflichtet zu fühlen. Sie wissen, dass es immer eine gewisse Spannung zwischen Habermas und Horkheimer gab und dass Horkheimer die Entwicklung von Habermas mit ausgesprochener Skepsis betrachtet hat, mit

[*] Der Text dieses Interviews wurde von Thorsten Fath und Michele Salonia redigiert und für die Veröffentlichung vorbereitet. Das Gespräch, das ihm zugrunde liegt und das den Auftakt für eine Reihe von weiteren Interviews der Internationalen Studiengruppe zur Kritischen Theorie bildete, fand am 29. April 2005 im Institut für Sozialforschung statt. Von den Mitgliedern der Gruppe nahmen an dem Gespräch teil: Mauro Basaure (Leiter der Gruppe), Aurélien Berlan, Thorsten Fath, Jaeho Kang, Ming-Chen Lo, Valerie Moser, Asako Nagasawa, Schuichi Nyuya, Emmanuel Renault, Michele Salonia, Vanessa Vidal und Ersin Yildiz.

einer Skepsis, die wahrscheinlich darauf zurückging, dass er, wie er das auch brieflich formuliert hat (Horkheimer [1958] 1996), in Habermas einen zu marxistischen Theoretiker sah, und zwar zu einer Zeit, wo er es für geboten hielt, den Marxismus am Institut für Sozialforschung eher zurückzuhalten. Insgesamt hat er daher Adorno immer ein wenig vor Habermas gewarnt, und er hat auch, wie Sie ja wissen, die Habilitation von Habermas nicht hier am Institut annehmen wollen, weswegen Habermas sich dann nicht in Frankfurt habilitiert hat, sondern in Marburg. Und wenn ich mir diese Geschichte vor Augen führe, gibt es schon deswegen wenige Gründe, sich der Person von Max Horkheimer verpflichtet zu fühlen.

Ich würde mich viel eher der Person von Habermas verpflichtet fühlen als der von Horkheimer. Aber sicherlich fühle ich mich dadurch, dass ich hier im Institut für Sozialforschung das Direktorat übernommen habe, in irgendeiner Weise der Tradition verpflichtet, die dieses Haus repräsentiert, also vielleicht nicht einzelnen Personen, sondern einer durch das Schaffen dieser verschiedenen Personen bewirkten Tradition – diese Art von Verpflichtung. Und das hat immer eine gewisse Rolle gespielt, schon damals, als ich mich bereit gefunden habe, hier Direktor zu werden.

Aber das ist eine eher unpersönliche Verpflichtung. Die einzige Person, die ich aus dem Traditionszusammenhang wirklich kennen gelernt habe, war Leo Löwenthal, der ja auch sehr lange gelebt, sozusagen die ganze Tradition überlebt hat. Löwenthal war in der Zeit der späten 1980er-Jahre gelegentlich in Frankfurt und stattete dann hier am Institut Besuche ab. Er stand auch mit Habermas in Kontakt, so dass ich ihn hier im Hause ursprünglich und dann später auch bei verschiedenen Treffen in Berlin näher kennen lernen konnte. Er ist daher auch der einzige gewesen, der eine ganz direkte Quelle aus der frühen Zeit der Kritischen Theorie war; nur hat Leo Löwenthal nie sehr gern aus der frühen Zeit der Kritischen Theorie erzählt. Ich habe immer vermutet, weil er so sehr im Schatten der großen Theoretiker stand, dass er es am Ende seines Lebens auch gern sah, wenn er einmal selbst im Zentrum stand; das ist jetzt gar nicht negativ gemeint, sondern eine gut verständliche Tendenz bei ihm gewesen, nicht noch im späten Lebensalter nur als Auskunftsquelle über Walter Benjamin oder Adorno benutzt zu werden. Die anderen Schilderungen, die ich vom Institut früherer Zeit – und das heißt dann natürlich der Nachkriegszeit – kenne, sind die von Ludwig von Friedeburg und Jürgen Habermas, die beide in den 1950er-Jahren hier als Assistenten begonnen und die natürlich über die Binnenstruktur des damaligen Instituts viel zu erzählen haben.

Vielleicht haben diese Kontakte alle dazu beigetragen, dass ich mich der Tradition im Ganzen ein bisschen verpflichtet fühlte. Also, es gibt noch eine Art von persönlicher, wenn auch sehr schmaler Verbundenheit, die sehr indirekt – nur in der Person Leo Löwenthals ist sie direkt –, aber immerhin so reichhaltig ist, dass man noch eine lebendige Vorstellung von der Traditionsgeschichte und dem Leben im Institut für Sozialforschung hat.

Mauro Basaure: *Obwohl Sie das Hauptthema der* Dialektik der Aufklärung, *nämlich die Rationalisierung der Lebensverhältnisse, nach wie vor als aktuell betrachten, halten Sie die dort vorgelegten theoretischen Ansätze für überholt. Das Rationalitätskonzept der* Dialektik der Aufklärung *sei extrem schmal und einseitig, ihre Anthropologie spekulativ, darüber hinaus seien die sozialpsychologischen und soziologischen Annahmen, die diesem Werk zugrunde liegen, aus der aktuellen theoretischen Perspektive nicht mehr haltbar. Meines Erachtens gibt es in diesem Buch gleichwohl Passagen, einzelne Intuitionen, die heute noch prägnant sind und so eine aktuelle Bedeutung behalten haben. In* Kritik der Macht *(1989) optieren Sie für eine theoretische Rekonstruktion der Hauptgrundlagen der* Dialektik der Aufklärung *und erkennen daher den einzelnen Textpassagen keine Eigenständigkeit zu. Sie verlieren damit jegliche Eigenständigkeit hinsichtlich der theoretischen Architektur des Werkes. Glauben Sie, dass bestimmte Teile dieses Buches als Aphorismen noch zu retten wären, und zwar nicht im Sinne einer mit dem Stilmittel der Übertreibung oder Metaphern geleisteten Überredung, sondern als sachliche Argumente? Wären Sie einverstanden mit einer Trennung zwischen der theoretischen Hauptstruktur dieses Textes und einzelnen Passagen? Anders gesagt: Halten Sie es für sinnvoll, die* Dialektik der Aufklärung *als eine Aphorismensammlung zu lesen?*

Ich hätte zunächst einmal gewisse Zweifel, ob man der *Dialektik der Aufklärung* damit zu Hilfe kommt, dass man sagt, sie sei eigentlich gar kein in sich geschlossener Text, sondern wie die *Minima Moralia* (Adorno [1951] 1997) eher eine Sammlung von nicht sehr aufeinander bezogenen und untereinander nur locker zusammenhängenden Aphorismen.

Ich meine, hinter der Frage verbirgt sich auch das Problem, dass man vielleicht gar nicht richtig weiß, wie man dieses Buch am besten klassifizieren soll, also um welches Genre von Text es sich wirklich handelt. Und das empfinde ich weiterhin als ein eminentes Problem, weil von dieser Einordnung sehr stark die Art der Zugangsweise abhängt und dann auch die Art der Kritik, die man vielleicht äußern kann. Im Laufe meiner Auseinandersetzung mit der *Dialektik der Aufklärung* habe ich die Einstellung zu diesem Buch und damit auch die Klassifikation des Buches immer wieder verändert, mich nie, sagen wir einmal, zu einer festen Klassifizierung durchringen können. Ich glaube sogar, dass es am besten ist zu sagen: Die Art der Klassifizierung hängt ein wenig von der theoriepolitischen Situation ab, ist also nicht unabhängig davon, wie ich die jeweilige wissenschaftsgeschichtliche Landschaft wahrgenommen habe, in der dieses Buch platziert ist.

Als ich damals ans Schreiben meiner Dissertation ging, an das Buch über die »Kritik der Macht« (Honneth 1989), da war mein vorherrschendes Gefühl, dass die *Dialektik der Aufklärung* als ein Stück Soziologie oder als ein Stück Gesellschaftstheorie interpretiert wurde. Ich habe ja nicht in Frankfurt promoviert, sondern in Berlin an der Freien Universität, und dort gab es in jener Zeit einen wahren Adorno-Kult. In der Tat war Adorno im Berlin der späten 1970er-Jahre im Umfeld der Philosophie und Sozialwissenschaften die Quelle eigentlich aller Art von Sozialphilosophie. Daneben wurde nur noch Marx gelten gelassen und eventuell – aber in sehr untergeordneter Rolle – Georg Lukács. Man begegnete gewissermaßen auf den Gängen bei jedem Gespräch irgendwelchen Versatzstücken der *Dialektik der Aufklärung*. Diese wurden wie ein Stück aktuellster Gesellschaftstheorie genommen, so dass alle Elemente dieser Theorie viel stärker präsent waren als die damals gerade aufkommenden neuen Gesellschaftstheorien wie etwa die von Habermas oder von Luhmann oder die von Parsons.

Es gab einen Adorno-Kult und einen Adorno-Dogmatismus – und zwar einen sozialtheoretischen Adorno-Dogmatismus. Ich selbst war bei den Soziologen und habe damals in der Sozialisationsforschung gearbeitet. In der Sozialisationstheorie, in der ich damals als Soziologe geforscht habe, wurden zum Beispiel alle Elemente aus der *Dialektik der Aufklärung*, die etwa von der Idee der Triebdisziplinierung handelten, für sakrosankt genommen und als vollkommen unbestreitbare Prämissen akzeptiert. Es geht ja hier darum, dass es eine angemessene theoretische Explikation sowohl der Bedürfnissozialisation unter kapitalistischen Bedingungen sein sollte als auch eine angemessene Explikation der Mechanismen sozialer Herrschaft. Ich habe damals gegen *diese* Atmosphäre angeschrieben. Mir ist das unglaublich auf den Wecker gegangen, dass jedes Wort von Adorno oder Horkheimer aus der *Dialektik der Aufklärung* die Wahrheit sein sollte – und zwar die theoretische Wahrheit. Und ich fand dieses Buch, je mehr ich mich damit beschäftigte, unter diesen Gesichtspunkten unzureichend und häufig sogar falsch.

Meine Sicht auf die *Dialektik der Aufklärung* war stark davon geprägt, dass von ihr primär als einer sakrosankten Quelle einer empirisch gehaltvollen, theoretisch angemessenen Sozialtheorie Gebrauch gemacht wurde. Ich war damals und bin auch weiterhin der Überzeugung, dass die Habermas'sche Gesellschaftstheorie dem weit überlegen ist, was an Grundelementen in der Gesellschaftstheorie von Adorno vorzufinden ist. Vor allen Dingen war ich der Meinung, dass die Tradition der Soziologie zum Teil mehr an Potenzial enthält, als Adorno und Horkheimer zugelassen haben: Sowohl Durkheim als auch Weber bis hin zu Tönnies – alles schien mir irgendwie viel reicher an Einsichten, viel fruchtbarer zu sein als das, was ich in der *Dialektik der Aufklärung* fand. Insofern war *Kritik der Macht* für mich eine Art von Befreiungsschlag, um mich erst einmal von diesem Dogmatismus zu lösen.

Später hatte sich die Situation vollkommen gewandelt, weil die *Dialektik der Aufklärung* diese Rolle in den späten 1980er- und den 1990er-Jahren ja gar nicht mehr gespielt hat. Sie war nicht mehr in der Weise präsent und keine dogmatische Hintergrundquelle mehr für eine Sozialtheorie, sondern spielte eigentlich faktisch im Lehrbetrieb kaum mehr eine große Rolle. Dadurch war es möglich, sich eine ganz andere Frage zu stellen. Meine ursprüngliche Frage war: Was ist unter sozialtheoretischen Gesichtspunkten falsch und unzureichend an der *Dialektik der Aufklärung*? Später war die Frage: Warum ist die *Dialektik der Aufklärung* eigentlich bis heute eine faszinierende Studie, obwohl sie theoretisch in manchen Hinsichten nicht zureichend und sogar höchst problematisch ist? Und das war eine Sichtweise, die ich in Berlin gar nicht gewinnen konnte, dazu musste ich erst an einen ganz anderen Ort und zu einem ganz anderen historischen Hintergrund gehen.

Um jetzt auf Ihre Frage zurück zu kommen: Ich weiß nicht, ob man mit der Deutung, dass es sich um eine Aphorismensammlung handelt, dem Buch näher kommt und etwas Fruchtbares an dem Buch erschließt. Ich glaube eigentlich weiterhin, dass es die Eigenart des Buches ist, eine Studie über das Ergebnis eines geschichtlichen Verlaufs sein zu wollen, und dass im Wesentlichen die beiden Möglichkeiten, das Genre zu verstehen, die sind, die ich selbst ausgetestet habe. Es ist nämlich entweder eine theoretisch ernst gemeinte, empirisch orientierte Geschichtsphilosophie mit Blick auf die Gegenwart, oder es ist das, was ich »erschließende Kritik« (Honneth 2000e) nenne, und dann ist es ein ganz anderes Genre. Ich meine, die Vorbilder sind dann jeweils unterschiedlich: Wenn es ein Stück Sozialtheorie ist, muss das Buch mit Vorbildern wie Durkheim, Parsons, Weber und Marx konkurrieren. Wenn es ein anderes Genre ist, wenn dieses Buch eher etwas von einer provozierenden, übertreibenden, die Verhältnisse in ein grelles Licht stellenden Studie hat, dann sind die Vorläufer eher bei Montesquieu in den *Persischen Briefen* zu suchen oder vielleicht im *Zweiten Diskurs* von Rousseau, also in einem ganz anderen Genre von Texten. Deswegen glaube ich schon – und das ist natürlich in Ihrem Vorschlag auch enthalten –, dass der Blick auf dieses Buch und die Weise, in der man es verstehen möchte, entscheidend sind für die Art, in der man mit ihm umgeht und es auch kritisiert. Im ersten Fall fragt man sich: »Stimmt das?«, im zweiten Fall fragt man sich: »Trifft es das?«, und das macht einen sehr großen Unterschied.

Vanessa Vidal: *Handelt es sich hierbei notwendigerweise um zwei sich ausschließende Gegensätze? Kann eine Lektüre als Geschichtsphilosophie verbunden werden mit einer Lesart als ästhetischer Essayismus?*

Ich glaube nicht, dass sie zu verbinden sind. Vielleicht ist es gerade die Besonderheit dieses Buches, dass es je nach Sichtweise so ganz unterschiedliche Deutungen erlaubt. Es gibt diese Vexierbilder, in denen man je nach Blickpunkt etwas ganz anderes sehen kann: Entweder man sieht eine Ente darin oder einen Hasen. Es gibt vielleicht nur wenige Bücher, die diesen Charakter haben. Ich vermute zum Beispiel, dass der *Zweite Diskurs* von Rousseau, also der Diskurs über die Entstehung der Ungleichheit, ein solches Buch ist, das man entweder als Rousseaus Vorschlag zur Interpretation unserer Geschichtsentwicklung mit Blick auf die Struktur der gegenwärtigen zivilisatorischen Moderne lesen kann oder als eine ästhetische Form der übertreibenden Darstellung der entscheidenden Züge der Gegenwart mit einer bestimmten, sagen wir einmal, kritischen Absicht.

Vanessa Vidal: *In der* Theorie des Kommunikativen Handelns *begründet Jürgen Habermas (1981) die Notwendigkeit eines Paradigmenwechsels der Kritischen Theorie gerade mit jenen Aporien, in welche sich seiner Meinung nach die* Dialektik der Aufklärung als *Geschichtsphilosophie verstrickt. Deswegen scheint es, dass die Art und Weise, wie die* Dialektik der Aufklärung *zu betrachten ist – als Geschichtsphilosophie, ästhetischer Essayismus oder anderes –, eine große Bedeutung hat für das Verständnis sowohl der Entstehung der zweiten Generation der Frankfurter Schule als auch des Übergangs zur dritten Generation, die Sie vertreten. Zurückkommend auf meine vorherige Frage halte ich es für wichtig, nach einer dritten Alternative zu fragen: der Verbindung beider Interpretationen nämlich. Wären Sie damit einverstanden?*

Ich glaube, das sind zwei verschiedene Vorschläge. Einerseits sagen Sie, es ist wichtig – und da stimme ich zu –, die beiden möglichen Sichtweisen auseinander zu halten und sich klar zu machen, dass, wenn man auf der einen Ebene argumentiert, man damit möglicherweise die andere Ebene noch nicht berührt hat. Aber die zweite Ebene ist dann die, auf der Sie die Frage stellen, ob diese beiden Sichtweisen intern noch einmal irgendwie miteinander verknüpft sind, und das finde ich schwierig, da ich nicht genau sehe, wie sie verknüpft sind. Deswegen brachte ich vorhin den Vergleich mit einem Vexierbild: Je nachdem, wie man auf das Buch schaut, sieht man entweder das eine oder das andere, aber nicht beides auf einmal. Das hat natürlich auch etwas Enttäuschendes, weil man dann nicht sagen kann, dass es eine endgültige, abschließende Stellungnahme zu diesem Buch geben kann, da je nachdem, wie man argumentiert, immer wieder der andere Blickpunkt eingenommen werden kann. Für Vorschläge, wie man das intern verknüpfen kann, wäre ich dankbar, da ich nicht wüsste, wie das gehen sollte.

Es gibt auch noch die Möglichkeit, diese Interpretation, die ich jetzt geliefert habe und die ja auch nur der Versuch ist, aus meinen eigenen verschiedenen Lektüreerfahrungen irgendwie einen Sinn zu machen, sie auf irgendeinen plausiblen Nenner zu bringen, selbst zu bestreiten und zu sagen: Es ist jeweils nur eines der beiden Genres, es ist ein Missverständnis anzunehmen, dass es beides sein könnte. Wir könnten ja auch sagen, dass diese Überzeugung, die ich gerade geäußert habe, schlichtweg falsch ist, weil dieses Buch letztlich ein Stück Sozialtheorie ist und nur Sozialtheorie sein möchte, und zwar mit Hilfe einer vorausgesetzten und immer wieder in Anspruch genommenen Geschichtsphilosophie – nichts mehr und nichts weniger. Ich glaube übrigens, dass das der Blick von Habermas ist: Er nimmt dieses Buch nur in einer Gestalt wahr, nämlich in der Gestalt einer irgendwie Geschichtsphilosophie in Anspruch nehmenden Theorie der Gesellschaft, und als solche kritisiert er es.

Mauro Basaure: *Ausgehend von dieser Alternative, können wir jetzt etwas näher die zweite Möglichkeit der Lektüre betrachten, und zwar diejenige, die die* Dialektik der Aufklärung *als erschließende Kritik liest. Wenn ich richtig verstehe, zielt eine solche Kritik durch Übertreibung zunächst darauf ab, den kontingenten Charakter des Verständnisses der sozialen Welt aufzuzeigen, und ferner darauf, die Wahrnehmungsweisen dieser Welt zu verändern. So betrachtet, ist mir jedoch nicht klar, worauf die kritische Dimension beruht. Genauer gesagt, die bloße Veränderung von Wahrnehmungsweisen impliziert meiner Auffassung nach noch nicht notwendigerweise eine normativ gehaltvolle Kritik. Es scheint, als könne eine erschließende Kritik nicht auskommen ohne einen zumindest impliziten Bezug auf eine auf rationalen Argumenten basierende normative Dimension. Sollte diese Prämisse korrekt sein: Wären Sie damit einverstanden, die Dichotomie zwischen Argumentation und Rhetorik gewissermaßen nicht allzu strikt zu begreifen?*

Wenn man sagt, dass die *Dialektik der Aufklärung* als »erschließende Kritik« verstanden werden kann, dann räumt man ja schon ein, dass dieses Buch auch Züge eines literarischen Kunstwerks hat, aber sich davon auch wieder unterscheiden soll. Das ist eine schwierige Frage, weil man sich fragen sollte, was man eigentlich damit sagt, welches Genre man vor Augen hat, wenn man von erschließender Kritik spricht. Man könnte sagen, viele Romane unternehmen so etwas wie eine erschließende Kritik. Indem sie die Verhältnisse mit literarischen und rhetorischen Mitteln in einer bestimmten Weise darstellen, wollen sie unseren Blick auf diese Verhältnisse ändern – also vollziehen sie auch erschließende Kritik. Bilder haben wahrscheinlich auch häufig den Anspruch und den Charakter, erschließende Kritik zu vollziehen. Und wenn man sich jetzt ein Buch wie die *Dialektik der Aufklärung* anschaut, dann soll es wahrscheinlich etwas mehr sein als ein solcher literarischer Text. Die Frage ist: Was macht den Unterschied aus zwischen dem literarischen Text, der erschließende Kritik vollzieht, und einer Form der erschließenden Kritik, die – sagen wir es einmal so – auch noch theoretische Ansprüche stellt, das heißt, die nicht so frei ist von empirischer Überprüfbarkeit wie eine fiktionale? Und das ist die schwierige

Frage, ob ein Text das leisten kann. Ich bin mir unsicher, welche Antworten man darauf am besten geben sollte, ich kann da auch nur experimentell antworten.

Ich meine, erschließende Kritik heißt, bestimmte soziale Mechanismen oder bestimmte soziale Verhältnisse so übertrieben darzustellen, dass die Tendenz der sozialen Wirklichkeit in die bezeichnete Richtung deutlich wird. Das muss, glaube ich, heißen, dass das, was übertrieben dargestellt wird, von der Art sein muss, dass es überhaupt von uns als denjenigen, die das lesen, als mögliche Verlängerung existierender Verhältnisse gedacht werden kann. Gewissermaßen darf der Text fiktiv nicht so überschießend sein, dass wir diese Verbindung gar nicht mehr herstellen können. *1984* von George Orwell ist eine Form erschließender Kritik, die diesem Standard nicht genügt, weil wir überhaupt nicht sehen können, inwiefern die Verhältnisse, die wir jetzt haben, schon die Potenziale enthalten, sich dahin zu entwickeln, was in *1984* dargestellt wird. Aber ich glaube, die *Dialektik der Aufklärung* muss irgendwie an dieser Stelle bestimmte Kriterien erfüllen, die literarische Texte nicht erfüllen müssen. Es müssen rational vorstellbare und für möglich empfundene Übertreibungen sein, da liegt der Unterschied. Die Übertreibungen können nicht von der Art sein, wie es in literarischen Texten der Fall ist, nämlich losgelöst von unserem rationalen gegenwärtigen Welt- und Selbstverständnis, sondern die Übertreibungen müssen von der Art sein, dass wir sie noch als potenzielle Entwicklungen unseres gegenwärtigen Selbstverständnisses und Weltverständnisses verstehen und auch rekonstruieren können. Übrigens halte ich diesen Punkt für unglaublich wichtig; über ihn ist vielleicht noch nicht hinreichend nachgedacht worden, und auch in meinen eigenen Texten ist wahrscheinlich noch nicht gut genug analysiert, wie der Unterschied zu bemessen ist.

Mauro Basaure: *Besitzen nicht Ausdrücke wie beispielsweise der von Habermas (1981) eingeführte Ausdruck der »Kolonisierung der Lebenswelt« oder etwa der von Ihnen eingeführte der »Paradoxien der kapitalistischen Modernisierung«(Honneth 2002; Hartmann/Honneth 2004) ebenfalls ein stilisierendes und metaphorisches, literarischen Texten nicht unähnliches Moment? Worin liegt der Unterschied?*

Da würde ich einen deutlichen Unterschied sehen. Jede Form von Theorie und jede Form von Philosophie nimmt rhetorische Mittel in Anspruch. Die Rhetorik ist ein internes Element jeder argumentativen Form von

Text. Und es ist nicht so, dass die Rhetorik nur in der ästhetischen Form von Kritik oder in ästhetischen Texten wirksam ist. Das hat Quentin Skinner (1996) ja ungleich gut an Thomas Hobbes untersucht, indem er am *Leviathan* wunderbar aufgezeigt hat, welche rhetorischen Mittel Hobbes in Anspruch nimmt, um seine Argumente tatsächlich voran zu bringen. Natürlich sind bestimmte Begriffsbildungen der neueren Gesellschaftstheorie auch Formen der Rhetorik. Ich denke, das findet sich durchgängig in theoretisch gehaltenen Texten. Das ist und kann wiederum nicht der Unterschied sein.

In der *Dialektik der Aufklärung* dienen die rhetorischen Mittel nicht einer bestimmten Theorie, sondern primär dazu, ein bestimmtes Bild zu erzeugen. Und dann bleibt die Frage, die ich vorher gestellt habe: Was ist der Unterschied zwischen einem theoretisch verfassten Text, der ein bestimmtes Bild erzeugen möchte, und einem literarisch verfassten Text, gibt es da überhaupt eine Differenz? Gibt es eine Differenz zwischen *1984* von George Orwell und der *Dialektik der Aufklärung*? Ich glaube, es gibt diese Differenz, aber sie genau zu bestimmen, ist schwer. Denn der Unterschied kann nicht einfach darin liegen, dass Orwell gar keine theoretischen Argumente liefert und die *Dialektik der Aufklärung* diese liefert, da die Weise, in der die *Dialektik der Aufklärung* theoretische Argumente liefert, nach dieser Interpretation der erschließenden Kritik irgendwie auf das Ziel zugeschnitten ist, das übertriebene Bild der Verhältnisse zu rechtfertigen und plausibel zu machen.

Aurélien Berlan: *Es ist das Ziel einer erschließenden Kritik, problematische Erscheinungen, die von den meisten Menschen überhaupt nicht wahrgenommen werden, erst sichtbar zu machen. Anders gesagt, das Ziel ist es, die Augen des Lesers zu öffnen, was einen Schleier, einen Verblendungszusammenhang vorauszusetzen scheint. Dafür benutzen die Gründerväter der Kritischen Theorie den Begriff der Ideologie, der in Ihrem Werk eher selten auftaucht. Meine Frage lautet erstens: Warum benutzen Sie kaum den Ideologiebegriff? Können Sie auf die methodologischen Probleme eingehen, die mit diesem Begriff systematisch verbunden sind? Und zweitens: Ist es möglich, über bestehende methodologische Probleme hinauszugehen und den Ideologiebegriff wieder fruchtbar zu machen?*

Das ist eine schwierige Frage. Ich weiß nicht, ob ich die Prämisse teilen würde, dass erschließende Kritik nur dann sinnvoll ist, wenn man voraussetzt, dass ein Verblendungszusammenhang oder eine Ideologie existiert. Die Frage war, warum wir für bestimmte Züge unserer Lebensform blind sind. Ich finde es nicht klar, ob wir nur deswegen für eine bestimmte Lebensform blind sein können, weil wir ideologisch befangen sind oder weil wir in einem Verblendungszusammenhang leben; es ist sicherlich einer der Gründe, warum wir blind sind, ich würde aber nicht sagen, dass es der einzige Grund ist.

Was den Ideologiebegriff anbelangt, so finde ich ihn unglaublich schwer und gleichzeitig in gewisser Weise notwendig. Die Schwierigkeiten beim Ideologiebegriff liegen auf der Hand: Die Idee, dass wir das Ideologie nennen sollten, was notwendig falsches Bewusstsein ist, ist, glaube ich, gescheitert, weil wir inzwischen aus der Entwicklung der Sozialwissenschaften heraus wissen, dass wir zwischen gesellschaftlicher Realität und ihrer Interpretation gar nicht trennen können. Letztlich haben wir gar nicht das Kriterium, um zu beurteilen, was gesellschaftliche Realität ist, ohne ein Bewusstsein oder eine Deutung von ihr zu haben. Der symbolische Interaktionismus hat das deutlich gemacht, indem er mit der Idee startet, dass das eine Tatsache ist, was für eine Tatsache gehalten wird. Wenn man diesen Schritt schon vollzogen hat, dann ist klar, dass man nicht mehr so einfach zwischen dem Bewusstsein und der Realität unterscheiden kann, wie das im klassischen Ideologiebegriff vorausgesetzt ist. Daher haben alle Versuche, den Ideologiebegriff noch einmal neu zu fassen, auch anders angesetzt.

Ich glaube, dass man sagen kann, dass heute Ideologien eher als Praktiken verstanden werden sollen und weniger als Bewusstseinsformen. Dann ist wiederum die Frage: Was hat man dadurch wirklich gewonnen? Ich frage mich, ob es wirklich sinnvoller ist, angesichts von Ideologien eher von Praktiken als von Bewusstseinsformen zu sprechen. Die Schwierigkeit, diese Frage zu beantworten, führt, glaube ich, wiederum dazu, dass der häufigste Gebrauch des Ideologiebegriffs heute der ist, den man als unkritisch bezeichnet: Ideologie ist kein vorzuwerfender, mangelhafter Sachverhalt, sondern »Ideologie« sind alle Formen sozialer Diskursivität. Althusser hat diese Entwicklung eingeleitet, und inzwischen scheint mir dies der häufigste Gebrauch des Wortes »Ideologie« zu sein. Danach gibt es nicht einen Unterschied zwischen Nichtideologie und Ideologie, sondern Ideologie ist nur ein anderer Begriff für das, was Foucault Diskurse nennt; es sind sozusagen Lebensformen oder Lebenspraktiken, in denen Deutung und Praktik so eng miteinander verschmolzen sind, dass sie soziale Wirklichkeit konstituieren, und wir können relativistische Einstellungen, unterschiedliche Diskurse solcher Art oder Diskursformationen solcher Art oder Ideologien solcher Art unterscheiden. Das beantwortet aber immer noch nicht Ihre Frage, weil wir auch damit natürlich keinen Ideologiebegriff hätten, der kritisch wäre. Sie bräuchten für das, was Sie wollen, eigentlich einen kritischen Ideologiebegriff – wenn es »Verblendung« heißt, ist das ein kritischer Begriff.

Aurélien Berlan: *Aber wenn man nicht die Idee eines Schleiers oder eines Verblendungszusammenhangs voraussetzt, laufen wir dann nicht Gefahr, dass selbst die Absicht der Veränderung der Art und Weise, die Realität wahrzunehmen, also die Absicht der erschließenden Kritik, als eine Art von Manipulation erscheint?*

Wenn man die Überzeugung hat, dass die Mitglieder einer bestimmten sozialen Lebensform nicht in der Lage sind, bestimmte Züge dieser Lebensform wahrzunehmen, weil sie in einem Verblendungszusammenhang leben, dann sagt man damit, dass sie falsche Überzeugungen, falsche Wahrnehmungsweisen haben. Dann hat man einen kritischen Begriff. Ich habe jetzt eigentlich nur vorgeführt, warum der Ideologiebegriff so schwierig zu verwenden ist: Wenn man ihn bewusstseinstheoretisch verwendet, dann kommt man in große Schwierigkeiten; wenn man ihn praxistheoretisch verwendet, kommt man auch in große Schwierigkeiten. Daher ist heute die Konsequenz aus der ganzen Entwicklung, dass man ihn gar nicht mehr kritisch verwendet, und damit wiederum können wir auch nicht ganz zufrieden sein. Deswegen kann ich eigentlich an dieser Stelle nur sagen, dass ich weiteren Klärungsbedarf sehe.

Ich glaube, dass man auf den kritischen Begriff der Ideologie nicht verzichten kann, aber ich weiß nicht recht, wie man ihn handhaben kann. Ich habe das selbst einmal probiert – in einem Aufsatz mit dem Titel »Anerkennung als Ideologie« (Honneth 2004), wo ich mir klar machen wollte, wie man im Hinblick auf den Anerkennungsbegriff von Ideologie sprechen kann –, aber auch das bereitet große Schwierigkeiten. Also ich sehe an dieser Stelle mehr Schwierigkeiten als Lösungswege. Es gab einmal einen Versuch, auch die Habermas'sche Diskurstheorie zur Konstruktion eines Ideologiebegriffs zu verwenden, und dieser Vorschlag sah so aus, dass wir die Denkformen oder die Deutungsmuster, von denen wir nicht kontrafaktisch unterstellen können, dass alle Subjekte sie in einem unverzerrten und freien Diskurs akzeptieren können, für Ideologie halten; aber auch das halte ich nicht für sehr praktikabel, auch das überschätzt die Macht des Diskurses – das ist eher eine ausweichende Antwort.

Emmanuel Renault: *In Ihrem Aufsatz »Anerkennung als Ideologie« betrachten Sie Ideologie als ein Versprechen, das nicht eingelöst werden kann. Gilt diese Definition von Ideologie lediglich mit Bezug auf den Anerkennungsbegriff oder gleichermaßen im Sinne einer generellen Bestimmung von Ideologie?*

Das ist meine Hoffnung gewesen, ich bin aber unsicher, ob man das so verallgemeinern kann. Es ist richtig, dass ich bei dem Aufsatz davon ausgegangen bin, dass man Ideologien vielleicht nach dem Muster von gewissermaßen nicht gehaltenen Versprechungen oder nicht zu haltenden Versprechungen verstehen sollte; dass sie also nicht anredend sind wie bei Althusser, sondern dass sie sozial generalisierte Versprechungen sind, die aber aufgrund der sozialstrukturellen Gegebenheiten nicht einzulösen sind. Das käme ein bisschen dem entgegen, was Marx manchmal vor Augen hatte, als er sagte, die Idee des freien Lohnarbeiters sei eine Ideologie. Man könnte Marx so verstehen, dass die Idee des freien Lohnarbeiters eine Art von Versprechen einer neuen Gesellschaftsformation ist, die aber aufgrund der sozialstrukturellen Verhältnisse den Begriff der Freiheit gar nicht realisieren kann, der in dem Versprechen enthalten ist. Also insofern: Es ist schon richtig, das ist ein Vorschlag, den ich in diesem Aufsatz machen wollte. Man müsste wahrscheinlich noch einen Schritt weiter gehen und sagen: Ideologie ist nicht das Versprechen selbst, sondern die Akzeptanz eines Versprechens, dessen Einlösung aus strukturellen Gründen nicht zu gewährleisten ist.

Thorsten Fath: *Entspricht das dem in der* Dialektik der Aufklärung *beschriebenen Glücksversprechen der Kulturindustrie, das immer wieder anregt, initiiert und dann die Menschen letztlich doch betrügt, weil sie das Versprechen einzulösen nicht imstande ist?*

Ich glaube, es hängt alles davon ab, ob man zeigen kann, dass bestimmte Gehalte des Versprechens aus strukturellen Gründen nicht einzulösen sind. Man müsste also zeigen können, dass dieses Glücksversprechen nicht einzulösen ist, und man müsste zeigen können, dass dieses Glücksversprechen tatsächlich von den Beteiligten akzeptiert wird, dass sie also die Verhältnisse unter Zugrundelegen dieses Versprechens interpretieren. Und da bin ich mir unsicher, ob das wirklich der Fall ist. Ich weiß einfach nicht, ob die Subjekte die Stätten der Kulturindustrie so benutzen, dass sie dabei voraussetzen, dass es hier um die Realisierung von Glück geht; es könnte ja sein, dass sie viel profanere Vorstellungen haben, die wenig mit Glücksversprechen zu tun haben, sondern mit Zeitvertreib oder Ähnlichem, also pragmatischere Motive.

Verstehen Sie, es müsste alles eingelöst sein, um von Ideologie zu sprechen: Man müsste eine bestimmte Diskursformation als ein Versprechen interpretieren können, also zeigen können, dass es die propositionale Form eines Versprechens hat; man müsste zeigen können, dass diejenigen, denen dieses Versprechen gemacht wird, das Versprechen tatsächlich vollständig akzeptieren und auch im Bewusstsein seiner Realisierbarkeit leben; und man müsste zeigen können, dass dieses Versprechen aus strukturellen Bedingungen nicht einzulösen ist. Ich meine, dann wären die Bedingungen für eine Verwendung des Ideologiebegriffs gegeben.

Thorsten Fath: *Das heißt also, dass der Konsument, der sich darüber im Klaren ist, dass sein Konsum keine höheren Zwecke erfüllt, also abgewitzt ist…*

… der unterliegt jedenfalls keiner Ideologie, nicht nach diesem Verständnis. Und der Fernsehkonsument, der abends vor der Kiste sitzt und sich das Zeug reinzieht und zappt und so fort, der ist im Allgemeinen viel zu schlau, glaube ich, um anzunehmen, dass das jetzt die Inkarnation menschlichen Lebensglücks ist, das heißt, er sitzt dem Versprechen gar nicht auf.

Thorsten Fath: *Könnte dies nicht eine höhere Form der Täuschung sein, so wie Adorno und Horkheimer sagen, dass die Kulturindustrie immer dem Konsumenten einen Schritt voraus sein muss, dass hier also ein Entwicklungsprozess stattfindet und dass möglicherweise gerade dieses Bewusstsein eine solche Etappe ist?*

Aber wenn es eine Etappe ist, ist es eine Etappe, die von dem Versprechen unabhängig ist. Es gibt keine interne Verbindung zwischen dem Bewusstseinszustand, in dem der Konsument die Ware genießt, und dem ursprünglichen Versprechen. Das besagt nichts über die Qualität des Bewusstseins des Konsumenten, aber es besagt so viel, dass man es nicht als

Ideologie versteht, glaube ich. Aber das ist eine wirklich hochinteressante Frage, die eher verrät, wie kompliziert dieser Begriff zu verwenden ist und wie viel Mühe wir heute haben, ihn tatsächlich noch einmal plausibel ins Spiel zu bringen.

Michele Salonia: *Sie betrachten die erschließende Kritik als einen Beitrag zur Veränderung der Vorbedingungen, unter denen in einer Gesellschaft evaluative Diskurse über die Ziele gemeinsamen Handelns stattfinden. Ausgehend von dieser Definition scheint es möglich, von praktischen, sogar politischen Folgen oder Wirkungen der erschließenden Kritik zu sprechen. Wenn es stimmt, dass es einen solchen Zusammenhang von erschließender Kritik und Politik gibt, habe ich diesbezüglich zwei Fragen: Was ergibt sich daraus für die gesellschaftliche Rolle des kritischen Theoretikers? Und zweitens: Welche Auffassung von Politik ergibt sich, wenn in letzterer eine Kritikform wie die der erschließenden Kritik praktische Relevanz besitzen soll?*

Vielleicht sollte ich damit beginnen, dass ich deutlich mache, dass die Prämisse, von der Sie ausgegangen sind, wie ich glaube, differenziert werden muss. Ich bin nicht sicher, ob ich die Formulierung so richtig finde, wie Sie sie präsentiert haben. Meine Vorstellung war: Eine erschließende Kritik ist eine Vorbedingung für einen rationalen Diskurs in der Öffentlichkeit, nicht für etwas, was man in einem irgendwie engeren Sinne Politik nennen kann. Und das hängt jetzt ein bisschen mit dem Politikbegriff zusammen. Der Politikbegriff hat verschiedenste Bedeutungen. Wir können – in der Tradition von Hannah Arendt ist das sogar maßgeblich – die Debatte in der zivilen Öffentlichkeit als Inbegriff der Politik verstehen, das ist ein Politikbegriff; wir können aber auch den strategischen Kampf um Einflussnahme und Macht als Politik verstehen. Und in diesem zweiten Sinn würde ich den Zusammenhang zwischen erschließender Kritik und Politik nicht verstehen, nur in dem ersten Sinn. Und das deswegen, weil ich damals die Vorstellung hatte – und ich finde sie weiterhin ganz richtig –, eine erschließende Kritik liefere eine andere Sicht unserer Verhältnisse, so dass wir uns in der politischen Öffentlichkeit dann unter möglichst demokratisierten Verhältnissen darüber verständigen können, ob wir die Verhältnisse, die man so erleben und beschreiben kann, tatsächlich wollen können. Eine erschließende Kritik trägt insofern zur Aktivierung und Stimulierung der demokratischen Meinungsbildung bei.

Die Unterscheidung zwischen diesen beiden Politikbegriffen, die ich jetzt gemacht habe – jetzt mal ganz holzschnittartig: Politik als kommunikatives Handeln und Politik als strategisches Handeln –, spielt auch eine Rolle bei der anderen Frage, die Sie gestellt haben, weil ich denke, dass es zwei verschiedene Rollen des kritischen Intellektuellen mit Bezug auf Politik geben kann, je nach verwendetem Politikbegriff und je nach Kontext. Einmal – und das ist die heute eigentlich vorherrschende – ist es die Rolle des Intellektuellen, der mit seinen Stellungnahmen zur Revitalisierung des politischen demokratischen Diskurses beiträgt. Ich glaube, nach diesem Muster sind alle Habermas'schen politischen Schriften zu verstehen. Es sind Vorschläge an die politische Öffentlichkeit, bestimmte Entwicklungen oder bestimmte Sachverhalte anders zu betrachten, als sie gegenwärtig betrachtet werden, und der Maßstab für die Geltung dieser Vorschläge ist nur der der Akzeptanz durch eine diskursiv sich orientierende Öffentlichkeit. Die andere kritische Rolle des Intellektuellen wäre die, bei der Politik weniger als demokratischer Diskurs, sondern als strategisches Handeln in Erscheinung tritt, und das ist die klassische Version des linken Intellektuellen. Das ist die Vorstellung, die Lukács in *Geschichte und Klassenbewusstsein* (1981) hatte, in den Aufsätzen zu Taktik und Ethik und zur Partei. Da ist die Vorstellung: Der kritische Intellektuelle ist parteilich und trägt zur Handlungskompetenz der von ihm als richtig empfundenen Partei bei – Partei muss jetzt keine Partei im klassischen Sinn sein, sondern meint nur soziale Bewegung. Dann ist der Adressat nicht mehr die gesamte demokratische Öffentlichkeit, sondern der Adressat ist eine Partei in dieser Öffentlichkeit oder ist eine Partei in dieser strategischen Auseinandersetzung, und er versteht seine Stellungnahmen und seine Äußerungen als Vorschläge zur Steigerung von Handlungsautonomie dieser einen sozialen Bewegung. Das heißt, er argumentiert in einem viel engeren Sinn unter der Prämisse von Parteilichkeit, als es der Intellektuelle tut, der sich an die demokratische Öffentlichkeit wendet, weil dieser gewissermaßen alle einzelnen Akteure in dieser demokratischen Öffentlichkeit vor Augen haben muss. Das heißt, er muss für alle verständlich bleiben, er muss eine möglichst allgemeine Sprache sprechen, und er muss so wenige Wertprämissen in seine Äußerungen hineinbringen, wie gerade nötig sind, sonst ist er nicht von allen pluralen Akteuren im demokratischen Kosmos zu verstehen. Während der Parteiintellektuelle – wie gesagt: »Partei« ist jetzt nicht im engeren Sinn zu verstehen, sondern es geht um den Bewegungsintellektuellen – die Prämissen voraussetzen kann, die in der Bewegung akzeptiert werden und die sogar die Grundlage der Bewegung sind. Das macht den Unterschied zwischen dem demokratischen Intellektuellen und dem linken Intellektuellen aus. Sartre war ein linker Intellektueller, Habermas ist ein demokratischer Intellektueller – nur um es zuzuspitzen.

Mauro Basaure: *In der erschließenden Kritik gibt es auch ein Moment, das nicht nur die Rolle des Intellektuellen betrifft, sondern auf die Stellung eines Buches als solchem im gesellschaftspolitischen Kontext verweist. Die erschließende Kritik akzentuiert das pragmatistische Moment der Rezeption, das im Falle der* Dialektik der Aufklärung *zwei Dekaden nach Erstveröffentlichung überhaupt erst in nennenswerter Weise stattgefunden hat, und zwar mit der 68er-Bewegung. Muss man an der jeweiligen Eigenständigkeit der Absicht des Intellektuellen einerseits und der Rezeption des kritischen Diskurses andererseits festhalten, vor allem wenn es um das hier in Frage stehende Konzept von Kritik geht?*

Ja, aber das hängt wiederum auch mit dem Charakter dieses Buches zusammen. Einmal von der anderen Seite aufgerollt: Die *Theorie des kommunikativen Handelns* (Habermas 1981) oder *The Structure of Social Action* von Parsons (1937) oder die *Protestantische Ethik* von Weber ([1904/05] 2006) sind keine intellektuellen Schriften, also es sind keine in irgendeinem Sinn politisch bezweckte Schriften, sondern es sind Beiträge zur Grundlagenforschung in einer Disziplin. Die *Dialektik der Aufklärung* ist möglicherweise nicht das – wenn sie kein Beitrag zur Sozialtheorie ist –, sondern irgendetwas anderes. Sie könnte eine Art von Schrift sein, die aufwecken möchte, die ein neues Bild entwerfen möchte, und insofern ist sie schon eher eingreifende Kritik, als es diese ganz anderen Bücher sind, die ich gerade genannt habe.

Dann besteht aber ein großer Unterschied zwischen der *Theorie des kommunikativen Handelns* und der *Dialektik der Aufklärung*, es sind zwei verschiedene Genres. Wenn sie das zweite ist, also wenn sie durch die Methode der erschließenden Kritik ein Stück eingreifender Kritik sein soll, ist es noch einmal ein Unterschied zur direkt intervenierenden Stellungnahme des Intellektuellen, der einen Zeitungsartikel schreibt. Ich meine, das gibt es ja auch. Bei Habermas zerfällt das immer, auch programmatisch und intentional, in zwei Rollen: Habermas ist Grundlagentheoretiker, und Habermas ist Intellektueller, er unterscheidet ganz stark zwischen diesen beiden Rollen. Das sind zwei ganz verschiedene Genres. Das erste Genre ist die theoretische Produktion, das zweite Genre ist die tagesaktuelle Stellungnahme, etwa zum Historikerstreit oder zur Wiedervereinigung. Diese klare Unterscheidung ist bei der *Dialektik der Aufklärung* so nicht zu machen, sie ist ja keine tagespolitische Stellungnahme, sie ist also in dem Sinn nicht das Produkt eines auf die Tagespraxis zielenden Intellektuellen – oder zweier Intellektueller, sondern sie ist eben eine erschließende Kritik in Form einer Studie, die aber auf die Deutungen derjenigen Einfluss gewinnen möchte, die in der politischen oder in der demokratischen Öffentlichkeit agieren und sich dort ihre Meinung bilden. Natürlich kann sich diese Art von Kritik viel stärker noch von den Autoren lösen als bei der tagespolitischen Stellungnahme des gewissermaßen aktuell agierenden Intellektuellen. Ein Artikel, den Habermas für eine politische Debatte in der Gegenwart schreibt, der nicht seinen Namen trägt, also hinter dem noch nicht einmal die Person als authentische Größe auftritt, verliert unheimlich an Gewicht, glaube ich; also wenn ein anderer seinen Namen unter seinen Europa-Artikel (Habermas 1999) gesetzt hätte, hätte ihn wahrscheinlich kaum jemand zur Kenntnis genommen. Er lebt also unheimlich von dem Gewicht der inzwischen in der Öffentlichkeit auch als Ratgeber oder als Intellektueller akzeptierten Person.

Zurück zu Ihrer Frage: Ja, ich glaube, das trifft zu. Die *Dialektik der Aufklärung* konnte sich stark von ihren Autoren lösen. Das Buch gewinnt ein Eigenleben, und zwar nicht wie Bücher sonst in einem theoretischen Zusammenhang, sondern in einem politisch-praktischen Zusammenhang, und das ist richtig, glaube ich, ja.

Mauro Basaure: *Sie selbst haben vorhin betont, dass Ihre Rezeption der* Dialektik der Aufklärung *kontextabhängig war. Die Lektüre dieses Buchs als erschließende Kritik wäre in Ihrer Berliner Zeit nicht möglich gewesen…*

Ich frage mich gerade, ob das spezifisch ist für die *Dialektik der Aufklärung*. Jedes Buch hat eine Wirkungsgeschichte. Vielleicht muss man nur die Wirkungsgeschichten unterscheiden. Man könnte sagen, die *Nikomachische Ethik* von Aristoteles hat eine Wirkungsgeschichte, die natürlich im Wesentlichen eine theoretische Wirkungsgeschichte ist; sie ist die Wirkungsgeschichte in bestimmten Disziplinen, und zwar in sich zunehmend akademisch verstehenden Disziplinen. Andere Schriften haben andere Wirkungsgeschichten, und einige Schriften haben möglicherweise die Wirkungsgeschichte, die Sie jetzt vor Augen haben, nämlich eine, die gewissermaßen direkter in das praktische Selbstverständnis der Beteiligten eingreift. Die intellektuellen Stellungnahmen haben im Allgemeinen übrigens kaum eine Wirkungsgeschichte, die zielen auf den Tag. Ich bin mir sicher, dass die Stellungnahmen zum Historikerstreit in 50 Jahren nur noch von Historikern gelesen werden, die irgendwie die Verhältnisse in den 1980er-Jahren in der Bundesrepublik erforschen; die Wirkungsgeschichte ist sehr kurz, da es um tagespolitische Stellungnahmen mit dem Versuch der Einflussnahme auf eine demokratische, diskutierende Öffentlichkeit geht. In dem Maße, in dem sich diese demokratische Öffentlichkeit immer neuen Themen stellen muss, immer neue Sachverhalte relevant werden, sich immer neue Herausforderungen stellen, erlischt auch der Einfluss dieser Stellungnahmen, bis sie irgendwann vollkommen unbedeutend sind. Die Stellungnahmen der ehemaligen linken Hochschullehrer zur damaligen Hochschulreform kann man heute nicht mehr lesen, sie sind absolut unbedeutend und taugen auch nichts zur Informierung.

Ersin Yildiz: *Könnte man behaupten, dass Adorno und Horkheimer als Autoren der* Dialektik der Aufklärung *als Intellektuelle zu verstehen sind, die eigentlich für den Interessentenkreis der Wissenschaften sprechen wollen, also jenseits der beiden Typen, die Sie rekonstruiert haben? Die Autoren würden sich dann den Wissenschaften ihrer Zeit kritisch zuwenden, da diese die Organisationsform der Gesellschaftlichkeit, die in der Katastrophe kulminiert, nicht hinreichend reflektiert haben.*

Ich glaube nicht, dass es so ist. Wenn man die von den Autoren selbst geprägte Metapher von der Flaschenpost ernst nimmt, dass diese Schrift eine Flaschenpost ist an die Generationen, die einmal dazu in der Lage sein werden, die Botschaft zu verstehen, dann ist der Adressat eher eine in die Zukunft hineinprojizierte demokratische Öffentlichkeit und keine Wissenschaftlergemeinde. Es ist nicht die *scientific community*, sondern es sind diejenigen, die später, wenn der Totalitarismus einmal nicht mehr existieren wird, sich mit Hilfe dieses Buches darüber Klarheit verschaffen wollen, in welchem Zustand sie eigentlich gelebt haben. Die Flaschenpost richtet sich an anonyme Mitglieder einer zukünftigen demokratischen Öffentlichkeit. Das ist der Unterschied zur *Theorie des kommunikativen Handelns*, einem für die *scientific community* geschriebenem Buch.

Ersin Yildiz: *Mir scheint, die* Dialektik der Aufklärung *ist eine Abrechnung mit den Wissenschaften, nicht nur eine Kritik an bestimmten Formen des Marxismus, sondern den Sozialwissenschaften überhaupt. Ich habe dies als eine gewisse Wut verstanden, die jetzt aber nicht mit den allgemein sich artikulierenden Bürgern abrechnen möchte und auch gar nicht mal mit den sozialen Bewegungen, wie in anderen Schriften von Horkheimer.*

Dieser Aspekt einer Abrechnung mit der bisherigen Form von Wissenschaft steckt sicherlich irgendwie in diesem Buch, was ja die ein bisschen irritierende Nähe zu Heidegger ausmacht, der auch mit den Wissenschaften abrechnet. Ich weiß jedoch nicht, ob man diesen Teil des Buches für eine Schicht halten sollte, die ins Auge tritt, wenn man das Buch als erschließende Kritik sieht, oder ob das nicht eher eine Komponente des Buches ist, die hervortritt, wenn man es als einen Beitrag zur Sozialtheorie versteht. Im letzten Fall hätten die Autoren im Zuge der Entwicklung ihrer Grundannahmen und Hypothesen gleichzeitig demonstrieren wollen, dass die herkömmlichen Wissenschaften hier zu kurz greifen und positivistisch sind, kein angemessenes Bild erzeugen können. Also: Ich bin mir diesbezüglich unsicher, das sind sehr interessante Fragen.

Ming-Chen Lo: *Die Wirkung von erschließender Kritik wird hauptsächlich durch Rhetorik erzeugt. Die Wertüberzeugung des Lesers wird schlagartig erschüttert, pathologische Zustände werden ihm sichtbar gemacht. Eine solche direkte Evozierung neuer Sichtweisen gründet primär in der Leseerfahrung des Einzelnen und kann daher nicht durch Erklärung oder Argumentation erzeugt und reproduziert werden; erschließende Gesellschaftskritik kann zwar Wirkungen auf einzelne Leser ausüben, dem Leser jedoch keine Mittel zur öffentlichen Diskussion anbieten. In diesem Sinne gefragt: Wie unterscheidet man dann die praktische Rolle einer erschließenden Gesellschaftskritik von der Quelle des privaten Vokabulars im Rorty'schen Sinne, deren Bedeutung im Rahmen der Selbstbeziehung zu verstehen ist und deren Wirkung sich deutlich auf die individuelle Privatsphäre begrenzt?*

Richtig finde ich den ersten Teil der Beschreibung, nämlich dass erschließende Kritik durch die spezifische Art ihrer Wirkung zunächst einmal die Selbstbeziehung oder das Selbstbild erschüttert, also eine individuelle Wirkung hat. Es ist die Wirkung im einzelnen Leser, auf die zunächst abgezielt wird. Aber die Art der Kritik, die hier geäußert werden soll, ist überhaupt nur dann, glaube ich, sinnvoll zu verstehen, wenn man sie mit anderen teilt, weil sie auf gesellschaftliche Strukturen zielt, also nicht auf etwas, was im Horizont allein der einzelnen Person liegt. »Dein Leben ist falsch!«, das ist ja gewissermaßen nicht die Quintessenz der erschließenden Kritik, sondern die Quintessenz der erschließenden Kritik ist doch: »Eure sozialen Institutionen sind falsch!« Deswegen kann es bei der individuellen Irritation nicht stehen bleiben, sondern sie muss übergehen in den gemeinsamen Diskurs, weil der Gegenstand der Kritik etwas ist, was gemeinsam erzeugt worden ist und nicht individuell, allein verantwortet werden kann.

Das macht, glaube ich, den Unterschied zu Rortys Idee des privaten Vokabulars aus; er hat die Vorstellung, dass bestimmte Formen literarischer Texte etwa, aber auch philosophischer Texte, im Wesentlichen eine Revision unseres privaten Vokabulars mit sich führen können oder provozieren sollen, weil es sich dabei um Fragen handelt, die die Einrichtung meines individuellen Lebens betreffen, wie ich mein Leben sinnvoll führen und wie ich mich selbst in meiner Existenz verstehen soll. Aber das ist gewissermaßen nicht der Gegenstand der Kritik bei der *Dialektik der Aufklärung*, insofern besteht da schon noch einmal eine Differenz. Die Differenz hängt damit zusammen, was letztlich Gegenstand der erschließenden Kritik ist. Zugespitzt gesagt, macht es einen Unterschied, ob die erschließende Kritik rhetorisch zu der Aufforderung führen möchte: »Schau dir dein Leben an, wie du es eigentlich lebst«, oder ob sie zu der Frage führen soll: »Schaut euch eure Institutionen an, wollt ihr tatsächlich in ihnen leben und die Praktiken ausüben, die diese Institutionen verlangen?« – das macht einen großen Unterschied. Deswegen glaube ich, ist die Selbstbeziehung, also das individuelle Selbstverständnis, zwar immer gewissermaßen die erste Tür dieser Kritik, aber sie verlangt nach Austausch und Kommunikation.

Mauro Basaure: *Sie haben angedeutet, dass sich die Frankfurter Schule in die Tradition des Linkshegelianismus einschreibt und deswegen einen rekonstruktiv-immanenten Weg der rationalen Begründung von Kritik einschlägt. Der universalistische Ansatz unterscheidet diese Methodologie Ihrer Einsicht nach von einer scheinbar ähnlichen, die jedoch aus Gründen ihres Bezugs auf bestimmte Kulturen und Gesellschaften dem Relativismus verhaftet bleibt, wie im Fall von Micheal Walzer. Bezüglich der* Dialektik der Aufklärung *scheint es aber schwierig zu behaupten, dass sie sich in die Tradition des Linkshegelianismus einschreibt. Dann würde sich die paradoxe Situation ergeben, dass sich das populärste Buch der Frankfurter Schule nicht in der theoretischen Tradi-*

tion derselben verorten ließe, zumindest nicht gemäß ihrer Beschreibung dieser Tradition. Angesichts dessen fragt man sich, ob eine Lesart der Dialektik der Aufklärung *als erschließende Kritik das Bemühen zum Ausdruck bringt, dieses Buch in den Kontext Kritischer Theorie zu stellen, so dass es aufgrund seiner Sonderstellung jener Tradition nicht äußerlich bleiben müsste.*

Ich weiß nicht, ob die Frage nicht insgesamt zu komplex war, um am Ende dann mit Ja oder Nein beantwortet zu werden. Vielleicht fange ich anders an. Also ich glaube, nüchtern gesagt, die *Dialektik der Aufklärung* spielt für meine eigene Forschungstätigkeit keine maßgebliche Rolle. Alle diese Auseinandersetzungen mit der *Dialektik der Aufklärung* sind Versuche gewesen, mich in einer bestimmten Tradition zu verorten und diese Tradition angemessen zu verstehen, um sozusagen das Beste aus ihr zu machen. Auch die Unterscheidung zwischen innerem und äußerem Kreis dieser Tradition (vgl. Honneth 1990b) ist ein Versuch, noch einmal das Beste aus ihr zu machen, eine Interpretation der Tradition zu geben, die heute die meisten Chancen zur Wiederanknüpfung und Fortsetzung liefert. Im Hinblick auf die beiden Möglichkeiten, die *Dialektik der Aufklärung* zu verstehen, ist für mich, wenn überhaupt, nur die sozialtheoretische relevant, weil ich selbst weder das Talent noch das Temperament dazu habe – und was es dazu alles noch bedürfte –, eine erschließende Kritik dieser Art zu schreiben. Ich weiß überhaupt nicht, ob es sinnvoll ist, sich Vorbilder solcher Art zu setzen und ihnen nachzuspähen. Es gibt auch nur wenige Untersuchungen in den letzten 70 Jahren nach der *Dialektik der Aufklärung*, im Hinblick auf die man sagen könnte, das seien vergleichbare Unternehmungen einer erschließenden Kritik. Ich glaube, dass das frühe Buch von Sloterdijk (1983), die *Kritik der zynischen Vernunft*, ein bisschen ein Buch solcher Art ist, also die Form der erschließenden Kritik hat, und zwar einer wirklich fruchtbaren erschließenden Kritik. Ich glaube nur nicht, dass das überhaupt Bücher sind, die sich zur Imitation eignen – oder wenn sie imitiert werden, dann wirkt es immer so lächerlich, so zweitklassig und so harmlos.

Ich unterscheide also noch einmal stark diese beiden Sichtweisen. Die erste Sichtweise, die der erschließenden Kritik: Dann ist es ein einmaliges Buch, ein großer Wurf – Punkt, Schluss, aus; danach gibt es nichts, da kann man nicht einfach anknüpfen, weil es auch gar nicht akademisch als Anregung zu verstehen ist – auch die Kritik der Wissenschaft ist ja in dem Buch massiv. Also deswegen glaube ich, wenn man anknüpfen kann an die *Dialektik der Aufklärung*, dann im Prinzip nur, wenn man sie als sozialtheoretischen Entwurf versteht. Und da ich nun viele der Konstruktionsmittel und der gesellschaftstheoretischen Konzepte für äußerst problematisch halte, kann ich sowieso nicht ohne Weiteres an diesen sozialpolitischen Entwurf anknüpfen. Woran ich anknüpfen kann und was sicherlich in irgendeiner Weise eine Rolle spielt, sind bestimmte einzelne thematische Bruchstücke und Splitter in dem Buch. Also ich glaube, dass ein Begriff der Angst, wie er dort eine Rolle spielt, in irgendeiner Weise für eine Sozialpsychologie der Gegenwart bedeutsam ist. Ich glaube, dass bestimmte Elemente, zum Beispiel die Theorie des Aberglaubens, also diese eigentümliche Neigung, unter hochrationalisierten Bedingungen das Okkulte wieder entstehen zu lassen, im Einzelnen fruchtbare Einsichten sind, die vielleicht heute der Wiederaufnahme bedürfen – aber dann in einer vollkommen anderen Weise. Wir können es gewissermaßen, wie Foucault sagt, als Werkzeugkiste verwenden, weil – jetzt unter sozialtheoretischen Gesichtspunkten – einzelne Aspekte und einzelne Zusammenhänge uns weiterhin einleuchten, wenn sie auch irgendwie insgesamt, glaube ich, sozialtheoretisch nicht allzu gut begründet sind. Aber diese Bruchstücke können wir auch nehmen und sagen: Eine Theorie der Gesellschaft heute sollte in irgendeiner Weise diese Elemente als Bestandteile besitzen.

Thorsten Fath: *Unter der Annahme, dass die ständige Beschäftigung mit der* Dialektik der Aufklärung *die Bedeutung dieses Textes für Ihre eigene Theoriebildung zum Ausdruck bringt, sollen hier die systematischen Anknüpfungspunkte und Differenzen thematisch werden. In diesem Kontext haben sich in den Diskussionen der Gruppe Fragen ergeben, die abzielen auf das Verhältnis, das zwischen einer kritischen Revision der inhaltlichen Ausführungen der* Dialektik der Aufklärung *und der Anerkennungstheorie besteht. Darüber hinaus soll hier gefragt werden nach der Beziehung der* Dialektik der Aufklärung *als einer erschließenden Kritik und der moralphilosophischen These der Pathologien des Sozialen einerseits sowie – damit verbunden – dem erfahrungsmäßig ausgerichteten Ansatz der Anerkennungstheorie andererseits. Drei Entwicklungen kennzeichnen Ihre jüngsten Forschungen in besonderem Maße: (1) Der für jegliche Sozialphilosophie konstitutive Begriff der Pathologien des Sozialen, (2) der für die empirischen Forschungen des Instituts leitende Begriff der Paradoxien der kapitalistischen Modernisierung und (3) der Versuch einer Reaktualisierung des Verdinglichungsbegriffs in anerkennungstheoretischer Hinsicht. Systematischer Kern dieser drei Stoßrichtungen ist das Problem der Anerkennung. Verankert in der Tradition der Kritischen Theorie, stecken Sie das Ter-*

rain ab, auf welchem Ihrer Einschätzung nach zukünftige Perspektiven einer kritischen Theorie allererst möglich erscheinen.

Diesbezüglich ergeben sich mehrere Fragen, welche auf den systematischen Zusammenhang dieser Forschungsschwerpunkte abzielen. Ein Anliegen der Gruppe ist die Klärung der Frage, ob die Dialektik der Aufklärung *einen Beitrag leisten kann zur Verständlichmachung der Pathologien, Paradoxien sowie Verdinglichungsprozesse in den gegenwärtigen kapitalistischen Gesellschaften. Eine Lektüre der* Dialektik der Aufklärung *sowohl als erschließende Kritik als auch als Kritik unter genealogischem Vorbehalt deutet in diese Richtung.*

Also ich weiß nicht, ob das jetzt alles zu architektonisch klingt, und ich muss auch gestehen, ich weiß nicht, ob ich den internen Zusammenhang von all dem, was ich schreibe, überhaupt selbst durchschaue. Es ist ja nicht so, dass man immer glasklar vor Augen hat, warum man bestimmte Züge tut und warum man anderes nicht tut, gerade das schreibt und nicht etwas anderes.

Ich habe diese Vorstellung, dass man die praktische Philosophie noch einmal unterteilen sollte in Gerechtigkeitstheorie oder politische Philosophie auf der einen Seite und Sozialphilosophie oder Pathologiekritik auf der anderen Seite. Das ist für mich eine sehr konstitutive und entscheidende Unterscheidung. Ich denke, dass die Habermas'sche Entwicklung viel zu stark in Richtung einer Gerechtigkeitstheorie geht und dass sie den Aspekt der sozialen Pathologie nach der *Theorie des kommunikativen Handelns* aus den Augen verloren hat. Man kann es auch so sagen, dass sich Habermas, vielleicht aus guten Gründen, zu sehr in die Disziplin der politischen Philosophie hineinbegeben und dass er den Aspekt der Kritik sozialer Pathologien aus den Augen verloren hat, während im Traditionszusammenhang der Kritischen Theorie eine solche Kritik sozialer Pathologien weiterhin ein ganz eminentes und zentrales Geschäft ist – also dass wir nicht zugunsten der Gerechtigkeitstheorie und der großen moralischen Bedeutung, die Gerechtigkeitsprinzipien für die Gegenwart haben oder die die Erkämpfung von Gerechtigkeit für die Gegenwart hat, diesen Aspekt der Pathologie aus den Augen verlieren dürfen.

Daher sind sicherlich einige meiner Unternehmungen und meiner Schriften auch so zu verstehen, dass sie diesen Gesichtspunkt der Pathologiekritik und Diagnose überhaupt erst wieder ermöglichen und verschärfen wollen. Und das geht nach meiner Vorstellung nicht auf direktem Wege, weil das alles ein bisschen kompliziert ist und in der wissenschaftlichen Öffentlichkeit, an die man sich ja zunächst einmal richtet, das ganze Unternehmen einer Pathologiekritik gar keine Selbstverständlichkeit ist. Man muss sehr Vieles erst einmal vorbringen, um die Akzeptanz dafür zu finden, dass man glaubt, man könne die sozialen Pathologien einfach kritisieren oder auch nur diagnostizieren. 99 Prozent aller in den Humanwissenschaften tätigen Wissenschaftler sind wahrscheinlich der Überzeugung, dass es ein unsinniger Versuch ist, so etwas wie soziale Pathologien zu analysieren, weil sie immer bestreiten würden, dass wir überhaupt objektive oder allgemeinverbindliche Kriterien für soziale Pathologien besitzen können. Insofern ist das ein sehr langes, umständliches Geschäft.

Dazu gehört auch der Versuch, den Verdinglichungsbegriff in irgendeiner Weise wieder ins Spiel zu bringen (vgl. Honneth 2005b), also diesen alten Begriff von Lukács, der ja direkt ein Pathologiebegriff ist, neben dem Entfremdungsbegriff vielleicht sogar der stärkste Pathologiebegriff. Ich würde sagen, im 19. Jahrhundert sind es im Wesentlichen die beiden durch Marx mitgeprägten Begriffe der Entfremdung und der Verdinglichung, die einen solchen pathologiediagnostischen Gehalt haben. Insofern sind diese Versuche, begrifflich erst wieder die Voraussetzung dafür zu schaffen, um solche Konzepte wieder ins Spiel zu bringen, alles Beiträge zu dieser Pathologiediagnose – allerdings sehr indirekte Beiträge. Es sind keine direkten Pathologiediagnosen, und ich weiß auch gar nicht, ob solche direkten Pathologiediagnosen leicht zu verfassen sind und wie man sie genau verfassen kann. Auf jeden Fall halte ich das für ein sehr schwieriges Unterfangen.

Was den Begriff der Paradoxien anbelangt, glaube ich letztlich, dass das auf einer anderen Stufe liegt. Ich glaube, der Paradoxienbegriff ist ein Vorschlag gewesen, um die soziologischen Analysen zu bündeln und unter einen bestimmten entwicklungsschematischen Begriff zu bringen (vgl. Honneth 2002; Hartmann/Honneth 2004). Und natürlich ist es auch hier die Überzeugung gewesen, dass man interdisziplinär nur zusammenarbeiten kann, wenn man sich an solchen übergreifenden Geschichtsdeutungen orientiert, dass dafür der Begriff der Krise vielleicht nicht mehr das angemessene Mittel ist – auch nicht der Begriff des Widerspruchs –, sondern dass viele der gegenwärtigen Erfahrungen, die wir sozial machen, am ehesten auf den Begriff der Paradoxie zu bringen sind, dass es sich um paradoxale Umschläge handelt. Das, was zunächst aussah wie soziale Befreiung, entpuppt sich dann als neue Form der Disziplinierung. Das, was als moralischer Fortschritt erschien, wirkt faktisch dann als neue Form der Beherrschung. Das, was als rechtlicher Fortschritt erscheint, ist im Nachhinein eine neue Form der Kontrolle usw. – diese Umschläge, ja. Ich meine, wenn das heute eine vorherrschende Zeitstimmung und Erfahrung ist, dann tut man gut daran, die interdisziplinäre Arbeit durch die Konstruktion eines solchen Deutungsmusters bzw. ein solches Entwicklungsschema zu bündeln oder überhaupt zu koordinieren.

Insofern würde ich das zunächst einmal unterscheiden: Die Beschäftigung mit dem Verdinglichungsbegriff gehört im weitesten Sinn zu dem Versuch, die Sozialphilosophie wieder als Pathologiediagnose stark zu machen. Der Aufsatz über die »Pathologien des Sozialen« war der erste Grundstein dafür (Honneth 2000c), und einiges, woran ich inzwischen arbeite, hängt mit dessen Vertiefung zusammen. Die Dissertation von Rahel Jaeggi (2005) über den Entfremdungsbegriff hat hier auch ihren Platz. Ich glaube, dass dort ein Versuch unternommen wird, einen dieser klassischen Pathologiebegriffe wieder zu reaktualisieren und sich zu fragen, was die kategorialen Bedingungen sind, unter denen wir von Entfremdung reden können. Etwas anderes ist die gesellschaftstheoretische Arbeit hier am Institut, die eben unter dem Paradoxiebegriff steht. Und zwischen Paradoxie und Pathologie gibt es keine direkte Verknüpfung. Es ist nicht so, dass Paradoxie eine Form der Pathologie ist, das glaube ich nicht.

Mauro Basaure: *In ihren Ausführungen zu den Paradoxien der kapitalistischen Modernisierung (Hartmann/Honneth 2004) scheint es, als gäbe es zum einen den Versuch einer Rekonstruktion bestimmter grundlegender normativer Gehalte, die vor allem mit der sozialdemokratischen Ära verbunden sind, was Sie andererseits mit der Erforschung derjenigen paradoxalen Bedeutungsverschiebungen verbinden, welche diese bis in die Aktualität hinein gleichsam in ihr Gegenteil verkehrt haben. Gesetzt den Fall, dass diese Interpretation zutreffend ist: Lässt sich eine Parallelität konstruieren zwischen Ihrem sozialphilosophischen Begriff der rekonstruktiven Kritik unter genealogischem Vorbehalt (Honneth 2000d) und dem soziologischen Programm des Instituts für Sozialforschung der Paradoxien der kapitalistischen Modernisierung? Stellt dies möglicherweise den Versuch dar, im Horkheimer'schen Sinne Philosophie und empirische Sozialforschung wieder zu verbinden?*

Also ich finde das sehr interessant, aber ich habe das so nicht gesehen… könnte sein. Verstehen Sie, ich habe immer gedacht, Paradoxie ist ein Begriff, der im Wesentlichen in der Sozialwissenschaft und in der Soziologie und hier in der interdisziplinären Forschung eine Rolle spielt. Aber es könnte sein, dass der Begriff der Paradoxie einen systematischen Stellenwert, einen methodischen Stellenwert in einer solchen Form der Kritik hat, weil eine solche Form der Kritik irgendwie mit Aushöhlung und Umschlägen argumentiert. Zumindest bei Nietzsche, in der *Genealogie der Moral* ([1887] 1988), aber auch bei Adorno und Horkheimer geht es um Umschläge, um Aushöhlung bestimmter normativer Ideale. Insofern gibt es da vielleicht einen Zusammenhang, den ich selbst noch nicht gesehen habe, das ist gut möglich.

Ersin Yildiz: *Ich möchte noch einmal zu der Unterscheidung von politischer Philosophie und Sozialphilosophie kommen. Ich habe den Eindruck, dass Sie darauf setzen, dass die demokratische Kultur eine wichtige Dimension für die kritische Selbstreflexion der Gesellschaft darstellt und als solche stark gemacht werden soll. Die Gerechtigkeitsphilosophie von Habermas stützt sich stark auf die Vorstellung, dass Verbesserungen – ich sage ja nicht »Befreiung« – durch institutionalisierte Prozeduren herbeigeführt werden sollten. Diese Vorstellung liegt weit entfernt von einer kritischen Idee gesellschaftlicher Praxis. Könnte man nicht Ihren Ansatz wiederum doch als politische Philosophie lesen, die auf eine politische Ethik und eine bestimmte Praxis hinarbeitet?*

Ich glaube, die Frage macht auf einen unangenehmen Effekt dieser zu starken analytischen Trennung aufmerksam, die ich da mache. Sie müssen sich vorstellen, als ich damals diesen Aufsatz über »Pathologien des Sozialen« geschrieben habe, habe ich mich einfach in die Lage dessen versetzt, der erklären muss, was eigentlich Sozialphilosophie ist. Schon bei Horkheimer ist das eigentlich nicht sehr klar. Er hat seine Antrittsvorlesung zwar unter diesem Titel gehalten (Horkheimer [1931] 1972), aber wenn man sich einfach die disziplinäre Situation in der Philosophie ansieht, dann ist es extrem unklar und geradezu verwaschen, ob es überhaupt einen Unterschied zwischen politischer Philosophie und Sozialphilosophie gibt. Damals dachte ich: Das sollte eigentlich nicht so sein. Erstens, weil mein eigener Lehrstuhl inzwischen »für Sozialphilosophie« hieß, also müsste ich wissen, was das eigentlich ist; aber auch deswegen, weil die Sozialphilosophie zunehmend wegen der allmählichen Dominanz der politischen Philosophie in den Schatten gedrängt wurde. Keiner sprach eigentlich mehr von Sozialphilosophie, sondern alle Welt redete plötzlich von der politischen Philosophie. Das ist ein Effekt der enormen Bedeutung von John Rawls.

Davor war die politische Philosophie relativ marginal und bestand im Wesentlichen aus konservativen Figuren, die am aristotelischen Begriff der Politik orientiert waren. Erst danach kam Rawls und sagte: Politische Philosophie ist Gerechtigkeitstheorie. Und seit 20 Jahren betreiben alle politische Philosophie als Gerechtigkeitsphilosophie. Dagegen, dachte ich, müsste man überhaupt erst wieder einen Begriff der Sozialphilosophie ins Spiel bringen, der eine eigenständige Bedeutung hat und an die Tradition der Frankfurter Schule anknüpfen kann, einen auf das, was die Frankfurter Schule betreibt, zugeschnittenen Begriff der Sozialphilosophie. Und dann entstehen plötzlich analytische Unterteilungen, disziplinäre Unterteilungen, die, glaube ich, negative Effekte haben.

Mein eigenes Bild dieses Feldes ist, dass die praktische Philosophie – jetzt grob – zerfällt in die Moralphilosophie, die politische Philosophie, die Sozialphilosophie und die Rechtsphilosophie. Das sind vier Elemente, vier Unterdisziplinen, und jede dieser Unterdisziplinen hat, wenn man so will, einen eigenen Gegenstandsbereich. Das Problem ist, wenn man sagt, sie haben einen eigenen Gegenstandsbereich, dann verliert man aus dem Blick, dass sich häufig die Fragen zwischen diesen Disziplinen überschneiden, und zwar sehr stark überschneiden, und ich glaube, eine solche Überschneidung haben Sie vor Augen, wenn Sie Ihre Frage stellen. Das ist übrigens bei vielen Theoretikern auch klar: Wenn Hannah Arendt, die eher als politische Theoretikerin gilt, ihre Analysen betreibt, dann ist sie gleichzeitig auch immer interessiert an, so könnte man sagen, Pathologien zum Beispiel der sozialen Öffentlichkeit; also betreibt sie auch Sozialphilosophie, und es wäre falsch zu sagen – in diesem Reinheitswahn –, sie betreibe politische Philosophie, und alles andere sollten wir vergessen.

Vielleicht ist es sogar am interessantesten, darauf zu achten, wie die Analysen dann doch intern aufeinander verweisen und sich miteinander kreuzen; und ich glaube, der Ausdruck »politische Ethik« ist ein Ausdruck, der einen Kreuzungspunkt zwischen der politischen Philosophie und der Sozialphilosophie benennt. Also in dem Sinne, dass, wenn wir politische Philosophie mit Orientierung an Demokratie betreiben und die Demokratie in den Mittelpunkt stellen, wir dann gleichzeitig auch unter sozialphilosophischem Gesichtspunkt die Bedingungen dieser Demokratie vor Augen haben müssen, und diese lassen sich möglicherweise nur durch die Angabe ethischer Gesichtspunkte oder durch sittliche Verhältnisse angemessen beschreiben. Dann überkreuzt es sich, dann kommt man zu internen Zusammenhängen zwischen politischer Philosophie und Sozialphilosophie, und beides geht dann plötzlich ineinander über – und wahrscheinlich ist das die bessere Sichtweise. Ich habe zunächst zum Zwecke der klaren disziplinären Zuordnung auf Reinheit gedrängt, um überhaupt einmal zu wissen, was Sozialphilosophie eigentlich ist. Und je länger man dann diese Unterscheidungen verwendet, desto deutlicher wird, dass sie sich am Ende wieder auflösen, und zwar, wie ich glaube, an den verschiedensten Enden. Zum Beispiel ist es auch bei einer Gerechtigkeitstheorie nicht unwichtig, sich zu fragen, welche Bedürfnisse überhaupt ins Spiel kommen, wenn man nach Gerechtigkeitsprinzipien fragt. Da kommt dann plötzlich wieder ein Gesichtspunkt der Pathologiediagnose hinein: Wenn die Bedürfnisse eigentümlicherweise pathologisch verformt sind, dann kann auch die Gerechtigkeit solcher Verhältnisse nicht allzu gerecht sein, weil die Bedürfnisse einfach falsch oder verformt sind und so fort. An den verschiedenen Stellen zeigen sich dann plötzlich Auflösungseffekte und Überschneidungen, so dass am Ende die Frage vielleicht die ist, ob es einen Zusammenhang gibt zwischen Gerechtigkeit und sozialer Pathologie oder zwischen Ungerechtigkeit und sozialer Pathologie. Ich finde das sehr schwer, aber ich finde es richtig, darauf zu drängen, dass sich solche Trennungen nicht gut aufrechterhalten lassen.

Jaeho Kang: *Können wir ein bisschen weiter über die Verbindung von Pathologie und Verdinglichung reden? Sie haben oft die methodologische Wichtigkeit, die der Debatte um den Begriff der Verdinglichung zukommt, und deren Relevanz für die Analyse der kapitalistischen Kultur betont. Zuletzt sind Sie darauf vertiefend in Ihren Tanner Lectures (Honneth 2005b) eingegangen. Während im Bereich der Kulturkritik die Begriffe Verdinglichung und Warenfetischismus noch immer eine bedeutende Rolle für die Analyse der kapitalistischen Kultur spielen, wurden sie in der Sozialphilosophie zunehmend an den Rand gedrängt. Ich möchte Sie erstens nach dem theoretischen Beitrag des Begriffs der Verdinglichung für Ihre Theorie der Anerkennung fragen, und zweitens, in welcher Weise die Anerkennungstheorie auf eine Analyse der gegenwärtigen Kulturindustrie angewendet werden kann.*

Das kann ich, glaube ich, relativ deutlich darstellen. Ich meine, die Anerkennungstheorie sollte Verschiedenes sein: irgendwie natürlich zunächst einmal eine Vertiefung oder eine Nuancenverschiebung im Begriff des kommunikativen Handelns, das war zunächst der Anknüpfungspunkt, auch mit dem Ziel, das Konfliktuelle und das Antagonistische in unserer sozialen Praxis viel stärker ins Zentrum zu rücken. Diese Anerkennungstheorie hat dann verschiedene Elemente und verschiedene Teile, die unverzichtbar sind, um sie überhaupt entwickeln zu können – irgendeinen anthropologischen Hintergrund, einen entwicklungspsychologischen Aspekt. Und sie hat letztlich auch, und so habe ich das zunächst auch immer verstanden, gerechtigkeitstheoretische Zielsetzungen. Ich hatte immer die Vorstellung oder die Intuition – und das schon sehr früh, ich glaube, bevor ich überhaupt an so etwas gedacht habe wie eine Anerkennungstheorie –, dass man Gerechtigkeit vielleicht am besten so beschreiben sollte, dass sie Verhältnisse ins Auge fasst, unter denen Subjekte sich nicht schämen müssen, sondern alle für sich selbst öffentlich auftreten können, dass also Gerechtigkeit in irgendeiner Weise mit der Ermöglichung von Selbstbeziehungen zu tun hat, die zum aktiven Mitleben in der Gesellschaft ermächtigen – das war immer eine Intuition von mir. Die Ausarbeitung der Anerkennungstheorie in diesen drei Unterscheidungen und diesen drei Aspekten hat mir geholfen, vielleicht noch nicht hinreichend, glaube ich, aber zumindest hat sie erste Wegweiser eröffnet in Richtung einer komplexeren Gerechtigkeitstheorie. Dafür habe ich dann auch Hegel gelesen und mir an Hegel klargemacht, dass man Gerechtigkeit komplexer definieren sollte, als dies im Liberalismus herkömmlich geschieht, und dass die Gerechtigkeit mehr an Hinsichten ins Auge fassen muss als bloß die rechtliche Anerkennung. Gut, das war eine Entwicklung in den letzten zehn bis fünfzehn Jahren, die unter den Bedingungen der Wissenschaftslandschaft beinahe automatisch erfolgte. Diese entwickelte sich stärker hin auf eine Dramatisierung der Gerechtigkeitsproblematik, und es war beinahe selbstverständlich, dass man auch irgendwie aktiv mitwirkt an dieser Diskussion über eine angemessene Konzeptualisierung von Gerechtigkeitsprinzipien.

Was ich nie richtig gesehen habe und wo ich mir zunächst nie einen Ausweg habe vorstellen können, war im Hinblick auf die Frage der sozialen Pathologie, das heißt, ob die Anerkennungstheorie auch das Mittel bietet, eine Diagnose sozialer Pathologien zu leisten. Für mich war die Verwendung der Anerkennungstheorie mit Blick auf eine Gerechtigkeitstheorie viel klarer, aber weniger klar war mir ein interner Zusammenhang zwischen der Anerkennungstheorie und den Kriterien für soziale Pathologien. Und das hat mich immer ein bisschen unzufrieden zurückgelassen. Ich glaube also, der Versuch, den Verdinglichungsbegriff so zu rekonstruieren, dass deutlich wird, dass es sich auch hierbei um eine spezifische Form des Verhältnisses zur Anerkennung handelt, ist ein Versuch eben der Fruchtbarmachung für die Sozialphilosophie. Allerdings ist er umständlicher und komplizierter, als ich gedacht habe. Weil ja klar ist: Vorenthaltene Anerkennung, jemanden illegitimerweise nicht anzuerkennen, das heißt, ihn oder sie für etwas nicht anzuerkennen, für das er oder sie eigentlich Anerkennung verdient, ist eine Ungerechtigkeit. Das wiederum heißt, die Form der Missachtungen sind Ungerechtigkeiten, aber keine sozialen Pathologien. Die Frage ist also: Können wir auch soziale Pathologien irgendwie mit Hilfe des Anerkennungsbegriffs diagnostizieren? Und der Zugang, den ich jetzt in diesem Text gewonnen habe, ist der, mir die Verdinglichung als eine Form der Anerkennungsvergessenheit klarzumachen, also zu sagen: Es gibt sicherlich soziale Praktiken, in denen die vorgängige, für uns konstitutive Form der Anerkennung des Anderen nicht geleistet wird, und das sind dann pathologische Formen sozialer Praxis.

Mauro Basaure: *In seinem selbstkritischen Vorwort* zu Geschichte und Klassenbewusstsein *von 1967 sagt Lukács (1981), dass die Gleichsetzung von* Vergegenständlichung *und* Entfremdung *ein großer Fehler seines Buches war.* Vergegenständlichung, *so Lukács, sei eine unaufhebbare Äußerungsweise im gesellschaftlichen Leben der Menschen, das heißt, Teil der* conditio humana. *Er betrachtet diese deswegen als axiologisch neutral. Für den Lukács von 1967 liegt das eigentliche Problem im Begriff* Entfremdung *und nicht mehr in der* Vergegenständlichung. *Genauer gesagt: Es scheint nötig, auf der Ebene solcher Begriffe wie Vergegenständlichung, Objektivierung, Entfremdung, Entäußerung, Verdinglichung sowie Versachlichung eine Differenzierung zu bewerkstelligen hinsichtlich dessen, was normal bzw. pathologisch zu nennen wäre. Würden Sie dem zustimmen?*

Ja, das ist das Schwierige an einer Pathologiediagnose, das ist ein Sonderthema, das mich immer sehr beschäftigt hat, aber das ebenfalls nicht leicht ist. Wenn wir sagen wollen, dass bestimmte soziale Verhältnisse oder bestimmte soziale Praktiken pathologisch sind, dann müssen wir irgendwie auf intakte Formen sozialer Praxis verweisen, und es ist sehr schwer zu begründen, was es uns erlauben sollte, von richtigen Praxisformen zu sprechen. Dann kann man entweder ein ethisches Vokabular verwenden, indem man nicht von richtigen Praktiken spricht, sondern von wünschbaren Praktiken: »Das sind die für die Zwecke unseres Lebens wünschbaren Praktiken« in dem Sinn, in dem das bestimmte Aristoteliker tun. Oder man kann im Rahmen einer Sozialontologie, was komplizierter ist, versuchen zu behaupten, dass bestimmte Praktiken zu unserer Lebensform notwendig dazugehören. Das ist die ursprüngliche Habermas'sche Vorstellung in der *Theorie des kommunikativen Handelns*, wo er sagt, kommunikatives Handeln oder verständigungsorientiertes Handeln gehört zu unserer Lebensform, ist ein konstitutives Element unserer Lebensform, und wenn diese Form kommunikativen Handelns einmal beseitigt sein sollte, handelt es sich um eine Pathologie unserer Lebensform. In ähnlicher Weise versuche ich jetzt, den Verdinglichungsbegriff zu verstehen. Danach ist also Anerkennung konstitutiv für unsere Lebensform, und in dem Maße, in dem sie in bestimmten Praktiken in Vergessenheit gerät, neigen diese Praktiken zu Pathologien.

Mauro Basaure: *Die* Dialektik der Aufklärung *lässt sich, ganz allgemein gesagt, als eine Kritik der Einseitigkeit der Vernunft lesen, als Verlust oder Vergessenheit der Vernunft im Sinne von Intuition und Reflexionsvermögen zugunsten einer Vernunftkonzeption als Operation und Instrumentalität. Ihr eigener Versuch besteht, wenn ich das richtig verstehe, darin, den Verdinglichungsbegriff durch die Vorstellung zu retten, dass die herrschenden Formen des Erkennens kritisiert werden, in denen das Gespür für die Herkunft aus der vorgängigen Anerkennung verloren gegangen ist. Es geht dabei also – wie in der* Dialektik der Aufklärung *– auch um eine Kritik mit Hilfe der Idee eines Vergessens, einer, wenn man so will, Einseitigkeit des Erkennens. Sehen Sie dabei die Möglichkeit, eine Brücke zwischen Ihrer Idee der Verdinglichung und diesem Hauptgedanken der* Dialektik der Aufklärung *zu schlagen? Eine Ähnlichkeit scheint mir auch darin zu bestehen, dass eine Form von Kritik der Moderne als einer Art von Verdrängung von konstitutiven Elementen der Sozialität vorgelegt wird.*

Klar. In dem Text zum Verdinglichungsbegriff ist mir auch deutlich geworden, dass ich tatsächlich mehr an Motiven aus Adorno herausziehen kann, als mir zunächst klar gewesen ist. Das hängt in gewisser Weise damit zusammen, wie man den Begriff der mimetischen Rationalität genau versteht, was ja auch so ein schwieriger Begriff bei Adorno ist. In besagtem Text mache ich den Versuch, den Begriff der mimetischen Rationalität gewissermaßen in Richtung der Anerkennungsbegrifflichkeit zu verstehen; das ist ein Vorschlag, sich den Begriff als Anerkennungsbegriff deutlich zu machen und von daher zu verstehen. Wobei ich allerdings in dem Zusammenhang sagen sollte, die Quellen bei Adorno, die jetzt für mich wichtiger geworden sind, sind die *Negative Dialektik* (Adorno [1966] 1997) in bestimmten Teilen, nicht in allen, aber in einzelnen Teilen, und vor allem die *Minima Moralia* ([1951] 1997), die ich inzwischen für theoretisch reichhaltiger halte als vor zehn oder zwanzig Jahren. Also ich glaube, die Schrift *Minima Moralia* ist nicht nur als zeitdiagnostische Aphorismensammlung interessant, sondern auch als Aufweis bestimmter theoretischer, also vernunfttheoretischer Annahmen von Adorno. Das spielt dann auch eine Rolle bei dem Verdinglichungstext. Adorno wird da zu meiner eigenen Überraschung wieder ein bisschen stärker, als ich selbst gedacht habe – aber nicht in der *Dialektik der Aufklärung*. Das liegt am Begriff der instrumentellen Vernunft, wie er dort verwendet wird.

4. Das soziologische Defizit der Kritischen Theorie

Gespräch mit Marcos Nobre und Luiz Repa

Marcos Nobre und Luiz Repa: *Sie sind der Nachfolger von Jürgen Habermas am Institut für Philosophie der Johann Wolfgang Goethe-Universität und seit 2001 zugleich Direktor des Instituts für Sozialforschung. Sie sind auch ein Kritiker der Positionen von einigen wichtigen Vertretern der Kritischen Theorie. In Ihrem Buch* Kritik der Macht (Honneth 1989) *weisen Sie zum Beispiel auf ein soziologisches Defizit der Kritischen Theorie hin. Könnten Sie uns diesen Mangel erklären, den Sie bei Adorno, Horkheimer und Habermas und über die Kritische Theorie hinaus auch bei Foucault sehen?*

Axel Honneth: Mein Vorwurf, dass die klassischen Entwürfe der Kritischen Theorie bis hin zu Foucault ein soziologisches Defizit aufweisen, besitzt im Hinblick auf die genannten Autoren eine jeweils andere Stoßrichtung: Was Adorno und Horkheimer anbelangt, so bin ich bis heute der Überzeugung, dass ihre Gesellschaftstheorien den Eigensinn der sozialen Lebenswelt maßlos unterschätzen; weil sie weder moralischen Normen noch den Interpretationsleistungen der Subjekte eine wesentliche Rolle bei der Reproduktion der Gesellschaft beimessen, neigen sie am Ende beide zu einem marxistischen Funktionalismus, dem zufolge die Sozialisation, die kulturelle Integration und die rechtliche Steuerung bloße Funktionen für die Durchsetzung des kapitalistischen Verwertungsimperativs besitzt. Bei Habermas ist das natürlich ganz anders, er geht ja umgekehrt gerade von der kommunikativen Rationalität der sozialen Lebenswelt aus; bei ihm sehe ich daher das soziologische Defizit in der Tendenz angelegt, den Konflikt- und Aushandlungscharakter aller sozialen Ordnungen zu unterschätzen. Foucault schließlich neigt zu einem soziologischen Defizit, weil er die zentrale Einsicht Durkheims preisgibt, dass jede Machtordnung der normativen Zustimmung der Gesellschaftsmitglieder in Form eines wie auch immer beeinflussten Konsenses bedarf. Ich bin weiterhin der Meinung, dass sich diese unterschiedlichen Versionen eines soziologischen Defizits in der Tradition der kritischen Gesellschaftstheorie nur überwinden lassen, wenn man ins Zentrum der sozialen Lebenswelt einen unauflösbaren Konflikt um Anerkennung rückt, so dass der moralische Konsens und der soziale Kampf als unterschiedliche Stadien im Prozess der Reproduktion sozialer Lebenswelten betrachtet werden können.

Sie vertreten die Auffassung, der zufolge die theoretischen Konstruktionen des kritischen Theoretikers eine Verankerung in der Gesellschaft besitzen müssen, wo er diejenigen normativen Elemente finden kann, die der Theorie Leben und kritischen Sinn verleihen. Freilich gibt es in Kampf um Anerkennung (Honneth 1992) *keine Kapitalismusanalyse im engeren Sinn. Wenn der Halt in der Gesellschaft nicht auf dem Weg einer Kapitalismusanalyse gesichert werden kann, wo sollte man ihn suchen? Wäre dies eine gute Weise, zwischen Ihren Positionen und denjenigen von anderen kritischen Theoretikern wie Adorno, Horkheimer und sogar Habermas zu unterscheiden?*

Nein, ich glaube nicht. Auch ich gehe davon aus, dass die Gesellschaftskritik nur dann immanent an die moralischen Forderungen und Unrechtserfahrungen in einer gegenwärtigen Situation anknüpfen kann, wenn sie deren Genese und Platz im Rahmen einer übergreifenden Gesellschaftsanalyse analysieren kann; und für eine solche Analyse sehe ich weiterhin keinen besseren Ausgangspunkt als eine Theorie, die vom sozialen Tatbestand einer strukturellen Priorität kapitalistischer Verwertungsimperative ausgeht. Allerdings unternehme ich heute natürlich den Versuch, die Theorie des Kapitalismus um wesentliche Elemente meiner Anerkennungskonzeption zu bereichern, so dass auch die kapitalistische Sozialordnung als eine normative Anerkennungsordnung spezifischer Art erkennbar wird, in der die strukturelle Tendenz zur Reduktion der Subjekte auf ihre bloßen Verwertungspotenziale besteht.

In Kampf um Anerkennung *unterscheiden Sie drei Grunddimensionen der Anerkennung: diejenige der Primärbeziehungen wie Liebes- und Freundschaftsbeziehungen, die der Rechtsverhältnisse und schließlich die der Solidaritätsverhältnisse. Falls der Anerkennungsprozess jeweils gelungen ist, kann das Individuum verschiedene Arten der Selbstbeziehung entfalten: Selbstvertrauen, Selbstachtung bzw. Selbstschätzung. Wie verbinden sich diese Dimensionen der Anerkennung miteinander? Gibt es zwischen ihnen eine Art von Unterordnung oder eine Art von Nebenordnung? Könnte es beispielsweise einen Konflikt zwi-*

schen der mit der individuellen Autonomie verbundenen Sphäre des Rechts und der mit den Werten einer bestimmten Gemeinschaft verbundenen Sphäre der Solidarität geben?

Im Grunde genommen sind in Ihrer Frage zwei unterschiedliche Probleme angesprochen, die ich daher versuchen will, kurz gesondert zu beantworten. Zunächst zu der Frage, welche Art von genetischer oder lexikalischer Ordnung zwischen den verschiedenen Anerkennungssphären besteht: Für die moderne, aber sicherlich wohl auch für alle vorhergehenden Gesellschaften besteht nach meiner Überzeugung ein genetischer Vorrang der ersten Form von Anerkennungsbeziehung, nämlich des durch Liebe und Fürsorge ermöglichten Selbstvertrauens – ohne die Erfahrung einer solchen Form von Anerkennung wäre wohl kein Subjekt dazu in der Lage, eine stabile Identität und eine intakte Persönlichkeit auszubilden. Anders verhält es sich freilich mit der »lexikalischen« Ordnung, denn ich würde zumindest für moderne Gesellschaften einen Vorrang der rechtlichen Anerkennungsbeziehung behaupten. Sie besitzt insofern eine normative Priorität, als sie im Prinzip alle Subjekte gleichermaßen zum wechselseitigen Respekt anhält und daher die größte Inklusionskraft besitzt.

Nur kurz zum zweiten Aspekt Ihrer Frage: Natürlich sind sowohl aus der Sicht des Subjekts als auch der Perspektive der Gesellschaft solche Konflikte zwischen den moralischen Forderungen unterschiedlicher Anerkennungsbeziehungen jederzeit möglich. Es ist wohl so, dass diese Konflikte gesellschaftlich nur durch Privilegierung der Rechtsbeziehungen gelöst werden können, während es aus der Sicht des Einzelsubjekts hier zu tragischen Konflikten kommen kann, die nur in existenzieller Eigenverantwortung lösbar sind.

Ihrer Anerkennungstheorie zufolge werden die sozialen Kämpfe um Anerkennung durch bestimmte Formen von Missachtung wie Entrechtung und Entwürdigung von Lebensweisen überhaupt erst hervorgerufen und können insofern soziale Fortschritte bewirken, als die Ansprüche der Opfer berücksichtigt werden. Aber könnten sich Konflikte ergeben, die vielleicht zur reinen Gewalt führen? Welche institutionellen Grenzen müssen den Kämpfen um Anerkennung gesetzt werden?

Die Antwort auf diese Frage hängt vollständig davon ab, wie Sie das »müssen« verstehen, das Sie im letzten Satz verwenden. Ist es in einem normativen oder gar moralischen Sinn gemeint, so würde ich selbstverständlich sagen, dass in wahrhaft demokratischen Staaten solche Kämpfe um Anerkennung, die durch Erfahrungen der Entwürdigung und Erniedrigung ausgelöst werden, in den rechtsstaatlichen Grenzen verbleiben »müssen«, die durch die jeweilige Verfassung gezogen sind; kurz, die Kämpfe und Konflikte werden sich mit solchen gewaltarmen Mitteln der Demonstration und des Protestes begnügen müssen, wie sie durch rechtsstaatliche Normen gerade noch erlaubt sind. Ist das »müssen« in Ihrer Frage hingegen empirisch gemeint, fragen Sie also danach, welchen Verlauf solche Kämpfe im Allgemeinen nehmen, so scheint mir keine allgemeine Antwort möglich: Es wird immer wieder Situationen und Kräftekonstellationen geben, in denen aus der Sicht der Betroffenen keine andere Möglichkeit zu bestehen scheint, als ihre wohl begründeten Ansprüche auch mit Mitteln physischer Gewalt zu erkämpfen.

In den letzten Jahren hatten Sie eine Auseinandersetzung mit der nordamerikanischen Philosophin Nancy Fraser (vgl. Fraser/Honneth 2003). Nach Nancy Fraser reicht der Begriff der Anerkennung nicht aus, um die kritischen Maßstäbe der Theorie festzulegen, denn – so deuten wir ihre Kritik an Ihnen – es fehle ihm der Übergang zur konkreten Politik; so bedürfe man spezifischer Maßstäbe für Handlungen. Daher hat Nancy Fraser vorgeschlagen, den Anerkennungs- durch den Umverteilungsbegriff zu ergänzen. Sie haben diesen Vorschlag abgelehnt, weil Ihrer Meinung nach die Frage der Verteilungsgerechtigkeit am besten im Rahmen der Anerkennungstheorie behandelt werden könne. Welche Bilanz würden Sie aus dieser Kontroverse ziehen?

Vielleicht ist es noch zu früh, um bereits eine Bilanz zu ziehen. Wenn ich es richtig sehe, stimmen wir im Hinblick auf die normativen Fragen stärker überein, als uns das ursprünglich klar war. So lässt sich wohl sagen, dass wir als das Ziel sozialer Gerechtigkeit beide die Ermöglichung einer Teilhabe aller Gesellschaftsmitglieder am kommunikativen Lebensprozess der Gesellschaft verstehen; allerdings buchstabieren wir dann diese Bedingungen jeweils höchst unterschiedlich aus, ich in Begriffen einer Anerkennungstheorie, Nancy Fraser hingegen in Form einer Theorie der Partizipation. Der wesentliche Unterschied besteht im Hinblick auf die Zentralfrage, Umverteilung oder Anerkennung, wohl darin, dass ich die Möglichkeit sehe, auch Zielsetzungen der Umverteilung in Kategorien sozialer Anerkennung zu rechtfertigen; denn das, was wir Verteilungsgerechtigkeit nennen, bemisst sich nach meiner Auffassung letztlich daran, welches Maß an sozialer Anerkennung wir Einzelnen oder Gruppen in ökonomischer Hinsicht einräumen wollen. Nancy Fraser scheint hier ganz anderer Meinung zu sein, wobei mir nicht recht klar ist, wie sie normative Ansprüche auf Umverteilung unabhängig von irgendeinem Bezug auf Respekt oder Anerkennungsnormen rechtfertigen möchte. Wahrscheinlich liegen aber, wie ich im Rückblick sagen würde, unsere zentralen Differenzen eher im gesellschaftstheoretischen Bereich: Sie scheint mir die Habermas'sche Unterscheidung von System und Lebenswelt zu akzeptieren, während mir nie recht einleuchten wollte, warum wir nicht auch die ökonomische Organisationsform einer Gesellschaft als Resultat einer konflikthaften, sicherlich auch machtdurchsetzten Aushandlung verstehen sollen.

Es ist bekannt, dass die Psychoanalyse einen wichtigen Ansatzpunkt für Ihre Theorie darstellt. Warum ist die Psychoanalyse so wichtig für Ihre Theorie, und welche Bedeutung würden Sie in diesem Zusammenhang zum Beispiel der aktuellen Säuglingsforschung beimessen?

Auch eine befriedigende Antwort auf diese Frage würde mehr Raum beanspruchen, als ich hier zur Verfügung habe. Lassen Sie mich auf zwei Ebenen antworten: Eine Anknüpfung an die Psychoanalyse schien mir in all meinen sozialphilosophischen Arbeiten von Anfang an notwendig, um mich in den anthropologischen Prämissen vor allzu idealistischen und rationalistischen Fiktionen zu sichern; wir müssen uns in dem Bild des Menschen, das wir unseren Überlegungen zugrunde legen, gewissermaßen stets für die unbewussten, triebdynamischen Kräfte offenhalten, die Freud und seine Nachfolger in den Blick zu bekommen versucht haben, weil wir ansonsten dem Konstrukt eines rein rationalen, von undurchschauten Begehrlichkeiten unabhängigen Aktors verfallen würden – solche triebdynamischen Kräfte sehe ich vor allem in der Tendenz des Menschen angelegt, stets wieder hinter die sozialisatorisch erworbenen Ich-Grenzen zurückzufallen, um einen Zustand des Einsseins, der Symbiose zu imaginieren.

Die zweite Ebene, auf der mir eine Antwort nötig erscheint, besitzt eher methodologischen Charakter: Ich war von Anfang an, geprägt durch die philosophische Anthropologie und Habermas, davon überzeugt, dass wir nach Möglichkeit all unsere Aussagen zur Moral, zur Handlung und zum menschlichen Selbstverhältnis unter Einbeziehung der empirischen Wissenschaften rechtfertigen sollten; und in Bezug auf dieses methodologische Postulat bin ich der Überzeugung, dass eine durch die Kleinkindforschung belehrte Psychoanalyse heute das wichtigste Mittel sein kann, um empirische Einsichten in die Struktur des menschlichen Selbstverhältnisses zu gewinnen.

Vor zwei Wochen hat die von Ihnen organisierte internationale Adorno-Konferenz 2003 anlässlich seines 100. Geburtstages stattgefunden. Bei der Eröffnung der Veranstaltung haben Sie gesagt, Sie könnten nur hoffen, dass das mit dieser Konferenz erreichte Niveau derjenigen von 1983 zu entsprechen vermöge, die ebenfalls in Frankfurt realisiert wurde. Glauben Sie, dass dieses Ziel erreicht wurde? Wie beurteilen Sie den heutigen Stand der Adorno-Forschung und die vielen Feierlichkeiten, die in diesem Jahre stattgefunden haben und immer noch stattfinden?

Zu Beginn der Konferenz hatte ich darauf hingewiesen, worin der wesentliche Unterschied in der Adorno-Rezeption zwischen den Jahren 1983 und 2003 liegt. Während sich die Konferenz vor 20 Jahren auf eine sehr lebendige Diskussion um Adorno stützen konnte, die freilich ohne jeden Rückhalt von Seiten der politischen Elite bleiben musste, verhielt es sich in diesem Jahr genau seitenverkehrt: Eine lebendige, auch akademisch fruchtbare Auseinandersetzung mit dem Werk Adornos gibt es kaum mehr, wohingegen seine Person von Seiten der politischen und medialen Öffentlichkeit geradezu zum moralischen Über-Ich der Nation erkoren wurde. Insofern musste ich mit unserer Konferenz den schwierigen Versuch unternehmen, gerade in Zeiten einer akademischen Indifferenz das eigentlich theoretische Potenzial des Werkes von Adorno hervorzukehren, um der bloßen Berufung auf seine Person entgegenzuwirken. In gewissem Maße ist dieses Ziel auch in Erfüllung gegangen: Deutlich wurde, dass wir heute gewisse theoretische Entwicklungen in der Moralphilosophie, in der Erkenntnistheorie und in der Gesellschaftstheorie nur um einen Schritt weiter treiben müssen, um an den Punkt zu gelangen, an dem das Werk Adornos eine neue Aktualität erlangt. In der Moralphilosophie zeigt sich das an der Rückbesinnung auf die Bedeutung der moralischen Wahrnehmung, für die es in Adornos Begriff der »Mimesis« viele Anhaltspunkte gibt; und auch für die Gesellschaftstheorie würde ich beispielsweise behaupten, dass die Hinwendung zu der Idee, den Kapitalismus nicht nur als

Produktionsform, sondern als eine beschränkte Lebensform zu begreifen, viele interessante Anhaltspunkte im Werk Adornos findet.

Seit 2001 leiten Sie das Institut für Sozialforschung. Könnten Sie uns beschreiben, welche Forschungslinien in den letzten Jahren entwickelt wurden und welche neue Forschungsrichtung Sie in diesem Institut einschlagen möchten?

Vor allem habe ich bislang das Programm einer interdisziplinären Erweiterung der Forschungsperspektive verfolgt; das allerdings schien mir nur bei der gleichzeitigen Konzentration auf ein übergreifendes Forschungsthema möglich. Heute untersuchen wir unter Einbeziehung der Psychoanalyse, der Rechtssoziologie und der Wirtschaftsgeschichte jene Wandlungsprozesse, die ich gerne als »Paradoxien der kapitalistischen Modernisierung« (Honneth 2002) begreifen möchte: Nämlich diejenigen Veränderungen, die in den letzten Jahrzehnten unter dem Druck eines neoliberal enthemmten Kapitalismus dafür gesorgt haben, dass die in den 1960er- und 1970er-Jahren des letzten Jahrhunderts errungenen Freiheiten und Fortschritte heute wieder in neue Unmündigkeiten und Abhängigkeiten umzuschlagen drohen.

5. Eine Ergänzung für die Diskursethik

Gespräch mit Reinhard Brunner

Reinhard Brunner: *Ist Foucault heute als Denker, besonders als implizit oder explizit politischer Denker, in Vergessenheit geraten, sowohl in der Rezeption als auch in den Themen, die heute die Diskussion dominieren?*

Axel Honneth: Das sehe ich nicht so. Ich glaube, es stimmt für die BRD und vielleicht paradoxerweise auch für Frankreich, aber sicher nicht für den angelsächsischen Raum. Dort sehe ich die Tendenz, dass die Themen von Foucault unter verallgemeinerten Gesichtspunkten weiter getrieben werden, vielleicht mit anderen Interessen und unter anderen Schwerpunktsetzungen. Wenn man sich die Feminismusdebatte anschaut, etwa die Schriften von Judith Butler, dann finden sich darin Fortsetzungen von Ideen, die Foucault aufgebracht hat. Man kann zwei Tendenzen unterscheiden, die aber beide großen Einfluss haben. Einerseits die Tendenz einer Kritik an universalistisch angelegten Ontologien, an fixen Begriffen des Menschen bis hin zu seiner natürlichen Ausstattung. Dies, glaube ich, ist ein Motiv, das Foucault stark geprägt hat und das heute im angelsächsischen Bereich ganz heftig diskutiert wird. Auf der anderen Seite steht das Interesse an seiner Machtanalyse, von der ich glaube, dass sie jetzt erst allmählich klarer wird und in bestimmte Bereiche der Sozialwissenschaften, auch der Psychologie, bis in die Randbereiche der Philosophie hinein, eindringt. Man muss ja sehen, dass Intellektuelle wie Rorty oder auch Putnam die Rationalitätskritik von Foucault sehr ernst genommen haben.

Du hast in der Kritik der Macht *(Honneth 1989) eine umfassende Kritik an Foucaults semiotischer Geschichtsschreibung und an den Aporien einer deiner Ansicht nach im Kern »systemischen« Machttheorie geübt. In deinem Buch* Kampf um Anerkennung *(Honneth 1992) spielt Foucault schon keine Rolle mehr, weil du dort gleichsam die Schattenseite von Foucaults Machttheorie beleuchtest, nämlich die normativ gehaltvollen Strukturen von Liebe, Solida-*

rität und Gerechtigkeit bzw. Recht. Ist dies der Abschied von einer strukturtheoretischen Gesellschaftstheorie, in der Foucault noch eine Rolle spielen könnte, oder ist dein Ansatz nur als ein Teil einer umfassenderen Gesellschaftstheorie zu verstehen?

Hier muss ich weiter ausholen. Damals, als ich mich mit Foucault beschäftigt habe, habe ich seine Entwicklung bis zu den machttheoretischen Schriften verfolgt, und ich habe die späte Wendung nur am Rande in den Blick bekommen. Ich glaube inzwischen, dass diese ein Licht auf alle zuvor verfassten Schriften wirft und dass dies eine sehr produktive Perspektive ist. Es ist die Wendung zur Ethik der Selbstsorge, die mir aber in sich ganz konsequent erscheint. Es ist wohl so zu sehen, dass Foucault in den späten Schriften nur viel deutlicher macht, was ihn schon immer bewegt hat, nämlich Gegenwartsverhältnisse als die ontologischen Bedingungen zu analysieren, die die Freiheit des Subjekts in spezifischer Weise einschränken. Das würde bedeuten, dass seinem Ansatz, vielleicht von Anfang an, normativ ein bestimmtes, stark expressivistisches oder positives Freiheitsverständnis des Menschen zugrunde liegt, in dem Freiheit als Selbstverwirklichung bzw. Authentizität verstanden wird. Alle Anstrengungen Foucaults sind darauf gerichtet, jene Bedingungen auf der Ebene des Wissens und der Machtinstitutionen, auf der Ebene von Deutungssystemen und ethischen Normen zu untersuchen, die diese Freiheitspotenziale des Menschen einschränken.

Ist die Ethik Foucaults, wenn wir sie als solche verstehen, zureichend, oder spricht nicht vom kommunikationstheoretischen Ansatz bzw. von einer Ethik der Anerkennung aus betrachtet, die du eher verfolgst, einiges gegen sie? Kann man die Ethik Foucaults als eine Ergänzung zur kommunikativen bzw. Anerkennungsethik begreifen, oder steht sie in Opposition dazu?

Ich würde sie als eine Ergänzung sehen. Allerdings würde ich auch sagen, dass diese sehr indirekt formulierte Ethik meiner Überzeugung nach nicht den Ansprüchen einer Moraltheorie genügen kann, wie sie mir für unsere Gegenwart nötig erscheint, weil in ihr die intersubjektiven Belange und Verpflichtungen, die in jedem Projekt von Selbstverwirklichung berücksichtigt sein müssen, einfach unterbelichtet werden. Eine hilfreiche Ergänzung ist dieser Ansatz deswegen, weil es Foucault gelingt, unter normativen Gesichtspunkten und Interessen im Hinblick auf die radikal verstandene

Freiheit des Einzelnen Einschränkungen deutlich zu machen, die in traditionellen Ansätzen nicht hinreichend berücksichtigt worden sind.

Etwa bei Habermas.

Ja, das hängt mit dem Begriff der Macht zusammen, wobei ich jetzt einiges deutlicher sehe als zum Beispiel noch in *Kritik der Macht*. Foucaults primäres Interesse liegt nicht auf der Ebene einer Analyse von »Macht«, wie wir sie gewöhnlich verstehen, nämlich als Beherrschung bzw. Beeinflussung eines anderen, Macht also als interaktive soziale Herrschaft. Foucault begreift Macht eher im Sinne Heideggers, vielleicht auch Adornos, wenn dieser den Begriff überhaupt terminologisch gebraucht hätte. Macht ist in diesem Sinne als eine anonyme Größe der kognitiven und institutionellen Vorentscheidungen über bestimmte Lebenswirklichkeiten zu verstehen, als die Macht eines Weltbildes oder die Macht von Komplexen von Institutionen, die so strukturiert sind, dass sie uns in unseren Lebensmöglichkeiten nur einen bestimmten Raum lassen. Dieser anonyme Machtbegriff, wie er eben bei Heidegger eine so große Rolle spielt als Macht des abendländischen Denkens, bei Adorno als die Macht der instrumentellen Verfügung, dieser anonyme und nicht intersubjektive Begriff von Macht war für Foucault von Anfang an zentral. Zwar hat er in *Überwachen und Strafen* (Foucault 1976) durch die Idee einer »Mikrophysik« dem Begriff der Macht eine handlungstheoretische Wende gegeben, aber eigentlich gilt sein Interesse der Analyse von anonymen Machtverhältnissen. Ich glaube, dass sich diese andersartige Perspektive auf das Frühwerk selbst dann ergibt, wenn man das Spätwerk als Machtanalyse interpretiert und nicht nur als Entwurf einer Ethik der Selbstsorge. Auch die Spätschriften müssen als Versuch verstanden werden, die kulturell-kognitive Konstellation zu analysieren, die die Lebensführung moderner Subjekte so beeinflusst, dass sie sich nur noch in einer bestimmten eingeengten Weise verstehen können, nämlich als Begehrenssubjekte. Sich als »Begehrenssubjekt« zu verstehen heißt, sich in einer Weise zu verstehen, die verhindert, dass wir uns unbeschränkt und frei verwirklichen können, weil wir eben auf das Ausleben oder die Versprachlichung unserer sexuellen Lüste konzentriert sind. Wenn die Spätschriften so verstanden werden, nämlich als Machtanalysen im Sinne von kritischen Ontologien der Gegenwart, wie er das im Verweis auf Kant einmal genannt hat, als Analyse der ontologischen Bedingungen, die unsere Lebensführung begrenzen, dann ergibt sich ein anderer Blick auf die mittleren und die frühen Schriften. Sie sind dann in demselben Sinn Aufklärungsschriften, die zur Aufklärung der historisch-ontologischen Einschränkungen beitragen sollen, die einer freien Entfaltung der Subjektivität entgegenstehen.

Ich habe Foucault zu lange als einen Theoretiker der sozialen und nicht der historisch-transzendentalen Macht interpretieren wollen. Wenn man ihn im letzteren Sinn interpretiert, gerät er etwa auf dieselbe Ebene wie Adorno oder Marcuse, als ein Theoretiker aber, der auf kritisch-kulturhistorische Weise bestimmte »Ontologien« zu dechiffrieren versucht. Das macht ihn in Ergänzung zur Diskursethik oder für eine Moraltheorie der Anerkennung deswegen so interessant, weil er die Beschaffenheit der Subjekte analysieren kann, über die in der Moral der Anerkennung unter normativen Gesichtspunkten gesprochen wird.

Gehen wir vielleicht nochmals einen Schritt zurück zur Problematik der Handlungs- bzw. Strukturtheorie. Wenn wir etwa von Marx ausgehen, so ist der Begriff der Macht unauflöslich mit den Produktionsverhältnissen verbunden. Wird er aber mit dem Begriff der Verdinglichung zusammen gedacht, den Marx und besonders Lukács mit der Warenstruktur verknüpft haben, ist er schon viel weiter gefasst. Macht wirkt, so Lukács (1981), bis in den Kern, bis in die »bürgerliche Subjektivität« hinein. Hier schließt auch Adorno an Lukács' Verdinglichungstheorie an. Aber diese, ich sage mal, monistische Auffassung der Macht begreift sie als ein Zentrum, das die Totalität der Gesellschaft dominiert oder sogar strukturiert. Die Kritische Theorie hat, so meine ich, bis Habermas an einem solchen Machtbegriff festgehalten, bei Habermas müsste man das intensiver diskutieren. Foucault zerstört diese monistische Auffassung, behält aber im Kern eine dialektische Sichtweise bei im Sinne einer Aufklärung der Verknüpfung struktureller Aspekte gesellschaftlicher Institutionen, Wissensformen, Machtkomplexe usw. und der moralischen Fragen, die sich in einer Gesellschaft stellen, sich vielleicht überhaupt stellen lassen. Hältst du eine Handlungstheorie, wie du sie bisher ausgeführt hast, für fähig, in diesem Sinn normative Interessen und Gehalte von Anerkennungsverhältnissen zu rekonstruieren und gleichzeitig die Konstitution eines Machtzusammenhangs bis zur Bildung der Subjekte zu betrachten, also die Handlungstheorie mit einer solchen historisch-kritischen Ontologie der Gesellschaft zu vermitteln?

Ich habe das nie wirklich anders gesehen. Die Kritik der Dichotomie von Handlungs- und Strukturtheorie ist in dieser Hinsicht durchaus missverständlich. Jemand, der den Ansatz einer Gesellschaftstheorie handlungstheoretisch zu umreißen versucht, muss ja nicht zwangsläufig die Einflussgröße solcher als »Struktur« zu beschreibenden, den Einzelnen übergreifenden Machtverhältnisse leugnen. In meinem Buch *Kampf um Anerkennung* habe ich nur den Versuch unternommen, im Interesse an der moralischen Infrastruktur der sozialen Reproduktion das an der gesellschaftlichen Wirklichkeit freizulegen, was an moralischen Motiven und Erwartungen, und damit auch an moralischen Kämpfen, darin angelegt ist. Das ist aber nur eine Seite der Medaille, die andere Seite besteht darin zu untersuchen, wie solche verdichteten oder zu Strukturen geronnenen Machtverhältnisse ihrerseits festlegen, über was wir uns moralisch verständigen und welchen Einschränkungen wir schon unterliegen, wenn wir moralisch agieren. Dass es Einschränkungen solcher Art als strukturelle Vorentscheidungen gibt, bestreite ich nicht.

Im Begriff des Kampfes, der zentral für dich ist, deutet sich dies bereits an, er beinhaltet ja schon Kraft und Gegenkraft, moralisches Interesse und Macht, die auch als Struktur wirken kann. Mir ist jedoch noch nicht ganz klar, wie, gerade unter dem Aspekt, dass du Habermas' Dualismus von Handlungs- und Systemtheorie kritisierst, die Theorie moralischer Anerkennung mit einer noch unbestimmten Strukturtheorie der Macht zu verbinden ist. Der Strukturtheoretiker, also etwa Foucault, kann dem Handlungstheoretiker Naivität vorwerfen, wenn er nachweisen kann, dass dieser in der Untersuchung der Weisen moralischer Anerkennung die widerstehenden strukturellen Momente nicht berücksichtigt, und noch mehr, wenn er zeigen kann, dass diese die Struktur die Fragestellung selbst beeinflussen.

Meine Kritik an Habermas war primär gegen die Verwendung seines Systembegriffs gerichtet, sie sollte nicht so gemeint sein, dass alle Elemente sedimentierter, geronnener Handlungsformen für die Analyse nicht von eminenter Bedeutung sind. Ich würde sagen, dass eine Gesellschaftstheorie natürlich ein Interesse daran haben muss, die zu Strukturen geronnenen Einstellungsweisen, Handlungsmuster und institutionellen Verhältnisse in den Blick zu bekommen. Damals schien mir, dass der Systembegriff dazu das falsche Mittel ist, dabei bleibe ich auch weiterhin. Aber eine Analyse der Gegenwartsverhältnisse ohne Berücksichtigung all dessen, was an Deutungssystemen und institutionellen Mustern, an bestimmten Formen staatlichen Handelns und auch an bestimmten Wissensformen darin angelegt ist, scheint mir unmöglich.

Ich glaube, wenn man eine Anerkennungstheorie der Gegenwart angemessen verfassen möchte, muss man diese Verdichtungen und Sedimentierungen stärker in den Blick rücken, als ich das bislang, zumindest in *Kampf um Anerkennung*, getan habe. Man muss ein Stück Kultur- und Machtanalyse betreiben. Es kommt darauf an, die Machtverhältnisse nicht nur unter dem Gesichtspunkt ihrer Ermöglichung durch Formen der Anerkennung zu untersuchen, sondern umgekehrt auch an den Anerkennungsverhältnissen zu analysieren, inwiefern ihre Themen und Zielsetzungen bereits durch institutionalisierte Macht vorgeprägt sind. Der Marx'sche Ansatz ist allerdings dazu nur noch bedingt tauglich, weil wir die Machtverhältnisse nicht hinreichend in den Blick bekommen, wenn wir uns nur auf die ökonomische Macht konzentrieren. Dies ist aber heute weitgehend Konsens.

Kommt dir Foucault nicht gerade in dem Punkt der vielfältigen Analyse der Machtverhältnisse entgegen? Er wollte ja keine Theorie der Macht, sondern eine Analytik der Macht schreiben, die den differenten Erfahrungsweisen der sozialen Gegenwart gerecht wird. Dass und wie sich diese Mächte zu einer Struktur verdichten, ist eine Sache der Entdeckung durch die Theorie. Ein Zentrum der Macht ist keine theoretische Vorentscheidung, wie man bei Marx annehmen kann.

Nur muss man zu Foucault sagen, dass er überhaupt nicht die Absicht hatte, eine integrale Theorie der Macht der Gegenwart zu schreiben, sondern immer wieder neu angesetzt hat, um soziale Einschränkungen von menschlicher Freiheit durch bestimmte Machtkomplexe zu erfassen. Das gibt seinen Schriften, wenn man sie in der Abfolge liest, eine bestimmte Elastizität und Erfahrungsoffenheit. Außerdem führt es immer wieder zu überraschenden Analysen der strukturellen Einschränkungen menschlicher Lebensmöglichkeiten, auch da, wo wir sie gar nicht vermutet haben, etwa in Wissenskomplexen, in vielleicht harmlos aussehenden Institutionen oder sogar in der in Folge der Psychoanalyse einsetzenden Selbstbeschreibung von Subjekten. Insofern ist die Kritik des Machtmonismus produktiv. Es gibt jedoch keine, auch nicht der Intention nach, geschlossene Theorie des gesellschaftlichen Zusammenhangs, und das wiederum ist auch ein Mangel bei Foucault und bringt eine gewisse Enttäuschung.

Die feministische Debatte um sex *und* gender *wäre vielleicht gerade ein solcher Anwendungsfall. Die TheoretikerInnen der Unterschiedenheit der Geschlechter gehen in der radikalen Version von einer natürlichen Differenz aus und betonen eben die Differenzerfahrung der Geschlechter. Die »gender«-Theorie geht davon aus, dass die Geschlechter selbst Imaginationen sind, Produkte der sozialen und kulturellen Interpretation, mit Castoriadis: »imaginäre Institutionen«, die selbst wieder Bedeutungshorizonte schöpfen. Hat nicht Foucaults Machtbegriff hier eine unmittelbare Relevanz, weil er im Anschluss an die Position, die selbst das Geschlechterverhältnis letztlich als soziale Konstruktion begreift, die Ambivalenz patriarchalischer Macht beleuchten kann, ihre sowohl strukturierende und strukturierte Gestalt, wie auch ihre sowohl integrative wie ausgrenzende Wirkungsweise?*

Foucault hat hier sicher indirekt großen Einfluss auf die Debatten ausgeübt, die heute etwa um die Analysen von Judith Butler geführt werden. Ich würde diesen Einfluss allerdings eher als eine produktive Herausforderung beschreiben. Eine Herausforderung, weil ich mir über die Art der Antwort auf diese Fragen noch nicht im Klaren bin. Es bedeutet zunächst eine Erschütterung unserer traditionellen Vorstellung, wenn mit Foucault behauptet wird, dass nicht nur unsere sozialen Rollen, sondern auch noch das, was wir als natürliche Eigenschaften an uns selbst beschreiben, kulturell und sozial konstituiert ist. Und natürlich ist eine solche Kritik von der Absicht getrieben, neue Handlungsfreiheiten zu eröffnen, nämlich in dem Sinn, dass wir uns unabhängig machen sollen von den klassischen, nicht nur sozialen, sondern auch biologischen Rollenzuschreibungen.

Ich bin mir unsicher, wie man diese Kritik genauer verstehen soll, und davon hängt ab, für wie stark ich ihre Relevanz halte. Es gibt hier zwei Möglichkeiten: Die schwächere Version der Kritik von Foucault und Butler wäre, dass man sagt, das, was wir an Interpretationen unserer natürlichen Eigenschaften zur Verfügung haben, sei kulturell geprägt. Das scheint mir richtig und eine produktive Ergänzung unseres bisherigen Selbstverständnisses zu sein: Es ist eben nicht selbstverständlich, dass wir die biologische Tatsache des Gebärens in einer bestimmten Weise mit Eigenschaften und Handlungsfähigkeiten interpretatorisch koppeln. Eine stärkere Deutung dieser Kritik im Sinne von Foucault und Butler wäre zu sagen, dass nicht nur unsere soziale Interpretation bestimmter biologischer Eigenschaften kulturell bestimmt ist, sondern dass diese Eigenschaften selbst irgendwie kulturell geprägt oder hervorgebracht sind, so dass es, visionär gesehen, offen wäre, ob zum Beispiel der Mann oder die Frau die primäre Bezugsperson eines Kindes ist, ja, ob wir überhaupt diese Unterscheidung noch machen sollten. Da wiederum hätte ich größere Zweifel, die sicher damit zusammenhängen, dass ich mich einmal für die philosophische Anthropologie interessiert habe, nämlich für die Überzeugung, dass es doch einige biologische Invarianten gibt, die unsere Erfahrungen und unsere Handlungskreisläufe mitbestimmen.

6. Kampf um Anerkennung und Engagement: Wege zur normativen Begründung Kritischer Theorie

Gespräch mit Roger Behrens und Harald Lemke

Roger Behrens und Harald Lemke: *Auch in Ihrem jüngsten Buch* Kampf um Anerkennung *versuchen Sie, »die Grundlagen einer normativ gehaltvollen Gesellschaftstheorie zu entwickeln« (Honneth 1992: 7). Die Frage nach der Normativität Kritischer Theorie scheint ein Zentraltopos Ihrer Arbeiten zu sein. Es geht Ihnen wohl darum, mit dieser Frage auf Habermas zu reagieren, der als erster das Defizit normativer Begründung in der Theorie Adornos und Horkheimers systematisch benannt haben will. Nun hat schon Horkheimer in seinem berühmten Aufsatz über »Traditionelle und kritische Theorie« ([1937] 1988) die Kritische Theorie zugleich als ein »kritisches Verhalten« bestimmt, das Marx' kategorischen Imperativ aufnimmt, »alle Verhältnisse umzuwerfen, in denen der Mensch ein erniedrigtes, ein geknechtetes, ein verlassenes, ein verächtliches Wesen ist« (Marx [1844] 1966: 385). Bietet dieses »kritische Verhalten« nicht eine hinreichende Antwort auf die Frage nach dem normativen – oder auch handlungstheoretischen Fundament?*

Axel Honneth: So habe ich das selbst immer verstanden und in *Kritik der Macht* auch explizit daran angeknüpft, dass Horkheimer so etwas wie eine handlungstheoretische Fundierung von Kritik vor Augen hatte (Honneth 1989: 12ff.). Ich glaube nur, dass Horkheimer dieses Konzept unter dem Leitfaden einer normativen Begründung niemals ausgearbeitet hat; Adorno – um das gleich hinzuzufügen – hat das bestimmt nicht gemacht. Das Problem ist nur, dass sich kaum genauere Hinweise darauf finden lassen, was Horkheimer mit »kritischem Verhalten« eigentlich meint. Meint er damit so etwas wie eine bewusst intendierte politische Praxis? Dann zielt dieses Verhalten auf einen kleinen Kreis von Agenten einer bestehenden politischen Bewegung. Oder meint er so etwas wie eine alltägliche Zone kritischen Verhaltens, also eine Dimension von Kritik, die im Alltagshandeln eingeschlossen ist? Mir persönlich wäre das die sympathischere Lösung – nur fürchte ich, dass sich das so bei Horkheimer nicht finden lässt. Habermas dagegen hat, was im Ausdruck des »kritischen Verhaltens« an Versprechen enthalten ist, nicht mehr durch eine Rekonstruktion der Arbeitssphäre umzusetzen versucht, sondern durch die Kommunikationssphäre. In dieser Sphäre könnte man eine Dimension kritischen Verhaltens deutlich machen, die anthropologisch so tief verankert ist, dass wir stets auf sie verweisen können, um deutlich zu machen, dass unsere kritischen Maßstäbe mit der Realität verbunden sind.

Horkheimers Position ist noch stark mit dem praktischen Interesse der Arbeiterbewegung verbunden.

Nur ist dieses, mit dem emanzipatorischen Handeln des Proletariats verschränkte kritische Verhalten immer schon etwas Fixiertes. Es ist mithin kein offener, sondern ein soziologisch zugestellter Begriff. Deswegen glaube ich auch, dass Horkheimer sich gar nicht der Mühe unterziehen musste, sich handlungstheoretisch genauer zu fragen, was »kritisches Verhalten« heißen könnte. Hier wird auch deutlich, wofür eine Kritische Theorie ein normatives Fundament braucht, nämlich um ihre eigenen dogmatischen Voraussetzungen zu durchschauen. Eine solche Voraussetzung ist etwa der fixe Begriff des Proletariats als emanzipatorischer Kraft, der die kritischen Ansprüche und Maßstäbe ins Wanken bringt, sobald diese Kraft versagt. Insofern taucht das Problem in dem Augenblick auf, in dem Adorno und Horkheimer die Gesellschaft für dermaßen zwangsintegriert und eindimensional halten, dass sie in ihr keine Sphäre mehr benennen können, die eine Verankerung solcher Ansprüche und Maßstäbe erlaubt.

Wir haben das Problem des normativen Fundaments einer Kritischen Theorie bisher an Horkheimer skizziert und ziehen nun noch Adorno hinzu. Es wird also zwangsläufig gleich die Dialektik der Aufklärung *(Horkheimer/Adorno [1947] 1997) zur Diskussion kommen. Die Zusammenarbeit von Adorno und Horkheimer hat sich wesentlich doch erst zu Beginn der 1940er-Jahre des vorigen Jahrhunderts herauskristallisiert. In den 1930er-Jahren – also in der Zeit, die wir jetzt umreißen – hatte neben Horkheimer zunächst wohl Herbert Marcuse die führende Rolle in der Formulierung der Kritischen Theorie inne. Nun ist es gerade Marcuse, der seit Mitte der 1960er-Jahre versucht hat, der Kritischen Theorie ein normatives Fundament zu geben und zwar in den sozialen Protestbewegungen. Hätte man nicht etwas gewonnen, wenn man die*

Dialektik der Aufklärung nicht so stark macht, sondern unter dem Begriff der Kritischen Theorie maßgeblich auch die Arbeiten Marcuses fasst?

Sicherlich treten mit Marcuse Alternativen vor Augen, die bei Adorno und Horkheimer gar nicht angelegt sind, etwa durch seinen sozialpsychologischen Ansatz, der die Gesellschaftskritik in der materiellen Triebstruktur des einzelnen Subjekts verankert. Aber auch dieser Ansatz scheint mir nicht für eine handlungstheoretische Perspektive tauglich zu sein. Sicherlich war das eine Alternative, die Adorno selbst nie ganz aus den Augen verloren hat. Bei ihm spielt das Unbewusste die Rolle eines Momentes des Nichteinverständnisses. Zudem wird auch bei Marcuse eine ähnliche Problematik deutlich, die wir dann für die *Dialektik der Aufklärung* diskutieren können. Je nach der Deutungsperspektive, die er einnimmt, erschließt sich die Wirklichkeit einmal als eindimensionale Gesellschaft, das andere Mal als ein hochexplosives Feld von Handlungskonflikten, Widerständen und sozialen Bewegungen. Für die Theorie Adornos und Horkheimers kann man sagen, dass sie nur einmal umschlägt: vom frühen, an die Arbeiterbewegung gebundenen Programm zum späten geschichtsphilosophischen Pessimismus des totalen Verblendungszusammenhangs, wie er in der *Dialektik der Aufklärung* dargestellt wird.

Angesichts des Nationalsozialismus gab es wohl für die Kritische Theorie nur eine Notwendigkeit, nämlich zu erklären, warum faschistische Barbarei möglich war und Herrschaft total hat werden können. Gegenüber der historischen Evidenz scheint der mögliche Nachweis von Restwiderstand unergiebig zu sein.

Da bin ich wirklich anderer Meinung. Erst einmal glaube ich nicht, dass Adornos oder Horkheimers Erklärung der Entstehung des Faschismus nach Kriterien heutiger sozialwissenschaftlicher Untersuchungen tatsächlich gelungen ist. Um das grob zu skizzieren: Ich halte den Begriff des »autoritären Charakters« für zu fixiert und zum Beispiel nicht hinreichend sensibel für die Dimensionen des sozialen Anpassungsdrucks oder die unterschiedlichen Lebensmilieus der 1920er- und 1930er-Jahre. Ich empfinde das bis heute so, dass der Begriff des »autoritären Charakters« nicht allzu scharf ist und auch empirischen Überprüfungen letztlich nicht standhalten würde. Es gibt auch intern aus dem Institut für Sozialforschung von Ursula Jaerisch eine gute Kritik an dem ganzen Konzept (Jaerisch 1975).

Aber verdanken sich diese Einwände nicht einfach späteren Einsichten?

Die Einwände sind nicht bloß retrospektiv zu verstehen. Schon die Orientierung an anderen Formen wissenschaftlicher Praxis hätte andere Bilder geschaffen. Ich denke da an Untersuchungsformen im Umfeld der sozialdemokratischen Partei. Die ins Exil gegangene Sozialdemokratie hat auch eine Form von – sagen wir – primitiver empirischer Sozialforschung betrieben, mit der sicherlich andere Ergebnisse zustande kamen, weil die Aufmerksamkeiten anders gelagert waren. Ich denke da an Phänomene wie die »Edelweißpiraten«, also an Arten proletarischer Subkultur, mit ganz eigentümlichen Formen des Widerstandes. Das hätte auch für Adorno und Horkheimer einen anderen Blickwinkel eröffnen können.

In diesem Zusammenhang wäre besonders in Hinblick auf Adorno auch die so genannte Swing-Jugend erwähnenswert: Ohne elaborierte politische Ansprüche gehabt zu haben, leisteten diese Jugendlichen Widerstand, weil sie der nationalsozialistischen Volksideologie nicht genehme Musik hörten. Adorno hätte allein aus musikphilosophischen Überlegungen – zur selben Zeit schrieb er ja äußerst abfällig über die Jazzmusik – gar nicht auf so etwas wie die Swing-Jugend reagieren können. Um auf solche sozialen Bewegungen wie die Edelweißpiraten oder die Swing-Jugend reagieren zu können, bedarf es eines Begriffs der solidarischen Kollektivität, und der fehlt bei Adorno und Horkheimer. Sie haben das in Kritik der Macht *als die »Verdrängung des Sozialen« benannt (Honneth 1989: 70). Ich glaube bezüglich der* Dialektik der Aufklärung *handelt es sich aber vielmehr um die Verdrängung einer bestimmten Perspektive auf das Soziale. Das wird unseres Erachtens durch einen Bruch in der* Dialektik der Aufklärung *deutlich, der zwischen dem philosophisch orientierten ersten Teil einschließlich der Exkurse und dem soziologischen zweiten Teil, also dem Kulturindustrie-Kapitel, besteht. Im ersten Teil geht es um die Konstituierung des bürgerlichen Subjekts. Das Proletariat fällt hier gleich heraus; die Ruderer im Odysseus-Exkurs werden kaum thematisiert. Später werden sie plötzlich als die gefesselten Konzertbesucher und als verblendete Masse wieder eingeführt.*

Das würde ich stark unterstützen. Vielleicht könnte man sagen, dass der erste Teil der *Dialektik der Aufklärung* als der geschichtsphilosophische Apparat noch die Möglichkeit lässt, nach Handlungslogiken zu fragen, die dieser Konstitution des bürgerlichen Subjekts so nicht gehorchen. Eine offene und mögliche Frage im Rahmen des ersten Teils wäre: Gibt es nicht auch die Konstitution anderer Handlungsformen als die, die auf das bürgerliche Subjekt zugeschnitten sind?

Zur Rettung der Dialektik der Aufklärung *scheint uns aber noch der Verweis darauf notwendig, dass es sich bei diesem Buch um – wie es im Untertitel heißt – »philosophische Fragmente« handelt und eben nicht um ein programmatisch zu verstehendes System. Programmatisch wäre dann vielmehr die* Philosophie der neuen Musik *(Adorno [1949] 1997) oder die* Komposition für den Film *(Adorno/Eisler [1944] 1997), das Gemeinschaftswerk von Adorno und Hanns Eisler, das unseres Erachtens die sozialphilosophische Grundlage des Kulturindustrie-Begriffs bildet. Interessant ist, dass – im Gegensatz zur »Dialektik der Aufklärung« – Adorno und Eisler hier durchaus noch positive Möglichkeiten formulieren, innerhalb der Kulturindustrie kritisch zu arbeiten, zum Beispiel als Filmkomponist. Wir plädieren also dafür, die »Dialektik der Aufklärung« in der Rezeption nicht zu zentral zu stellen.*

Wenn man sich anschaut, wie sehr die Nachkriegsschriften von Adorno und Horkheimer von der *Dialektik der Aufklärung* mitgetragen werden, kann man sie schon ins Zentrum rücken. Natürlich deckt sie nicht die gesamte Kritische Theorie ab. Deshalb habe ich auch mit dem Modell vom Zentrum zur Peripherie gearbeitet (Honneth 1990b: 25ff.). Was Sie ansprachen bezüglich Adornos und Eislers *Komposition für den Film*, war mir so noch gar nicht klar. In diesen Äußerungen über positive Möglichkeiten, die Sie erwähnen, kommen Brüche zum Vorschein, die selbst beim späten Adorno noch vorhanden sind. Er hat sich in seinem politischen Alltagswirken nie wirklich streng an die Prämissen der eigenen Theorie gehalten. Sonst hätte er kaum so etwas machen können, wie etwa seine Beiträge im Rundfunk…

…mit denen er sich an die Masse wendet, die in der Dialektik der Aufklärung *noch als blindes Kollektiv verurteilt wird. Haben wir in diesem, wenn man so will, kritischen Verhalten und Engagement des Theoretikers nicht eine Zurückgewinnung des Sozialen zu verzeichnen? Hier lässt sich zu Foucault überleiten. Schließlich ist es Foucault, der die von Adorno verdrängte Dimension des Sozialen wieder erschließt – so argumentieren Sie zumindest in* Kritik der Macht *(Honneth 1989: 121ff.). Foucaults Kritikverständnis weist Ähnlichkeiten mit Horkheimers »kritischem Verhalten« auf, zum Beispiel wenn er vom »philoso-*

phischen Ethos« spricht. Dieses Ethos zeigt sich bei Foucault darin, dass einzelne Schriften erst durch bestimmte Erfahrungen in politischen Zusammenhängen entstanden sind. Ein Buch wie Überwachen und Strafen *(Foucault 1976) ist nicht nur aufgrund der theoretischen Absicht geschrieben worden, die Normierungsmächte der Disziplinargesellschaft darzulegen. Es ist auch ein Produkt der damaligen Gefängnisrevolten in Frankreich und Foucaults Engagement in den »Gefängnis-Informations-Gruppen«. Für dieses Theorieverständnis hat Foucault die schöne Formulierung geprägt, seine Schriften seien eine Art »Werkzeugkasten« für soziale Bewegungen.*

Genau das verstehe ich nicht! Ich habe mir nie vorstellen können, wie gerade diese Theorie – nämlich die von *Überwachen und Strafen* – für politische Bewegungen fruchtbar gemacht werden könnte. Diese Theorie besagt doch kaum etwas anderes, als dass Dressur und Disziplinierung fugenlos ineinandergreifen. Von der Theorie aus gibt es nicht einmal indirekte Indikatoren dafür, wo die politische Praxis sinnvollerweise eingreifen könnte. Deshalb ist mir die Vorstellung der Theorie als »Werkzeugkasten« nicht ganz klar geworden.

Wir denken zum Beispiel an die Darstellung des nicht mehr rechtlichen Strafvollzugs und der Subrichter, die in die bekannten Formulierungen vom Richter-Arzt, Richter-Professor, Richter-Pädagogen etc. einmündet (Foucault 1976: 392ff.). Diese Darstellung hat ihren kritischen Effekt allein in dem Sinne, dass für die Gefangenen zumindest Argumente angeboten werden.

Das würde stimmen, wenn man *Überwachen und Strafen* so verstünde, dass Foucault zeigen möchte, inwiefern die Herrschaftsstrategien von dem, was normativ über das Rechtssystem gedeckt ist, abweichen. Für die *Dialektik der Aufklärung* trifft das natürlich nicht zu. Möglicherweise müsste man das Kritikmodell Foucaults von dem Kritikmodell Adornos und Horkheimers stärker trennen.

Aufschluss gibt uns ein Interview mit Gerard Raulet von 1983. Foucault sagt da, dass ihm eine Menge Arbeit erspart geblieben wäre, wenn er die Frankfurter Schule früher kennen gelernt hätte (Foucault 1883). Den gemeinsamen Nenner zwischen sich und der Frankfurter Schule sieht er in der Individualethik des Widerstandes. Zu berücksichtigen wäre dabei allerdings, dass die Frankfurter wohl noch denjenigen zuzurechnen wären, die Foucault »univer-

selle Intellektuelle« nennt, während er sich selbst als »speziellen« oder »spezifischen Intellektuellen« begreift.

Man muss sich hier sehr genau darüber verständigen, was das denn überhaupt heißt. Der Unterschied kann wohl nicht sein, dass der spezielle Intellektuelle bloß Teilbereichsuntersuchungen vornimmt, denn das trifft auch für Habermas zu, der ebenfalls sagen würde, er mache eine »spezielle« Untersuchung über Rechtsverhältnisse und liefere damit möglicherweise einen Beitrag zur Selbstaufklärung. Der Unterschied ist der, dass der »universelle« Intellektuelle, zum Beispiel Kant, Verallgemeinerungen vornimmt, das heißt auf übergreifende Rationalitätsmaßstäbe zurückgreift, während der »spezielle« Intellektuelle darauf verzichtet.

Foucaults Theorie des spezifischen Intellektuellen ist eine bewusste Entscheidung gegen einen Universalismus, der sich mit Totalität verwechselt. Spricht das aber nicht gegen Ihre These, dass auch Foucault schließlich das Soziale erneut verdrängt und eine systemtheoretische Auflösung der Dialektik der Aufklärung *vollzieht (Honneth 1989: 196ff.)? Hinzu kommt, dass Sie diese These mit einer vorgezeichneten Ziellinie ausarbeiten, nämlich Habermas' Vorstellung der kommunikativen Interaktion. Sollte man Foucault nicht eine Eigenständigkeit zugestehen, die ihm nicht nur diese Mittlerposition zwischen Kritischer Theorie und Habermas zuweist?*

Ich würde heute tatsächlich den Foucault-Teil des genannten Buches ganz anders schreiben. Inzwischen stehen auch Texte zur Verfügung, die deutlicher machen, wie Foucault den Begriff der Kritik gedacht hat. Es gibt ja mittlerweile auch schon Arbeiten, die darauf eingehen. So versucht zum Beispiel Thomas Schäfer (1990) zu zeigen, dass Foucault eine Art von Gesellschaftstheorie ohne normative Komponenten unternimmt. Vieles ist mir aber noch nicht schlüssig, auch das nicht, was Wilhelm Schmid (1991) macht. Er verfolgt ja die These, dass es beim späten Foucault die Idee der Ästhetik der Existenz gibt, die man als einen nichtnormativen, sondern ethischen Begriff des guten Lebens verstehen und systematisieren kann. Mir ist unklar, wie sich das gesellschaftstheoretisch rückbinden lassen soll, denn die Idee einer Ästhetik der Existenz stellt zunächst keinerlei Verbindung zwischen Gerechtigkeit und gutem Leben her.

Was Schmid macht, bleibt auf das einzelne Individuum bezogen. Wenn das Ethos darin besteht, dass ich mich in Askese und Stilistik übe, also in Ein- und Ausübung meiner Ästhetik der Existenz, dann droht die Gefahr einer Ästhetisierung des Politischen.

Diese Gefahr sehe ich bei Schmid auch. Entweder ist es eine Individualethik, die anknüpft an Tugendlehren, oder es ist eine mit Gerechtigkeitsideen verknüpfte Universalethik. Dann wäre es eine politische Ethik, aber auch nur dann. Diesen Schritt sehe ich Schmid nicht machen. Es kann sein, dass Foucault diesen Schritt vor Augen hatte. Manchmal denke ich, dass Foucault irgendwelche traditionellen Formen gelungenen Lebens rekonstruiert, um sich selbst klarzumachen, an welchen Voraussetzungen es heute fehlt. Oder inwiefern das gesamte Ethos unserer Kultur das verhindert – das wäre ein Unternehmen der Kritik.

Inwiefern unterscheidet sich Ihr moraltheoretischer Ansatz in Kampf um Anerkennung *von der Foucault-Schmid'schen Ästhetik der Existenz auf der einen und Habermas' Diskursethik auf der anderen Seite?*

In dem genannten Buch geht es mir um die Frage: Wie lässt sich der Bereich alltäglicher Moralempfindungen beschreiben. Die Diskursethik scheint für diese Frage zu eng zu sein, weil sie die normativen Kriterien für Gerechtigkeit so anlegt, dass sie nicht mit den moralischen Empfindungen von Subjekten zusammenfallen. Das ist mein entscheidender Vorbehalt gegen die Diskursethik. Kein Subjekt empfindet moralisches Unrecht, weil bestimmte Argumentationsregeln nicht eingehalten werden. Die Empfindung von moralischem Unrecht hängt viel stärker mit der Identität der Subjekte selbst zusammen. Es geht um Identitätsansprüche: dass Subjekte als die und die Art von Personen anerkannt sein wollen. Die Beschreibung von Interaktion, wie sie in Habermas' Theorie auftaucht, wird so als eine Art von wechselseitiger Anerkennung viel ernster genommen. In dieser Dimension der Anerkennung haben die normativen Ansprüche der kritischen Gesellschaftstheorie ihren eigentlichen sozialen Ort. Allerdings wird mir erst nach und nach klar, wie sehr sich dieses Programm von der Diskursethik gelöst hat. Die normativen Maßstäbe sind nämlich nicht mehr durch die sprachliche Praxis vermittelt, sondern unmittelbar in den intersubjektiven Ansprüchen der vergesellschafteten Subjekte angelegt. Diese Subjekte können nur dann miteinander kommunizieren, wenn sie sich in einer gewissen Weise als Anerkannte erfahren. Wird ihnen diese Anerkennung vorenthalten, so reagieren sie verletzt. Das ist die Grundidee meiner Theorie des Kampfes um Anerkennung.

Greifen Sie dabei auch auf den Begriff des Unrechtsbewusstseins zurück, wie Sie ihn in Ihrem Aufsatz »Moralbewußtsein und Klassenherrschaft« (Honneth 2000b) verwendet haben?

Ja, wobei ich das nicht mehr so stark zurückführen würde auf eine bestimmte soziale Klassenlage. Dieser Aufsatz von 1981 ist noch geprägt von der Vorstellung, dass speziell im Proletariat Unrechtserfahrungen kulminieren, weil sich in dieser sozialen Schicht ein Höchstmaß an Vorenthaltung sozialer Anerkennung konzentriert. Das würde ich inzwischen umfassender sehen. Es gibt unterschiedliche Missachtungserfahrungen, die Subjekte heute machen, die teils an die soziale Lage, teils aber auch an die Geschlechtsidentität gebunden sind.

Als Protest gegen die Kolonialisierung der Lebenswelt sieht auch Habermas' Theorie des kommunikativen Handelns (Habermas 1981) *einen Ort für die soziale Bewegung vor. Nur scheint es ihm nicht um eine – wie Horkheimer das 1937 ([1937] 1988) formulierte – »dynamische Einheit« mit der politischen Praxis sozialer Bewegungen zu gehen.*

Sich blind den Forderungen der sozialen Bewegungen zu überlassen wäre fatal. Das Geflecht sozialer Bewegungen ist viel zu breit und widersprüchlich. Man muss eine Gesellschaftstheorie zuallererst so anlegen, dass sie eine angemessene Beschreibung der jeweiligen Motive in der Struktur der Gesellschaft leisten kann. Im Unterschied zu Habermas geht es mir mit dem »Kampf um Anerkennung« um eine – etwas kühn formuliert – anthropologische (also nicht um eine sprachtheoretische) Fundierung der Gesellschaftstheorie. Anthropologisch soll heißen: in Identitätsansprüchen, die zur sozialen Reproduktionsweise der gesamten menschlichen Gattung gehören. Die Nichteinhaltung dieser Identitätsansprüche bedeutet für die klassischen sozialen Bewegungen Unrechtserfahrungen massiver Art in der sozialen Lebenswelt. Der Schlüssel, um sie im Rahmen einer kritischen Gesellschaftstheorie zu analysieren, ist Unrecht oder Missachtung.

Uns scheint dabei ein grundsätzliches Problem bestehen zu bleiben. Die Vorstellung von sozialen Konflikten, auf die grundbegrifflich reagiert werden muss, sieht stets an den Formen der realen politischen Praxis vorbei. Die Kritische Theorie muss dann ungeduldig auf die Aktualisierung oder Austragung der latenten Konflikte warten.

Das weiß ich nicht. Wenn man die Hoffnung hat, dass der eigene Begriff sozialer Erfahrungen und vor allem von Unrechtserfahrung so angelegt ist, dass bestimmte Formen sozialer Bewegungen dadurch wiederum erklärbar werden, dann betreibt man auch Selbstaufklärung der sozialen Bewegungen. Man hat die Hoffnung, dass die eigenen Beschreibungen von den tatsächlichen sozialen Bewegungen nicht allzu weit entfernt sind. Insofern gibt es schon eine Art von Realisierungspraxis der eigenen Beschreibung. Dieses wäre ein Weg, an das ursprüngliche Horkheimer'sche Programm anzuknüpfen, indem man versucht, für das, was dort »kritisches Verhalten« heißt, eine alltägliche Zone ausfindig zu machen, die ich mit Hegel und Mead eben als »Kampf um Anerkennung« beschrieben habe. Das wäre eine tief verankerte Zone der sozialen Lebenswelt, die eine gewissermaßen normative Spannung einbaut, die allen Subjekten erfahrungsmäßig auch transparent ist, das heißt in deren moralischem Fühlen verankert ist.

7. Die Kritische Theorie der Frankfurter Schule und die Anerkennungstheorie

*Gespräch mit Olivier Voirol**

Olivier Voirol: *Sie sind jetzt seit 1996 Professor für Philosophie hier an der Universität von Frankfurt am ehemaligen Lehrstuhl von Jürgen Habermas. Im April des Jahres 2001 sind Sie Direktor des Instituts für Sozialforschung geworden. Das sind zwei wichtige Stellen in der Geschichte der Kritischen Theorie der Frankfurter Schule. Viele Ihrer Texte beschäftigen sich mit der Kritischen Theorie, einer Theorie, die Sie viel diskutiert, aber auch kritisiert und reformuliert haben. Man kann also sagen, dass Sie einer der wichtigsten Vertreter der Kritischen Theorie heute sind. Sind Sie der Meinung, dass wir heute von einer Denktradition der Kritischen Theorie reden können? Gibt es überhaupt eine Denktradition, die erneuert und wiederbelebt worden ist? Wenn sie überhaupt existiert, was ist die heutige Lage dieser Denktradition?*

Axel Honneth: In einem trivialen Sinn würde ich sagen, dass es natürlich eine Denktradition gibt, die heute auch weiterhin relativ lebendig existiert. Mit trivial, meine ich, wenn man einfach zum Maßstab nimmt, ob diese Tradition unterschiedlicher Denker als eine Einheit verstanden wird und ob es Arbeiten und Forschungen gibt, die sich auf diese Tradition zurückbeziehen. Beides gibt es, beides wird getan, nicht nur in Frankfurt, sondern an vielen anderen Orten in Deutschland. Es gibt also eine Vielzahl von Leuten, auch jungen Leuten, die selbstverständlich an diese für einheitlich befundene Denktradition anknüpfen und sie fortzuentwickeln versuchen. Ich könnte Ihnen eine ganze Reihe von Forschergruppen nennen, die – weniger in Frankfurt als an anderen Orten in Deutschland –, diese Tradition mit ihren eigenen Arbeiten fortzusetzen glauben. In diesem positivistischen Sinn existiert eine Denktradition der Kritischen Theorie weiterhin, sogar relativ lebendig.

---

* Das Gespräch fand im Oktober 2001 in Frankfurt am Main statt.

Aber wahrscheinlich ist die Frage gar nicht nur positivistisch gemeint, ob es tatsächlich Arbeiten gibt, die sich selbst als Fortsetzung der Tradition verstehen, sondern auch, ob man in einem anspruchsvollen Sinn von einer Denktradition reden kann, einer Fortexistenz der Kritischen Theorie. Das finde ich viel schwieriger zu beantworten. Das Problem entsteht schon bei der Frage, ob wir eigentlich das Habermas'sche Projekt, die *Theorie des kommunikativen Handelns* (Habermas 1981) und auch die Untersuchung zur Rechtstheorie (Habermas 1992), eigentlich als eine Fortsetzung und damit Kontinuierung dieser Denktradition verstehen dürfen. Das heißt, was sind die Maßstäbe, das müsste man immer mitbeantworten, für eine tatsächliche Kontinuierung der Tradition, nicht nur in einem positivistischen oder empirischen Sinn. Da würde ich mit einem gewissen Zögern antworten, aber am Ende doch zu einer positiven Antwort gelangen. Zögern würde ich deswegen, weil natürlich die Denktradition der Kritischen Theorie auch einen bestimmten Gestus, eine bestimmte Atmosphäre und eine bestimmte historische Erfahrung verkörpert hat. Die historische Erfahrung war die des Nationalsozialismus, und die Kritische Theorie war insgesamt auf die Bearbeitung sowohl der vorfaschistischen Situation als auch des Zivilisationsbruchs durch den Nationalsozialismus zugeschnitten. Alles danach ist, so betrachtet, eine andere Theorie, da sie nicht mehr diese historische Erfahrung verarbeitet. In dem Sinn ist Habermas nur noch in abgeschwächter Weise eine Fortsetzung dieser Denktradition. Es ist natürlich eine Fortsetzung, weil er vielleicht das Grundmotiv der gesamten Tradition übernimmt, nämlich den Prozess der Modernisierung als einen Prozess der nur unvollständigen Rationalisierung zu verstehen.

Die Frage, ob es die Kritische Theorie heute eigentlich noch in einem anspruchsvollen Sinn gibt, ist daher viel schwieriger zu beantworten. Ich selbst bemühe mich, eine bestimmte Kontinuität herzustellen zu dieser Tradition, aber in einigen Hinsichten fehlen mir die Voraussetzungen, auch die Möglichkeiten, um tatsächlich diese Grundlinie produktiv fortzusetzen. Die Grundlinie entlang der Idee, dass wir heute unsere Gesellschaft sozusagen als eine Form halbierter Rationalität oder unvollständiger Rationalität analysieren, das tue ich in dem Sinn gar nicht so sehr, zunächst einmal weil ich meine eigenen gesellschaftstheoretischen Mittel gar nicht primär rationalitätstheoretisch anlege.

Die Antwort ist schwierig und kompliziert. Aber, vielleicht sollte ich sagen, wenn ich in einem Satz antworten müsste, dass ich – und wahrscheinlich auch andere – mich bemühe, die Kritische Theorie in einem anspruchsvollen Sinn fortzusetzen, in dem ich theoretische Anstrengungen unternehme, dasselbe zu tun, was Habermas auch versucht hat, nämlich die Mittel und die Theorien zu entwickeln, die geeignet sind, unsere aktuelle Situation einer begründeten Form der Kritik zu unterwerfen.

Diese normative Begründung hat in Ihrem Werk eine sehr große Rolle gespielt. In Ihrem Buch Kampf um Anerkennung (Honneth 1992) *versuchen Sie, gehaltvolle normative Grundlagen für eine Gesellschaftstheorie zu entwickeln. Genau an diesem Punkt ist Ihre Arbeit sehr wichtig. Sie sehen bei der frühen Kritischen Theorie ein Defizit in der normativen Begründung und sind der Meinung, dass man deren Grundlagen gehaltvoller und besser begründen müsse. Warum ist die normative Begründung der Kritischen Theorie so wichtig?*

Ich glaube, der entscheidende Fehler der frühen Kritischen Theorie aus meiner Sicht ist nicht so sehr ihre mangelnde normative Begründung, sondern ihre mangelhafte Soziologie. Die frühe Kritische Theorie, sowohl in dem Stadium vor dem Nationalsozialismus als auch in dem Stadium der Verarbeitung des Nationalsozialismus, hat es nie zustande gebracht, einen anspruchsvollen Begriff des Sozialen zu entwickeln. Das habe ich in meiner Dissertation zu zeigen versucht, die den Titel *Kritik der Macht* (Honneth 1989) trägt. Dieses soziologische Defizit scheint mir noch viel problematischer als das normative Defizit der frühen Kritischen Theorie. Das ist im Übrigen auch der Grund gewesen, warum ich mich phasenweise so stark der französischen Tradition der Sozialtheorie zugewandt habe, weil hier, glaube ich, die Eigenständigkeit des Sozialen viel früher, nämlich in der Tradition von Durkheim, analysiert und behandelt worden ist. Das hat sich natürlich mit Habermas stark gewandelt, der dann seine ganze Theorie im Grunde genommen als eine Explikation des normativen Kerns des Sozialen, nämlich der kommunikativen Verständigung verstanden hat. Aber vor Habermas empfand ich die Kritische Theorie primär durch ein solches soziologisches Defizit gekennzeichnet.

Nun geht das soziologische Defizit aus meiner Sicht mit einem normativen Defizit einher, weil die frühen Autoren der Frankfurter Schule nicht dazu in der Lage waren, in der Sphäre des Sozialen selbst die normativen Prinzipien auszuweisen, die für eine interne Rechtfertigung der Kritik an der Gesellschaft herangezogen werden können. Daher habe ich im Prinzip meine eigene Aufgabe, auch in der Nachfolge von Habermas, so gesehen, dass aus einer Theorie des Sozialen zugleich die Maßstäbe für eine Kritik von pathologischen oder unvollständigen Realisierungen des Sozialen entwickelt werden. Der Weg, den ich vorgeschlagen habe, um das zu unternehmen, ist derjenige einer Anerkennungstheorie gewesen – die Idee ist, dass das Anerkennungsprinzip gewissermaßen den Kern des Sozialen ausmacht. Darin sehe ich den Zusammenhang zwischen der Theorie des Sozialen und der normativen Grundlegung. Ich glaube, dass für jede kritische Theorie gilt, dass sie diesen Zusammenhang bewahren muss, dass sie ihre eigenen normativen Maßstäbe aus einer vollständigen Theorie des Sozialen heraus entwickeln kann. Das macht den ganzen Unterschied zur kantianischen Tradition aus. Wir dürfen also die normativen Maßstäbe, die wir einer Kritik von Gesellschaften oder aktuellen Formen der Vergesellschaftung zugrunde legen, nicht einfach aus rationalen Überlegungen oder Konstruktionen gewinnen, sondern müssen sie als Kernbestandteil des Sozialen nachweisen. Meine eigene Aufgabe habe ich genau in diesem Projekt gesehen. Und die Anerkennungstheorie ist ein Versuch, diesen Zusammenhang zwischen dem Sozialen und den internen normativen Prinzipien nachzuweisen.

Die Idee der normativen Begründung der Kritischen Theorie der Frankfurter Schule ist eng mit emanzipatorischen Potenzialen verbunden, die in der Praxis selbst identifiziert werden können. Es gibt in der Kritischen Theorie die Idee, dass normative Prinzipien von sozialen Akteuren für eine emanzipatorische Praxis – zum Beispiel in Form von sozialen Bewegungen – genutzt werden können. Die Theorie muss normativ begründet sein in emanzipatorischen Potenzialen, die in der Alltagspraxis vorhanden sind; diese Idee findet man in Ihrer Theorie und in derjenigen von Habermas. Wenn man betrachtet, welche Form der Kritik Akteure sozialer Bewegungen vornehmlich ausüben, bemerkt man, dass es hier eine negative Kritik gibt in dem Sinne, dass diese eine Denunziation von bestimmten Formen von Herrschaftsmechanismen darstellt. Die Frage ist, welche Form eine kritische Theorie, die mit sozialen Bewegungen verbunden sein will, annehmen sollte: Ob sie eine Theorie sein sollte, die Herrschaftsmechanismen oder negative Prozesse identifizieren kann, um eine Analyse der bestehenden Gesellschaft vornehmen zu können, oder eine Theorie, die versucht, sich in der sozialen Praxis normativ zu begründen. Die Ansprüche der sozialen Bewegungen fangen oft mit einer negativen Kritik an, ohne ihre normativen Grundlagen sofort sichtbar zu machen. Dann müssen sie ihre Ansprüche rechtfertigen, das ist klar. Aber die Frage ist die nach der Rolle einer kritischen Theorie der Gesellschaft: Ob ihre Aufgabe darin bestehen sollte, die negativen Prozesse zu beschreiben oder die normativen Grundlagen ihrer Kritik zu begründen. Auf der einen Seite findet man Foucault, der keine normative Begründung angestrebt hat, auf der anderen Seite findet man wahrscheinlich Habermas, der sich stark auf normative und emanzipatorische Grundlagen der Kritischen Theorie stützt.

Richtig finde ich natürlich die Beschreibung, nach der die sozialen Bewegungen selbst eher negative Empfindungen und Beobachtungen artikulieren. Nur selten treten soziale Bewegungen mit positiven Zielsetzungen auf, sie treten meistens in Reaktion auf negative Empfindungen auf und artikulieren zumeist eher negative Tatbestände, als dass sie positive Zielsetzungen äußern. Das ist zweifellos richtig. Die Frage ist, wie eng man überhaupt den Zusammenhang sehen darf zwischen einer kritischen Gesellschaftstheorie und sozialen Bewegungen. Ich habe gewisse Zweifel, dass dieser Zusammenhang so eng ist.

Der Grund ist einfach der, dass wir eine Vielzahl von sozialen Bewegungen kennen, einige davon sind uns in ihren Zielsetzungen sympathisch, andere sind uns in ihren Zielsetzungen ausgesprochen unsympathisch. Es gibt populistische Bewegungen, es gibt rechtsradikale Bewegungen, es gibt ausländerfeindliche Bewegungen und so weiter. Alles das sind soziale Bewegungen. Ich glaube, dass man vorweg in seiner eigenen Perspektive eine Art von normativer Orientierung besitzt, die darüber informiert, welche sozialen Bewegungen gewissermaßen progressiv sind oder sinnvollerweise und berechtigterweise für progressiv gehalten werden können und welche als regressiv oder regredierend oder in einem bestimmten Sinn als unmoralisch eingeschätzt werden können. Deswegen glaube ich, dass eine kritische Gesellschaftsanalyse, selbst wenn sie sich an sozialen Bewegungen orientiert, gar nicht anders kann, als sich über diese normative Vororientierungen auch Rechenschaft abzulegen.

Vielleicht ist es auch nur ein Unterschied im Temperament oder in den Interessen, wie stark man sich darauf konzentriert, diese normativen Vororientierungen selbst noch einmal auszuweisen. Ich vermute, dass diese normativen Vororientierungen bei Habermas und Foucault gar nicht so unterschiedlich waren, für den einen aber das Hauptinteresse darin lag, diese normativen Vororientierungen zu begründen, während der andere hingegen keinen großen Sinn darin gesehen hat, sie ausdrücklich und in einer gewisser Weise kontexttranszendierend zu begründen. Foucault hatte sicherlich ganz andere Interessen als die einer Begründung der normativen Perspektiven, unter denen er überhaupt auf soziale Bewegungen, die Gefängnisbewegung oder die Antipsychiatrie Bezug nimmt. Das ist aber nur ein Unterschied im Interesse, vielleicht in der philosophischen Orientierung – ich glaube nicht, dass hier eine tiefgreifende systematische Differenz liegt. Sicherlich aber eine große Differenz im Stil der Analysen, auch im Gegenstandsbereich. Der eine betreibt sehr viel für die normative Begründung, der andere kümmert sich nicht um sie, aber beide teilen dieselben Vororientierungen; die Art von Vororientierung, die nötig ist, um zu sagen, an welchen sozialen Bewegungen man sich orientiert und welche sozialen Bewegungen man für schädlich oder regressiv oder für kontraproduktiv hält.

Das ist eine Teilantwort auf die Frage. Sie soll darauf aufmerksam machen, dass auch dann, wenn man zugesteht, dass soziale Bewegungen zunächst im Wesentlichen negative Formen der Reaktion auf Unrecht darstellen, man nicht umhin kommt einzugestehen, dass die eigene Orientierung auf einer normativen Grundlage fußt, die einer gewissen Begründung bedarf.

Es gibt auch Traditionen, in denen das Gefühl und die Überzeugung vorherrschen, dass diese Begründung nicht eigentlich einer philosophischen Arbeit bedarf. Und ich vermute, dass Foucault genau zu dieser Art von Tradition gehört hat. Ob das noch tieferliegende Gründe hat, das finde ich von heute aus sowieso schwer zu entscheiden. Das heißt, ob Foucault etwa der Überzeugung war, dass jeder Versuch einer Begründung universalistischer Normen per se irgendwie in die Irre führt – da bin ich eher unsicher, wenn man sich andererseits fragt, ob Foucault im Ernst etwas gegen die Menschenrechte gehabt hätte. Wahrscheinlich nicht. Wahrscheinlich wäre er ein entschiedener Verfechter der Menschenrechte gewesen. Er hätte vielleicht eher so wie Rorty argumentiert, dass der ganze Begründungsaufwand nicht sinnvoll ist. Er hätte sich also an den Menschenrechten orientiert, er hätte damit eingeräumt, dass er Normen für angemessen hält, die auf alle Menschen Anwendung finden. Aber er hätte vielleicht wie Rorty gesagt, dass das Geschäft der philosophischen Begründung überflüssig oder aus bestimmten systematischen Gründen nicht durchführbar ist. Insofern ist, glaube ich, der Unterschied nicht der zwischen einem moralischen Universalismus und einem Perspektivismus, sondern der Unterschied ist der, ob der Universalismus begründungsfähig ist oder als nicht begründungsfähig verstanden wird.

Wir haben gerade Habermas erwähnt. Habermas hat eine erhebliche Rolle bei der Neugestaltung und Reformulierung der Kritischen Theorie der Frankfurter Schule gespielt. Was sind Ihrer Meinung nach, als Habermas' Nachfolger, die Hauptorientierungen und wichtigsten Punkte des Habermas'schen Beitrags zur Reformulierung der Kritischen Theorie?

Das ist im Wesentlichen das, was immer als die kommunikationstheoretische Wende der Kritischen Theorie beschrieben worden ist; das heißt der Versuch von Habermas, die Kritische Theorie nicht mehr auf einer als im Wesentlichen durch die Produktion und die entsprechenden Produktionsverhältnisse verstandenen Gesellschaft zu fundieren, sondern auf einen Begriff des Sozialen, der primär gekennzeichnet ist durch die Prozesse der sprachlichen Verständigung – die kommunikationstheoretische Wende, die also darin besteht, dass als Kern des Sozialen nicht mehr das instrumentelle Handeln, sondern das kommunikative Handeln angesehen wird: eine Theorie, die sich selbst mit Durkheim und George Herbert Mead in Verbindung bringt. Das war für mich auch der wesentliche Anstoßpunkt, das hat natürlich die ganze Architektonik der Kritischen Theorie grundsätzlich verändert. Erstens war sie nicht mehr primär auf die Analyse von der Gesellschaft als Produktionszusammenhang bezogen, sondern auf die Gesellschaft als Kommunikationszusammenhang, so dass eine Umorientierung auch in der normativen Perspektive folgen musste. Die normative Perspektive war nicht mehr die einer Befreiung von Arbeit oder durch Arbeit, sondern die einer Entbindung des normativen Potenzials des Verständigungshandelns.

Für mich, als jemand, der sich viel stärker als Schüler von Habermas denn als Schüler von Adorno versteht, war diese Transformation ein wesentlicher Anstoß. Damit hat die Kritische Theorie an die Art von Gesellschaftstheorie Anschluss gefunden, die bei den Klassikern in gewisser Weise schon entwickelt worden war, also bei Durkheim, Max Weber und auch bei Parsons. All das war vorher gar nicht möglich. Die alte Kritische Theorie hat, in einer starken Rückbindung an Marx, die Gesellschaft im Prinzip allein als einen Arbeitszusammenhang verstanden. Ich glaube, dadurch war sie sehr eingeschränkt in ihrer normativen Perspektive und sie war zugleich in einer spezifischen Weise auch unsoziologisch, denke ich. Ich würde sagen, die größte Leistung von Habermas im Hinblick auf die Kritische Theorie besteht genau in dieser Transformation, also in der Überwindung dieses Produktionsparadigmas oder dieses geschichtsphilosophischen Erbes, das von Marx stammt.

Das heißt, dass der Mangel an Sozialem in der frühen Kritischen Theorie, den Sie vorhin erwähnt haben, von Habermas überwunden worden ist?

Ja. In einer bestimmten Weise ist er überwunden worden, aber in einer Weise, die ich nicht für vollständig gelungen halte. Das hängt allerdings damit zusammen – und das ist die Dramaturgie meines Buches *Kritik der Macht* gewesen –, dass Habermas das Paradigma der Produktion, das in der Kritischen Theorie vorgeherrscht hatte, durch das Paradigma der Verständigung ersetzt hat, was am Ende, glaube ich, der Tatsache sozialer Konfliktualität zu wenig Raum lässt – also der Grundtatsache einer Konfliktualität oder einer Konkurrenz und eines Kampfes unter den vergesellschafteten Subjekten. Mein eigener Versuch bestand dementsprechend darin, den von Habermas eröffneten Weg hin zu einer Konzeption des Sozialen, die im Kommunikationsverhältnis begründet ist, durch eine stärkere konflikttheoretische Orientierung zu erweitern oder zu korrigieren. Und das Paradigma, das ich an die Stelle setzen oder vielleicht als eine Vertiefung des Verständigungsmodells verstanden haben wollte, war das eines Kampfes um Anerkennung.

Sie sehen einen Mangel an einem begründeten Begriff des Kampfes bei Foucault, aber auch bei allen anderen Autoren, die Sie in dem erwähnten Buch, Kritik der Macht, *diskutiert haben. Können Sie vielleicht mehr dazu sagen, warum es für Sie so wichtig war, nach dieser Schlussfolgerung so einen Begriff des Kampfes einzuführen?*

Ein wesentliches Motiv war, mir klar zu machen, dass wir das Soziale auch nur dann hinreichend bestimmen können, wenn wir es zugleich immer auch als ein Feld sozialer Auseinandersetzungen und Kämpfe verstehen. Und das ist natürlich in gewisser Weise ein Marx'sches Erbe, das heißt, ich war immer der Überzeugung, dass wichtiger als das Marx'sche Produktionsparadigma vielleicht seine ganze Idee des Klassenkampfes war. Nicht in der Formulierung, die er selbst dafür gewählt hat, aber als eine grundsätzliche Bestimmung eines sozialen Grundverhältnisses – was bei Simmel »Streit« heißt, in anderen Traditionen als »Konflikt« bezeichnet wird und in wieder anderen Traditionen als »Kampf«, kurz, die Tatsache des sozialen

Antagonismus, eine Entgegensetzung von Subjekten, die gewissermaßen die andere Seite ihrer Verständigungsorientierung ist. Dieses Grundphänomen des Sozialen schienen mir sowohl die frühe Kritische Theorie als auch Habermas zunächst zu ignorieren, während es bei Foucault eine ziemlich prominente Rolle spielte, aber aus meiner Sicht nicht klar und überzeugend analysiert war. Hier finde ich mich einerseits viel stärker im Einklang mit einer bestimmten deutschen Tradition. Sie gründet sicherlich auf Marx, auch schon auf Hegel, aber auch auf Simmel. Und auf der anderen Seite sehe ich mich in Abhängigkeit von den französischen Traditionen, die im Anschluss an Durkheim einen konflikttheoretischen Weg eingeschlagen haben; am Ende dieser Linie steht beispielsweise Bourdieu mit seiner starken Betonung der Konkurrenz und symbolischer Kämpfe. Insofern war das gewissermaßen ein Dreischritt: das Produktionsparadigma zu ersetzen durch das Verständigungsparadigma, als einer wirklichen Einsicht in die Struktur des Sozialen, aber dann darüber hinaus diese Struktur des Sozialen nicht nur als Verständigung, sondern auch als Konflikt in der Verständigung zu verstehen. Und was dann Konflikt in der Verständigung heißt, schien mir am besten über das von Hegel entwickelte Paradigma des Kampfes um Anerkennung analysierbar zu sein.

Man kann sagen, dass Sie mit vielen Reformulierungen der Kritischen Theorie von Habermas einverstanden sind, wie Sie gerade betont haben. Aber Sie nehmen auch klaren Abstand von bestimmten Punkten. Die Frage des Kampfes ist eine, aber es gibt auch noch andere. Ich denke an Ihre Kritik an der Sprachpragmatik. In Ihrer Kritik sagen Sie, dass Habermas' Sprachpragmatik die alltägliche moralische Erfahrung der sozialen Akteure nicht vollständig in den Blick nehmen kann, dass die Sprache nur ein Teil der Erfahrung ist. Sie führen einen Begriff der moralischen Erfahrung ein. In diesem Sinne könnte man sagen, dass Habermas sich stärker auf der Seite der Sprache befindet und Sie stärker auf der Seite der Erfahrung. Sie vollziehen dadurch eine ziemlich wichtige Distanzierung von dem so genannten linguistic turn. *Sie ersetzen die Sprachtheorie durch eine Anerkennungstheorie, die als Erfahrungstheorie gelten kann. Was waren die theoretischen Gründe, die diese Wende motiviert haben?*

Vielleicht sollte ich bei der Beantwortung dieser schwierigen Frage damit beginnen, dass die sprachtheoretische Wende bei Habermas aus meiner Sicht eine doppelte Bedeutung gehabt hat. Meine Zweifel richten sich nur gegen die eine Seite dieser doppelten Bedeutung. Der *linguistic turn* hat einerseits die Sprache methodisch privilegiert. Das soll heißen, uns sind menschliche Weltbezüge und menschliche Erfahrungen im Wesentlichen zugänglich als sprachliche Tatbestände. Wenn man so redet, meint man einen methodischen Sachverhalt, nämlich dass uns überhaupt all das, was Menschen bewegt und was sie verarbeiten, in Form sprachlich artikulierter Sätze gegeben ist. In diesem Sinne halte ich die sprachtheoretische Wende für selbstverständlich und unhintergehbar. Und sie hat natürlich große Rückwirkungen auf die frühe Kritische Theorie, die diesen methodischen Schritt des *linguistic turn* gar nicht mit vollzogen hat.

Aber der *linguistic turn* oder die sprachtheoretische Wende der Kritischen Theorie hat die Sprache nicht nur methodisch, sondern auch sachlich privilegiert. Dieser Unterschied ist wichtig. Mit sachlicher Privilegierung der Sprache meine ich, dass von nun an auch an den Kommunikationsverhältnissen unter menschlichen Subjekten nur noch das relevant schien, was die Form der Sprache besaß, das heißt, was sprachlich artikulierbar schien. Und das war nicht methodisch, sondern sachlich gemeint. Von da aus kam es aus meiner Sicht zu einer Verkürzung des Kommunikationsparadigmas und zu einer entsprechenden Einengung der Sphäre des Sozialen – weil das Soziale plötzlich aufzugehen schien in Prozessen sprachlicher Verständigung. Und das scheint mir tatsächlich ein Kurzschluss zu sein. Und der Kurzschluss liegt irgendwie in der Gleichsetzung des methodischen Primats der Sprache mit ihrer sachlichen Vorrangstellung.

Die Konsequenz ist dann aus meiner Sicht tatsächlich ausgesprochen misslich, weil das, was die Kommunikationsverhältnisse einer Gesellschaft ausmacht, natürlich wesentlich umfassender ist als das, was ihre sprachlichen Verständigungsprozesse repräsentieren und was durch sprachliche Prozesse der Interaktion gewährleistet wird. Schon die vorsprachlichen Interaktionen des Kindes mit der Mutter sind von so tragender und, wie ich glaube, konstitutiver Bedeutung für jede gesellschaftliche Reproduktion, dass man sich schon daran deutlich machen kann, dass es fatal ist, wenn wir die sozialen Interaktionsprozesse und Kommunikationsverhältnisse auf die schmale Dimension der sprachlichen Verständigung reduzieren. Von daher war ich immer der Überzeugung, dass auch dann, wenn die methodische Verwendung der Sprachanalyse vollkommen unproblematisch und richtig ist, dies nicht zur Folge haben darf, dass wir die nichtsprachlichen Formen sozialer Kommunikation vernachlässigen, sondern vielmehr die Interaktionsverhältnisse im Sozialen reicher bestimmen sollten als bloß durch das Modell der sprachlichen Verständigung. Dann gehören auch die nichtsprachlichen Formen sozialer Interaktion dazu, bis hin zur körperlichen, gestischen Verständigung. Diese Verständigungsformen sind konstitutiv für die soziale Reproduktion und für die soziale Identität einer Gesellschaft, treten aber eben nicht als sprachliche Verständigungsprozesse auf. Man kann sagen, dass das der Übergang von der Sprache zur sozialen Erfahrung ist. Aber das darf nicht heißen, dass soziale Erfahrung dann als etwas gemeint ist, das wir wahrscheinlich nur in dem Maße analysieren können, in dem wir es als sprachlich artikuliert verstehbar machen. Richtig ist aber, dass ich die Interaktionserfahrung in der ganzen Bandbreite ihrer sozialen Bedeutung wieder in den Blick rücken möchte, die – so denke ich – durch die Fixierung auf das sachliche Primat der Sprache bei Habermas vernachlässigt worden ist.

Für die Antwort wesentlich ist die Unterscheidung zwischen der methodischen und der sachlichen Privilegierung der Sprache. Die methodische Privilegierung scheint mir angemessen, die sachliche Privilegierung scheint mir ein Fehlschluss zu sein. Ich glaube, dass ohne gestische, symbolische, körperliche Formen sozialer Interaktion unsere Gesellschaft gar nicht zur Identitätsbildung und zur Reproduktion in der Lage wäre – und diese tragen mindestens so viel an Bedeutung wie die sprachlichen Verständigungsprozesse.

Sie haben gerade das Problem des Körpers erwähnt. In Ihrem Modell der drei Sphären der Anerkennung, Liebe, Recht und Solidarität, das Sie in Ihrem Buch Kampf um Anerkennung *entwickelt haben, ist die Stufe der Liebe an die Frage der körperlichen Erfahrung geknüpft. Diese Form von Anerkennung ist mit einer Form der Selbstbeziehung des Subjekts, und zwar dem Selbstvertrauen, und einer Form von Missachtung, der physischen Misshandlung, verbunden. »Physische Misshandlung« heißt, dass die körperliche Unversehrtheit eines Individuums beeinträchtigt wird, zum Beispiel durch Folter, Vergewaltigung usw. Diese Frage des Körpers spielt in der französischen Sozialphilosophie eine wichtige Rolle. Es gibt eine lange Tradition der Thematisierung des Körpers, die vielleicht mit Bergson beginnt, und sich mit Autoren wie Merleau-Ponty, Sartre, Foucault, Bourdieu weiterentwickelt. Mit Ausnahme von Bergson haben Sie alle diese Autoren ziemlich ausführlich diskutiert, und man kann sagen, dass sie in dem Prozess der Bildung Ihrer Theorie der sozialen Kämpfe um Anerkennung eine Rolle spielen. Ein weiterer Unterschied zu Habermas liegt darin, dass Sie großes Interesse an der französischen Philosophie und Soziologie gezeigt haben. Spielt diese französische Tradition der Thematisierung des Körpers eine Rolle für ihr theoretisches Interesse an den nichtsprachlichen Aspekten der Kommunikation und der körperlichen Dimension und schließlich für Ihre Skepsis gegenüber dem Habermas'schen Modell der Interaktion?*

Ich glaube, dass es zwei besondere Eigenarten der französischen Sozialphilosophie waren, die mich besonders gereizt haben und die ich auch als Korrektiv gegen die Habermas'sche Fortsetzung der Kritischen Theorie benutzt habe. Das ist einerseits, wie Sie erwähnt haben, die viel stärkere Aufmerksamkeit für den menschlichen Körper. Wahrscheinlich geht das tatsächlich mit Bergson los – ich kann nicht so genau einschätzen, ob das tatsächlich die Quelle ist –, setzt sich aber dann natürlich über Sartre und Merleau-Ponty stark fort, die beide in ihrer jeweiligen Philosophie dem Körper ein zentrales Gewicht einräumen, und führt hin zu Denkern wie Lacan oder Foucault.

Der andere Grund war sicherlich auch die höhere Aufmerksamkeit, glaube ich, für negative Phänomene des Sozialen; für das, was ich schon vorhin als das Konflikthafte oder das Konkurrenzhafte des Sozialen genannt habe. Das stammt wahrscheinlich am ehesten von Rousseau und setzt sich dann auch über eine bestimmte Tradition fort bis hin zu Sartre oder Bourdieu. Bei beiden gibt es eine starke Aufmerksamkeit für das Soziale als ein Feld intersubjektiver Konkurrenz und Auseinandersetzung, wenn nicht sogar Feindschaft. Insofern habe ich mich eigentlich immer mit dieser Tradition beschäftigen wollen, um einen gegenüber Habermas unabhängigen Standpunkt zu gewinnen.

Was die Betonung der Körperlichkeit des Sozialen anbelangt, so sollte ich vielleicht auch noch sagen, dass ich inzwischen noch viel stärker als zu dem Zeitpunkt, als ich das Buch über den Kampf um Anerkennung schrieb, davon überzeugt bin, dass alle Formen sozialer Anerkennung eine bestimmte körperliche oder symbiotische Wurzel haben. In dem Buch, so haben Sie mit Recht gesagt, taucht der Körper im Wesentlichen in der ersten Dimension der Liebe auf und spielt für die anderen Dimensionen nicht mehr die zentrale Rolle. Inzwischen glaube ich, dass soziale Anerkennung in gewisser Weise immer indirekt an symbiotische Prozesse rückgebunden bleibt und insofern von dem Bezug auf Gesten lebt, auf nichtsprachliche Äußerungen, auf das ganze Netz an Mimik, Gestik, das sozusagen vorsprachlich ist. Das glaube ich viel stärker noch als früher. Insofern würde ich inzwischen die Körperlichkeit sozialer Prozesse noch stärker betonen als damals, als ich das Buch schrieb.

Die Körperlichkeit ist in Ihrer Theorie immer mit intersubjektiven Handlungen verknüpft. Wie sehen Sie die Beziehung zwischen Intersubjektivität und diesen nichtsprachlichen Formen der Kommunikation, in denen der Körper eine große Rolle spielt?

Also, genetisch finde ich die Frage leicht zu beantworten. Genetisch ist es so, dass die Intersubjektivität aus vorsprachlichen, extrem körperbezogenen Formen der sozialen Kommunikation entsteht. Das heißt, wir erlernen so etwas wie die Fähigkeit der Intersubjektivität auch nur in einer noch vorsprachlichen Form, körperlichen Interaktion mit unserer Bezugsperson. Insofern ist die Wurzel der Intersubjektivität eine Form der körperbezogenen, wenn nicht körperlichen Interaktion und Kommunikation. Ob man das nun direkt als Form des Haltens beschreibt wie bei Winnicott oder in der Psychoanalyse als eine rein körperliche Geste oder über gestische Interaktionen wie bei George Herbert Mead, es sind jeweils vorsprachliche, mit körperlichen Handlungen verknüpfte Formen der Interaktion, die, genetisch gesehen, die Wurzeln für alle Dimensionen von Intersubjektivität darstellen.

Ich glaube darüber hinaus aber auch, dass das Körperliche nicht nur genetisch, sondern auch strukturell in all unsere Interaktionen hineinspielt, dass wir in hohem Maße unsere Interaktionen mit Hilfe von körperlichen Ausdrucksgesten gestalten und steuern. Das ist natürlich in der Sprachpragmatik zum Teil berücksichtigt, nämlich in der starken Bedeutung, die unsere die sprachliche Verständigung begleitenden Gesten für die Bedeutungsinteraktion haben. Nur wird es zu wenig ins Zentrum der Theorie geholt, dass auch die sprachliche Verständigung ohne die Stütze und ständige Präsenz des Körpers gewissermaßen versagen würde. Insofern glaube ich, dass die körperliche Seite unseres Verhaltens eine tragende Funktion übernimmt in der Interaktion. Was nun die Anerkennung selbst anbelangt, so glaube ich, dass die erste Form sozialer Anerkennung wahrscheinlich in präverbalen, gestischen und mimischen Ausdrücken besteht, an die auch die entwickelten und avancierten Formen sozialer Anerkennung eine Rückbindung haben. Jede Form sozialer Anerkennung bedarf wahrscheinlich eines symbolischen Ersatzes für diese körperlichen Formen der Anerkennung. Die Symbolik, die sich um die unterschiedlichen Formen der sozialen Anerkennung rankt, haftet irgendwie an den körperlichen Ursprungsgesten. Insofern würde ich auch sagen, dass es einer starken Aufmerksamkeit für die Materialität der Anerkennung bedarf, wenn ich die Gesellschaft als eine Organisation sozialer Anerkennungsformen analysieren möchte. Das habe ich früher so stark gar nicht gesehen. Aber ich glaube, dass auch Anerkennung sozusagen Materialität ist, sozial geronnene Materialität; und dass diese materiale Seite der Anerkennung in hohem Maße mit der Körperlichkeit des Menschen und der Körperlichkeit der sozialen Interaktion zusammenhängt.

Was meinen Sie genau mit dieser Idee der Materialität der Anerkennung?

Ich meine, die Materialität der Anerkennung hat zwei Seiten. Auf der einen Seite denke ich an die Tatsache, die im Wesentlichen durch Foucault, aber auch durch Bourdieu in den Blick gerückt worden ist, dass es nämlich sinnvoll ist, soziales Handeln stets auch unter dem Aspekt der physischen Präsenz zu betrachten. Das heißt, alles soziale Handeln schlägt sich in der Struktur der materiellen Räume, in denen wir uns begegnen, nieder. In dem Sinne ist soziale Anerkennung etwas, was in unserem Alltag auch physische Präsenz hat. Das heißt, schon die Weise, in der ein Kinderzimmer eingerichtet ist, oder die Weise, in der die räumliche Umwelt von Kindern beschaffen ist, kann ein Indikator dafür sein, wie die Anerkennungsverhältnisse beschaffen sind. Das heißt, Anerkennung ist sowieso nicht nur ein Sprechakt, sie ist aber auch nicht nur eine Form der körperlich und mit Sprache noch zusätzlich ausgestatteten Zuwendung oder Affirmation, sondern sie hat gewissermaßen auch eine physische Seite: Die Medien der Anerkennung haben ihre eigene physische Lokalität im Raum. Das heißt, wir können im Prinzip auch unsere sozialen Verhältnisse daraufhin untersuchen, wie Anerkennungsverhältnisse und Missachtungsformen physisch zur Materialität geworden sind. Das Gefängnis zeigt eben, wie die Insassen physisch missachtet werden, es zeigt an seiner physischen Struktur eine bestimmte Form sozialer Missachtung, genau, wie jeder Fußgängerübergang zeigt, wie gering der Fußgänger eigentlich als ein soziales Wesen geschätzt ist. Insofern besitzt unsere gesamte soziale Umwelt eine physische Präsenz der herrschenden Anerkennungs- und Missachtungsformen.

Es gibt heute starke kognitivistische Tendenzen, die menschliche Handlungen als körperlich bestimmt betrachten. Handlungstheoretiker nehmen Abstand von dieser deterministischen Definition von Handlung und auch teilweise von Merleau-Ponty, obwohl sie einräumen, dass er wichtige Aspekte gesehen hat. Ihre Theorie der Anerkennung ist eng mit einer handlungstheoretischen Position und einer Konzeption von Intersubjektivität verbunden. Aber könnten Sie Ihre Position in dieser Debatte ein wenig näher umreißen?

Das hängt davon ab, wie man den Begriff des menschlichen Leibes verwendet. Aus meiner Sicht ist der Körper das, was frei ist von intersubjektivem Sinn. Der Leib hingegen übernimmt in der Verständigung oder in der Interaktion in hohem Maße eine bedeutungsrelevante, wenn nicht sogar bedeutungstragende Funktion. Das bedeutet aber auch, dass unsere leiblichen Gesten und unsere körperliche Expressivität sozial geformt sind, was natürlich auch Merleau-Ponty gesehen hat. Der Leib ist in diesem Sinn dem Geist nicht entgegengesetzt. Ich würde ein Verdienst der französischen Tradition um Merleau-Ponty herum darin sehen, dass dieser alte Descartes'sche Dualismus von Körper und Geist überwunden wurde. Wenn man die Dinge so sieht, scheint mir das eine falsche Front zu sein. Die genannten Kognitivisten verwenden möglicherweise einen Begriff des Körpers, der gewissermaßen vor Merleau-Ponty zurückgeht. Und das schiene mir fatal zu sein.

Ein weiterer Unterschied zwischen Habermas und Ihnen ist die Rolle der französischen philosophischen und soziologischen Tradition, die diese für Sie beide gespielt hat. Habermas hat sich immer eher an der angelsächsischen Tradition orientiert. Er hat die heutige französische Philosophie zwar diskutiert, aber auch stark kritisiert (zum Beispiel Foucault und Derrida). In Ihrem Werk findet sich das genaue Gegenteil. Sie haben es schon gesagt, die französische Philosophie hat eine erhebliche Rolle bei der Entwicklung Ihrer Theorie gespielt. Sie haben vielen französischen Autoren Aufsätze gewidmet: Foucault, Sartre, Merleau-Ponty, Bourdieu, die vorhin erwähnt worden sind, aber auch Castoriadis, Levi-Strauss, Lyotard oder Sorel. Sie haben vorhin Ihr Interesse an den negativen Seiten des Sozialen erwähnt. Gibt es noch andere Gründe für Ihre Beschäftigung mit der französischen Tradition?

Für Habermas gibt es im Grunde genommen in der französischen Tradition, wenn ich es richtig sehe, zwei große Helden, das sind Rousseau, als

Vorläufer einer Theorie der Volkssouveränität, und Durkheim natürlich, als jemand, der neben George Herbert Mead als erster Einblick genommen hat in den intersubjektiven Kern des Sozialen. Alles danach ist für ihn in gewisser Weise durch Nietzsche einerseits, durch Heidegger andererseits gefährdet. Das habe ich so nie verspürt, und das mag zunächst biografische und insofern kontingente Hintergründe haben. Als ich meine formativen Jahre durchlaufen habe, also die Jahre, in denen man aus dem Gymnasium kommt und anfängt zu studieren, da gab es in Deutschland eine enorme Aufmerksamkeit für die französische Philosophie, gerade nicht für die angelsächsische. Bei Habermas war das genau umgekehrt. Ich denke, in den 1950er-Jahren gab es ein gewisses Interesse an der französischen Philosophie – übrigens hat er da etwas zu Merleau-Ponty geschrieben –, aber im Zentrum des Interesses standen die USA und England. Das war zur Zeit des Beginns meines universitären Studiums anders, so dass schon im Ausgang eine enorme Aufmerksamkeit auf die Vorgänge im französischen Denken selbstverständlich war.

Das ist eine kontingente Ursache. Ich glaube tatsächlich, dass dann ein Faszinosum für mich von den beiden Elementen ausging, die wir eigentlich schon gestreift haben, einerseits der viel stärkeren Präsenz des Körpers, zumindest im Vergleich zur deutschen Nachkriegsphilosophie. Vor dem Nationalsozialismus war dieses Thema auch in Deutschland in der philosophischen Anthropologie sehr breit vertreten – bei Plessner, bei Gehlen. Nach dem Nationalsozialismus, und vor allen Dingen in den Traditionen, in denen ich dann durch Habermas groß geworden bin, spielte der Körper kaum eine wesentliche Rolle. Von daher besaß damals die französische Phänomenologie eine große Attraktivität für mich und stellte ein heilsames Korrektiv gegen die Sprachzentriertheit des Habermas'schen Projektes dar; und andererseits der Realismus, so weit er einfach der Tatsache sozialer Konfliktualität gerecht wird, was ich auch schon erwähnt habe. Vielleicht spielt die starke Fähigkeit der französischen Philosophie, zumindest der Nachkriegszeit, in der Fortsetzung der phänomenologischen Tradition, Alltagserfahrungen sehr genau auszuleuchten, eine weitere Rolle. Der Stellenwert, den alltägliche Situationen, alltägliche Handlungsvollzüge sowohl für Sartre als auch für Merleau-Ponty besitzen, ist ganz außerordentlich. Bei Sartre ist das geradezu programmatisch, wie er das moderne Leben zum Bezugspunkt der Philosophie macht, im Gegensatz zur deutschen Tradition. In Deutschland gibt es, durch die große Bedeutung Heideggers, eine starke Fixierung der Philosophie auf gewissermaßen vorstädtische, nichturbane Lebensvollzüge. Bei Sartre ist es eine sehr starke Aufmerksamkeit für urbane und insofern moderne Lebensprozesse. Das prägt wahrscheinlich auch den Typus der Philosophie stark mit und hat mich schon sehr früh für bestimmte Traditionszusammenhänge der französischen Philosophie eingenommen.

Wir haben bis jetzt die Zusammenhänge zwischen Ihrer Theorie und der Kritischen Theorie, besonders der Habermas'schen Version, angesprochen. Ich sehe in Ihrer Theorie einen großen Unterschied zur ersten Generation, aber auch zu Habermas, und zwar mit Bezug auf die Frage der instrumentellen Vernunft. Sie spielt in Ihrer Theorie sozusagen keine Rolle. Der Begriff hat auch nicht die kritische Rolle, die er bei Adorno und Horkheimer in der Dialektik der Aufklärung *(Horkheimer/Adorno [1947] 1997) oder bei Habermas in der* Theorie des kommunikativen Handelns *erhält. In einem frühen Aufsatz haben Sie Habermas' Begriff der Arbeit kritisiert, weil er eine Reduzierung der Arbeit auf das instrumentelle Handeln vollziehe (Honneth 1980). Darüber hinaus bemerkt man, dass die Kritik einer strategischen Definition des Handelns in Ihrem Werk immer präsent war. In verschiedenen Aufsätzen beschäftigen Sie sich mit diesem Thema. Zum Beispiel kritisieren Sie in einem Ihrer letzten Texte, »Umverteilung als Anerkennung. Eine Erwiderung auf Nancy Fraser« (Honneth 2003b), die Unterscheidung zwischen Kultur und Ökonomie, so wie Sie zuvor auch schon die Unterscheidung von Habermas zwischen Lebenswelt und System kritisiert haben. Obwohl es sich dabei um verschiedene Aspekte Ihres Werkes handelt, sehe ich darin eine Kontinuität sowie eine für Sie wesentliche theoretische Intuition. Könnte man sagen, dass diese Intuition darin besteht, dass das Soziale durch instrumentelle oder strategische Begriffe nicht zu erklären ist?*

Das ist vielleicht die komplizierteste Frage von allen, weil ich es bislang noch nicht vermocht habe, die Anerkennungstheorie so mit einer Rationalitätstheorie zu verbinden, dass damit die Unterscheidungen der frühen Frankfurter Schule auf einer neuen Ebene wieder plausibel gemacht werden könnten. Der Zugang, den die Frankfurter Schule dazu gewonnen hatte, wurde am deutlichsten in der Positivismuskritik artikuliert, die auch eine gewisse Rolle bei Habermas spielt, nämlich mit der Idee, dass sich in den Wissenschaften eine bestimmte Einstellung gegenüber der Wirklichkeit spiegelt, die Züge instrumenteller Vernunft besitzt; daher muss erst einmal eine Kritik dieser Einstellung durchgeführt werden, bevor anschließend andere Weltbezüge hervortreten können. Das ist bei Adorno die Entgegensetzung von instrumenteller Vernunft und Mimesis und bei Habermas die Entgegensetzung von instrumenteller Vernunft und kommunikativem Handeln.

Ich habe bislang nie den Versuch unternommen, die Konzeption der sozialen Anerkennung selbst noch einmal rationalitätstheoretisch zu verstehen. Ich glaube aber, dass ich das tun sollte und kann. Die Idee wäre dann, dass man die Gesamtheit an Anerkennungsbeziehungen gewissermaßen als Element einer lebensweltlichen Rationalität versteht, durch die die Bezüge der Menschen geprägt sind, und dass wir bestimmte Einstellungen und wissenschaftliche Weltbilder, die von diesen lebensweltlichen Bezügen abstrahieren oder sie verstellen, als Ausdruck instrumenteller Vernunft verstehen müssen. Also mit anderen Worten, ich glaube, dass ich wieder anknüpfen müsste an die Tradition, die in gewisser Weise bei Husserl, Heidegger, Wittgenstein und auch noch bei Adorno anzutreffen ist, in der der Szientismus als eine Verleugnung lebensweltlicher Rationalität interpretiert wird. Man müsste dann sagen, dass dieser Szientismus, der also zunächst auf der Ebene des Selbstverständnisses der Wissenschaft eine Rolle spielt, dies auch in dem Sinn innerhalb der Gesellschaft tut, und zwar genau in dem Maße, in dem Anerkennungsbeziehungen durch instrumentelle Beziehungen verdrängt oder ersetzt werden, in denen sich eine szientistische Einstellung gegenüber der Wirklichkeit spiegelt. Ich müsste also die ursprüngliche Intuition der frühen Frankfurter Schule, die mir richtig scheint, gewissermaßen auf einer neuen Stufe reformulieren, in ähnlicher Weise, in der Habermas das gemacht hat, aber natürlich mit anderen Mitteln und in einer anderen Weise.

Mein starkes Interesse an neuen Rationalitätstheorien, wie sie etwa John McDowell anbietet, ist genau aus diesem Motiv heraus entstanden (vgl. Honneth 2003d). Ich möchte irgendwie den Szientismus und dessen Entsprechung in den gesellschaftlichen Einstellungen, nämlich den instrumentellen Umgang mit den Anderen, als das negative Gegenstück zur Infrastruktur sozialer Anerkennung verstehen, so dass man sagen könnte, der Szientismus in den Gesellschaftswissenschaften leugnet den lebensweltlichen Kern der Anerkennung, die instrumentelle Einstellung gegenüber anderen Subjekten leugnet innergesellschaftlich den Bedarf nach Anerkennung, der für uns alle konstitutiv ist. Ich würde auf diese Weise, ähnlich wie Adorno, Horkheimer und Habermas, eine Parallele zwischen dem Szientismus und den dominant gewordenen instrumentellen Beziehungen innerhalb der Gesellschaft ziehen. Und das wäre dann eine Reformulierung der Rationalitätstheorie und der damit verknüpften Kritik der instrumentellen Rationalität auf der Basis einer Anerkennungstheorie. Der zentrale Gedanke wäre, dass wir als die Kernform menschlicher Rationalität die zweite Natur unserer wechselseitigen Anerkennungsverhältnisse verstehen – kurz, die in der Lebenswelt selbst zum Tragen gekommene Bedürftigkeit von uns allen nach wechselseitiger Anerkennung. Das wäre der Kern einer Rationalität, die in der Moderne zunehmend durch szientistische und instrumentelle Einstellungen verstellt, verdeckt oder verdrängt wird. Dies ist also die Wiederaufnahme von Motiven, die schon bei Husserl angelegt sind, sicherlich bei Heidegger und bei Wittgenstein, die man in einer anerkennungstheoretischen Phänomenologie neu formulieren müsste.

Ich würde mit dem Gegensatz von Erkennen und Anerkennen operieren und sagen, dass das Anerkennen gegenüber dem Erkennen primär ist, dass das Erkennen selbst eine sekundäre Einstellung ist. Die Kritik der instrumentellen Vernunft gälte dann der zunehmenden Dominanz der sekundären über die primäre Einstellung in der sozialen Lebenswelt. Darin ist mein neues Interesse an Wittgenstein und an Ansätzen in seiner Tradition begründet.

Aber um dieses Projekt zu vollziehen, müssen Sie da nicht die Sphäre der instrumentellen Vernunft voraussetzen, wie Habermas die Systemtheorie?

Ich glaube, die Frage hat zwei Seiten, eine rationalitätstheoretische und eine gesellschaftstheoretische. Die rationalitätstheoretische Frage ist die folgende: Können wir zwei unterschiedliche Formen von menschlicher Rationalität unterscheiden? Und, wie gerade gesagt, Erkennen und Anerkennen sind vielleicht zwei Modi der Rationalität, wobei die Anerkennung dem Erkennen vorausgeht.

Die andere Frage ist die, wie man diese rationalitätstheoretische Begrifflichkeit in eine Gesellschaftstheorie übersetzt. Habermas hat das durch die Unterscheidung von »System« und »Lebenswelt« getan. Das finde ich falsch. Das komplementäre Phänomen zum Szientismus oder zur instrumentellen Einstellung würde ich nicht als »System«, sondern in einer anderen Weise zu beschreiben versuchen. Und zwar in einer möglicherweise mit Begriffen der Institution irgendwie verknüpften Weise, also so, dass der Begriff der sozialen Institution wieder stärker wird, ein bisschen wie bei Max Weber, und wir damit auch wieder Anschluss an eine stärkere Tradition des Marxismus finden, weil Habermas natürlich mit seiner Systemkategorie starke Intuitionen des Marxismus zurückdrängt. Diesen Preis möchte ich nicht zahlen. Ich würde eher versuchen, die Verflechtungen instrumenteller Rationalität über den Markt, über komplexe Tauschvorgänge, über Steuerungsvorgänge, von denen wir den Eindruck haben, sie haben sich irgendwie von solchen Anerkennungsbeziehungen entkoppelt, diese würde ich gerne in Kategorien der Institution verstehen – oder besser: eines bestimmten Typs von Institution. Vielleicht in der Begrifflichkeit der Organisation, aber nicht in der Begrifflichkeit der Systemtheorie.

Aber, um auf die Frage zurückzukommen, ich glaube, Sie haben Recht, eine kritische Theorie muss auch einen rationalitätstheoretischen Kern besitzen. Den habe ich bislang noch nicht entwickelt. Und ich glaube tatsächlich, ich kann das Programm nur verteidigen, wenn ich das unternehme. Diese Unternehmung ist sehr schwierig, weil sie verlangt, die Anerkennungsbegrifflichkeit so zu formulieren, dass sie zum Kern einer Rationalitätstheorie wird. Und hier würde ich mit der Grundunterscheidung von Erkennen und Anerkennen starten, man kann auch sagen zwischen Kommunikation und Tausch, das sind parallel gelagerte Begriffe. Im Tausch geht es nicht um Anerkennung, sondern um das Erkennen des Anderen. In der Anerkennung dagegen geht es um etwas wesentlich Stärkeres, nämlich um die Affirmierung des Anderen. Also ich würde schon mit solchen Grundunterscheidungen beginnen und den Nachweis antreten, wie Habermas eigentlich auch, dass Anerkennung natürlich dem Erkennen vorausgeht. Bei Habermas wäre das die Idee, dass Verständigung strategischem Handeln gegenüber den Vorrang hat, aber ich würde diese Unterscheidungen, die dann nötig sind bis hin zur Gesellschaftstheorie, eher am Leitfaden der Unterscheidung von Erkennen und Anerkennen machen als an dem der Unterscheidung von System und Lebenswelt.

Das heißt, dass Sie mit diesem Projekt die Ökonomie hereinholen…

Ja, aber im Sinne einer sekundären Sphäre, die, in gewisser Weise wie bei Hegel, starke, gewissermaßen pathologische Effekte innerhalb unserer sozialen Lebenswelt entfaltet, wenn sie nicht hinreichend in einen normativrechtlichen Rahmen eingefasst bleibt. Was nicht heißen soll, dass ich an ein Projekt der Aufhebung der Ökonomie glaube, aber doch an ein Projekt der Einbettung der Ökonomie in den Rahmen der sozialen Lebenswelt, in den Rahmen der sozialen Anerkennungsverhältnisse – so dass Anschluss gefunden werden kann an gewisse Traditionen des Marxismus, in denen stets an der Idee einer Rückbindung der Wirtschaft an den Kreis oder Horizont sozialer Anerkennung festgehalten wurde, wie etwa bei Polanyi.

Ich habe im Augenblick ein so starkes Interesse an der Unterscheidung von Anerkennen und Erkennen, weil ich glaube, sie könnte die Wurzel einer Rationalitätstheorie sein, die diesem Versuch einer Rückeinbettung der Wirtschaft entgegenkommt. Ich habe vor Kurzem einen Aufsatz über »Unsichtbarkeit« geschrieben, der mit dieser Unterscheidung spielt und die Vorgängigkeit der Anerkennung vor dem Erkennen behauptet (Honneth 2003d). Wenn ich das einmal geklärt haben sollte, diese sehr starke These, dann habe ich, glaube ich, die Mittel an der Hand, um alles Weitere daraus zu entwickeln, denn dann ist jede Sozialtheorie, die an dem Phänomen des Erkennens ansetzt statt an dem des Anerkennens, eine szientistische Verleugnung von Gesellschaftlichkeit. Das ist die Grundidee, die ich gerne in die Grundlagen einer Gesellschaftstheorie übersetzen würde.

Ich glaube, das ist die einzige Chance, die ich habe, um in Konkurrenz mit Habermas zu treten. In gewisser Weise liegt Habermas mit seiner Theorie des kommunikativen Handelns ja immer tiefer als ich, wenn ich nicht auf diese Ebene einer Vorgängigkeit der Anerkennung vor dem Erkennen und damit auch des Diskurses durchgreife. Aber ich kann diesen Durchgriff nicht auf der Ebene der Sprachtheorie durchführen, sondern muss, soweit ich es bislang sehe, auf Wittgenstein und Heidegger zurückgreifen, um die Vorgängigkeit der Anerkennung präsentieren zu können – die primäre Lebenswelt des Menschen wäre dann eine Anerkennungswelt, nicht eine Welt der rationalen Verständigung. Nicht die Verständigung, sondern die Anerkennung ist primär. Und zwar nicht nur genetisch, das ist gar nicht schwer zu zeigen, genetisch geht die affektive Anerkennung stets dem Spracherwerb voraus, sondern auch strukturell. Kurz, man müsste zeigen, dass es auch strukturell so ist, dass Anerkennen vor dem Erkennen liegt. Wenn man diese tiefe Schicht einmal erreicht hat, dann ist es vielleicht auch möglich, eine anerkennungstheoretische Neuformulierung der Kritik der instrumentellen Vernunft in Angriff zu nehmen.

Beschäftigen wir uns noch ein wenig mit den Unterschieden zwischen Ihrer Theorie und derjenigen von Habermas. Wir haben bisher über die Themen »Kämpfe und soziale Konfliktualität«, »Sprachpragmatik und Erfahrung«, »Beziehungen zur französischen Sozialphilosophie« und gerade über die Frage der instrumentellen Vernunft diskutiert. Jetzt wäre meine Frage, ob in Ihrer

Theorie eine Reformulierung der Habermas'schen Theorie der Öffentlichkeit angelegt ist und welche Gestalt diese Theorie haben würde?

Bei dieser Frage würde ich mich im Wesentlichen an der Habermas'schen Grundidee orientieren wollen – in normativer Hinsicht scheint sie mir bislang die umfassendste und komplexeste Ausformulierung darzustellen. Was die empirische Anwendung anbelangt, da hätte ich einige Bedenken und Differenzen, da würde sich wahrscheinlich einiges anders darstellen, wenn man viel stärker von der Idee eines Kampfes um Anerkennung im sozialen Zusammenleben ausgeht. Die Unterschiede betreffen dann zweierlei, erstens die Voraussetzung der Teilnahme an der demokratischen Öffentlichkeit, zweitens die Ausschließungs- und Herrschaftsmechanismen in der demokratischen Öffentlichkeit.

Was die Voraussetzungen anbelangt, so ergibt sich aus meiner Überlegung selbstverständlich, dass diese erst dann garantiert sind, wenn alle Subjekte tatsächlich über die faktische Möglichkeit eines angstfreien und autonomen Auftritts in der Öffentlichkeit verfügen – ich mache mir das an einem Satz von Adam Smith deutlich: »in der Öffentlichkeit ohne Scham aufzutreten« (Smith [1776] 1910: 351f.). Und das ist eine Formulierung, die darauf hinweist, dass im Grunde genommen Subjekte unterschiedlicher Formen der sozialen Anerkennung bedürfen, um tatsächlich an der demokratischen Willensbildung teilnehmen zu können. Insofern geht der demokratischen Öffentlichkeit eine Vielzahl von normativen Infrastrukturen voraus, die erst zusammengenommen die Bedingungen für demokratische Teilnahme darstellen. Diese Anerkennungsbedingungen bilden ein Gegengewicht zur Öffentlichkeit insofern, als hier die Erfahrungszusammenhänge, die kulturellen Milieus der Anerkennung häufig partikularistisch, nichtuniversalistisch sind wie in der demokratischen Öffentlichkeit. Also, man müsste sagen, zum Begriff der demokratischen Öffentlichkeit gehört als Gegenstück ein Konzept der sozialen Interaktionsverhältnisse, in denen die Subjekte jene Formen von Anerkennung erwerben oder erfahren können, die nötig sind, um sie ohne Scham dann öffentlich auftreten zu lassen. Das ist ein Gegenstück, weil diese Erfahrungszusammenhänge sozialer Anerkennung nicht zwangsläufig universalistisch sind, sondern in dem Sinne partikularistisch, als sie gewissermaßen nicht gesamtgesellschaftliche Werte, sondern Aspekte des gesamtgesellschaftlichen Zusammenhangs realisieren: Also, in privaten Beziehungen, in betrieblichen Zusammenhängen, in Arbeitszusammenhängen erfahren die Subjekte Formen von sozialer

Anerkennung, die notwendig sind, um am demokratischen Leben partizipieren zu können.

Das ist die eine Seite. Was nun die Mechanismen des Ausschlusses in der Öffentlichkeit anbelangt, so würde ich hier wahrscheinlich tiefer ansetzen als Habermas. Ich habe nicht so starkes Vertrauen wie er darin, dass die demokratische Öffentlichkeit gewissermaßen eine Garantie enthält, alle Konflikte, Problemlagen oder Wertauffassungen artikulieren zu können, sondern ich glaube, dass man sehr genau untersuchen muss, ob nicht die demokratische Öffentlichkeit selbst sehr häufig Mechanismen institutionalisiert hat, die gewissermaßen Pseudoeffekte erzeugen. Das heißt, ob sie nicht eine Tendenz hat, Themen und Werte in den Mittelpunkt zu rücken, die gerade von den Überzeugungen und den Belastungen sehr weit entfernt sind, die große Teile der Öffentlichkeit erfahren und unter denen sie leiden – kurz, ob es nicht einen systematischen Mechanismus der Verdrängung konstitutiver sozialer Probleme gibt, deren Ursache die Zwänge der demokratischen Öffentlichkeit selbst sind. Mit Zwängen meine ich jene kulturindustriellen Tendenzen der demokratischen Öffentlichkeit, die darin bestehen, Themen und Konfliktlagen unter ihrem eigenen Aufmerksamkeitsgesichtspunkt, unter dem Neuigkeitsgesichtspunkt, überhaupt unter ihren medialen Effekten auszuwählen. Insofern findet – das versuchen Sie ja auch selbst in Ihrer Arbeit zu untersuchen – innerhalb der demokratischen Öffentlichkeit eine Art von dauerndem Konflikt statt, der so beschaffen ist, dass soziale Gruppen, deren Fragestellungen oder Erfahrungshorizonte bislang verdrängt waren, immer wieder versuchen müssen, überhaupt Zugang zu diesen Öffentlichkeitsmedien zu gewinnen. Wahrscheinlich ist dieser Konflikt um die Sichtbarkeit konstitutiv für einen Begriff der demokratischen Öffentlichkeit.

Sie haben gerade gesagt, dass der Begriff des Kampfes sehr wichtig ist, um die Dynamik der Öffentlichkeit zu verstehen. Wir haben vorhin schon die Wichtigkeit dieses Begriffes in Ihrer Theorie erwähnt. Wie würden Sie die Figur des »glücklichen Sklaven« betrachten? Ich meine, Sie gehen davon aus, dass die sozialen Akteure kämpfen, wenn ihre moralischen Überzeugungen verletzt werden. Aber es gibt viele soziale Akteure, die in sozialen Situationen der Erpressung leben, ohne Kämpfe zu führen, ohne Widerstand zu leisten, ohne Ansprüche zu erheben und auch sogar ohne sich verletzt zu fühlen…

Das ist ein sehr schwieriges Problem, das ich noch gar nicht richtig in Angriff genommen habe. Das liegt vor allem daran, dass ich bislang nur in einem dichotomischen Schema arbeite, nämlich dem Schema Missachtung versus Anerkennung, und eine dritte Kategorie, die man durchaus in Betracht ziehen müsste, noch gar nicht thematisiert habe. Das ist der Begriff der Verkennung oder der falschen Adressierung, kurz, der Anerkennung als Ideologie (vgl. Honneth 2004). Es gibt ja nicht nur das Phänomen, dass bestimmte Überzeugungen oder bestimmte Interessen oder Identitätsansprüche nicht anerkannt werden, sondern es gibt auch das Phänomen, dass gewissermaßen in einer verschobenen, irreführenden und loyalitätserzeugenden Weise anerkannt wird. Dafür bietet sich der Begriff der Verkennung an, der – zumindest im Deutschen, ich weiß nicht, wie es im Französischen ist, *misrecognition* im Englischen – einen Ersatz für den alten Ideologiebegriff darstellen könnte. Spuren einer solchen Konzeption finden sich bei Althusser und Lacan, und um das Problem des »glücklichen Sklaven« angemessen thematisieren zu können, müsste ich genau auf diesen Spuren weiterarbeiten. Grundbegrifflich heißt das, dass ich zwischen dem Begriff der Anerkennung in allen seinen Facetten und dem Begriff der Missachtung in seinen unterschiedlichen Komponenten einen dritten, allerdings sehr schwierigen Begriff platzieren müsste – schwierig deswegen, weil ein Begriff der Verkennung wiederum nicht angemessen entwickelt werden könnte, ohne schon etwas vorauszusetzen, nämlich Identitätsformationen, die es erlauben, von Verkennung zu sprechen. Und ich kann eigentlich nur sagen, dass mir das Problem bewusst ist und ich noch nicht richtig weiß, wie man es begrifflich löst. Ich sehe, dass ein Begriff wie »falsche, fehlerhafte Adressierung«, »scheinhafte Anerkennung« unverzichtbar ist, aber ich sehe noch nicht genau, wie man die damit verknüpften normativen Probleme oder begrifflichen Schwierigkeiten angemessen bewältigen kann.

Der »glückliche Sklave« ist nämlich eine Person, die eine befriedigende Identität gefunden hat, also sich sozial anerkannt fühlt, während wir im Rückblick, als Beobachter die Überzeugung haben, er sollte sich nicht mit dieser Anerkennungszuschreibung identifizieren. Nehmen Sie als ein Beispiel den schwarzen Sklaven, wie er in der berühmten Figur des Onkel Tom beschrieben wird – das ist exakt der Fall von jemandem, der im patriarchalisch-repressiven Zusammenhang einer Sklavengesellschaft Anerkennung gefunden hat – und sich aufgrund des Erwerbs einer halbwegs stabilen und auch lebbaren Identität entsprechend glücklich fühlt. Nur wir, die Beobachter, sind der Überzeugung, dass er sich mit dem Angebot an Anerkennung nicht hätte identifizieren dürfen. Das heißt, im Grunde genommen unterstellen wir ihm so etwas wie eine problematische, trügerische Identifikation. Begrifflich handelt es sich dabei um ein schwieriges Problem, weil uns die Kriterien zu fehlen scheinen, die uns rückblickend solche Urteile erlauben. Mit Sicherheit haben die mir bekannten Theorien, also etwa die Ideologietheorie von Althusser, dieses Problem nicht gelöst. Die meisten, die es gelöst zu haben glauben, unterstellen so etwas wie einen Identitätskern oder so etwas wie feststehende Interessen bestimmter Gruppen oder Einzelner, also eine Art von Essentialismus, der erlaubt, zwischen falschen und richtigen Adressierungen zu unterscheiden. Aber über einen derartigen Essentialismus verfügen wir heute aus guten Gründen nicht mehr. Wir sind eher der Meinung, dass sich die Identität von Subjekten oder von sozialen Gruppen überhaupt erst durch soziale Anerkennung formt. Und wie wir dennoch sagen können, dass jemand »verkannt« ist, also eine »falsche« oder »trügerische« Anerkennung findet, ohne dass wir essentialistische Annahmen machen, das ist das Problem. Aber natürlich glaube ich, dass es eine Lösung gibt, die mir im Augenblick aber nur in Umrissen vorschwebt.

Nun kommen wir zur letzten Frage. Wir haben in diesem Gespräch viel von der Kritischen Theorie und besonders von Habermas gesprochen. Sie haben neulich in einem Artikel eine Äußerung gemacht, in der Sie sagen, dass es heute zwei Alternativen gibt für die Weiterentwicklung der Tradition der Kritischen Theorie. Die erste wäre, was Habermas in den letzten Jahren gemacht hat, das heißt, eine Diskussion mit der und in der politischen Philosophie. Die zweite wäre die Weiterentwicklung einer Tradition der Sozialphilosophie, die sich mit der Identifizierung von sozialen Pathologien beschäftigt hat. Die zweite Alternative ist Ihr Vorschlag zur heutigen Weiterentwicklung der Kritischen Theorie. Können Sie mehr zu dieser Alternative sagen?

Die Unterscheidung, die ich eingeführt habe, ist vielleicht willkürlich. Ich habe zunächst die auf das Ganze der Gesellschaft gerichteten Analysen danach unterschieden, ob sie sich normativ eher auf die Idee der gerechten sozialen Ordnung oder die Idee der geglückten Selbstverwirklichung stützen – mit »Selbstverwirklichung« ist ein Bezugspunkt gemeint, der danach fragt, ob eine soziale Ordnung den Subjekten befriedigende Chancen der Identitätsbildung gewährt. Anhand dieser Unterscheidungen habe ich dann zwischen politischer Philosophie und Sozialphilosophie unterschieden oder, wie sich auch sagen ließe, zwischen den Grundkategorien der Ungerechtigkeit auf der einen Seite und den Grundkategorien der sozialen Pathologie auf der anderen Seite. Ich glaube, dass die Marx'sche Tradition viel stärker an sozialen Pathologien als an sozialen Ungerechtigkeiten interessiert war, seine besondere Rolle vielleicht sogar darin bestand, dass er glaubte, zeigen zu können, dass soziale Ungerechtigkeit zugleich eine soziale Pathologie darstellt. Das heißt, dass er den Tatbestand der Ungerechtigkeit, der durch Ausbeutung gegeben ist, zugleich mit einer sozialen Pathologie identifiziert hat, die durch Entfremdung gegeben ist, weil wir alle – und nicht nur das Proletariat – von den sozialen Lebensumständen, von der Natur und von uns selbst entfremdet sind. Wenn wir die Marx'schen Früh- und Spätschriften zusammen lesen, dann ist das genau die Pointe der Marx'schen Diagnose: Ungerechtigkeiten gehen zwangsläufig mit sozialen Pathologien einher. Unter einer sozialen Pathologie verstehe ich dabei, wie gesagt, soziale Entwicklungen oder soziale Verhältnisse, die die Bedingungen der Selbstverwirklichung von uns allen verletzen. Und nun stellt sich mir die Entwicklung der neueren Kritischen Theorie so dar, dass sie im Wesentlichen in Richtung einer politischen Philosophie gegangen ist. Das war bei Habermas in der *Theorie des kommunikativen Handelns* noch anders. Hier war das wesentliche Interesse auf soziale Pathologien gerichtet, das heißt auf das, was er damals die »Kolonialisierung der Lebenswelt« genannt hat; erst danach ist er unter dem starken Eindruck von Rawls in die Richtung einer politischen Philosophie gegangen, die im Wesentlichen an den zentralen Ungerechtigkeiten unserer Gegenwart interessiert ist. Das ist eine interessante und auch wichtige Entwicklung, aber sie vernachlässigt gewissermaßen die eigentliche Stoßrichtung aller kritischen Theorien seit Marx, nämlich den Versuch, nicht nur soziale Ungerechtigkeiten zu identifizieren, sondern darüber hinaus eine Pathologie der Gesellschaftsordnung im Ganzen.

Mein Interesse besteht also darin, wieder Anschluss an diese Tradition zu finden, nach Möglichkeit sogar den Versuch zu unternehmen, noch einmal den Zusammenhang zwischen sozialen Pathologien und Ungerechtigkeit aufzuzeigen. Um das tun zu können, sollte man die beiden Perspektiven auseinander halten, so dass ich im Augenblick zunächst einmal damit beschäftigt bin, mit Hilfe der Anerkennungsbegrifflichkeit Gesellschaftsanalyse als Diagnose sozialer Pathologie zu betreiben, und zwar um zeigen zu können, dass die Entwicklung des heutigen, neoliberalen Kapitalismus in eine Richtung zielt, in der die Bedingungen der Selbstverwirklichung von uns allen erheblich verletzt werden, etwa durch Tendenzen der Vermarktlichung, durch Tendenzen der Zerstörung privater Beziehungen oder durch Zumutungen an individuellem Identitätsmanagement. Wenn man diese Perspektive überhaupt erst einmal wieder sichtbar gemacht hat, dann muss der nächste Schritt darin bestehen, den Zusammenhang zwischen sozialen Pathologien und Ungerechtigkeit zu zeigen. Das ist gewissermaßen das schwierigste aller Unternehmen. Das ist Marx gelungen, für eine gewisse Zeit, mit wahrscheinlich problematischen anthropologischen Prämissen, und die Frage ist, ob es uns heute gelingen kann, ohne dass wir den problematischen anthropologischen Essentialismus von Marx noch teilen. Es gibt sicherlich Untersuchungen in einer solchen Richtung. Der kanadische Philosoph Charles Taylor hat immer so etwas vor Augen gehabt, aber es ist eine große Herausforderung, der man sich stellt, wenn man das in den Blick nehmen möchte.

8. Schwierigkeiten kapitalismuskritischer Zeitdiagnosen

Gespräch mit Christoph Lieber

Christoph Lieber: *Nachdem die zivilgesellschaftliche Euphorie im Gefolge der Umbrüche von 1989 durch die sozialen Verwerfungen der Globalisierungsprozesse der 1990er-Jahre ernüchtert wurde, gewinnen Zeitdiagnosen wieder an Gewicht, in denen soziale Ungleichheiten und neue Formen gesellschaftlicher und kultureller Exklusion ins Blickfeld rücken. Dadurch erweisen sich etliche sozialwissenschaftliche Theorien der 1980er-Jahre mit ihren kulturalistischen Wendungen als kurzlebig und gegenüber den neuen gesellschaftlichen Entwicklungstendenzen sozialer Pathologie als unangemessen. In der ZEIT Vom 4. Januar 2001 fordert der Historiker Paul Nolte die Deutschen auf, ihr Gemeinwesen als »Klassengesellschaft« zu begreifen: »Ein wenig mehr ›Klassenbewusstsein‹ würde hier zu größerer Klarheit führen« (Nolte 2001: 7). Dies ist der Sache nach eine Kritik an die Adresse der gegenwärtigen Soziologie und im Grunde eine Herausforderung für eine kritische Gesellschaftstheorie, ihre zeitdiagnostischen Schlüsselbegriffe zu schärfen.*

Axel Honneth: Mein Eindruck ist in der Tat, dass die Soziologie in der Zeitdiagnose hinterherhinkt. Dies zeigt sich zum einen in dem schnellen Veralten der zeitdiagnostischen Schlüsselbegriffe der 80er- und frühen 90er-Jahre des vorigen Jahrhunderts, die ja heute fast niemand mehr zur Beschreibung unserer Gegenwartsgesellschaft anwendet. Ich denke hier beispielsweise an »Risikogesellschaft« (Beck 1986) oder auch »Erlebnisgesellschaft« (Schulze 1992) als zeitdiagnostische Schlüsselbegriffe, die angesichts der Realität wachsender gesellschaftlicher Exklusion und eines wildwuchernden Kapitalismus nicht mehr wirklich greifen. Beim Begriff der »Erlebnisgesellschaft« mag dies mit der Fixierung auf Kultur zusammenhängen. »Risikogesellschaft« war ein unglücklich gewählter Begriff. Der Sache nach lag ihm die Diagnose vom Verschwinden traditioneller Klassenbindungen und die Idee wachsender Individualisierung zugrunde. Letzteres halte ich durch gegenwärtige Entwicklungstendenzen des Kapitalismus allerdings für nicht widerlegt. Diese laufen zwar gerade im Bereich der Arbeitsverhältnisse auf eine zunehmende Verwilderung hinaus, haben wir es doch hier mit einem enormen Schub an Deinstitutionalisierung und Flexibilisierung, also der Auflösung des traditionellen Lohnarbeiterverhältnisses zu tun. Dies geht sicher einher mit der Rückkehr stärker wahrnehmbarer sozialer Disparitäten und Klassenunterschiede. Aber das Ganze führt nun nicht zu einem Wiedererstarken von Klassenbindungen – in diesem Sinne von Klassengesellschaft zu sprechen, dass also tatsächlich die Klassenlage noch konstitutiv ist für die eigene individuelle Gesellschaftswahrnehmung, wäre aus meiner Sicht falsch. Wir haben es vielmehr mit wachsenden Tendenzen der Exklusion zu tun, nicht aber mit einer Rückkehr von wahrnehmbarer und erfahrener oder gar verarbeiteter Klassenrealität. Kurz, die Tatsache, dass wir in einer Klassengesellschaft leben, wird ökonomisch und sozial wieder sichtbarer, führt deswegen aber noch nicht zu subjektiven Wahrnehmungen im Sinne der Zunahme von Klassenbindungen. Deswegen, würde ich sagen, ist die Tendenz der Individualisierung, die Ulrich Beck letztlich irgendwie zu erfassen suchte, weiterhin ziemlich konstitutiv für die gegenwärtige gesellschaftliche Verfassung dieses sich eigentümlich beschleunigenden Kapitalismus.

Auch wenn man daran festhält, dass der Kapitalismus Individualität produziert, bleibt es aber doch eine gesellschaftstheoretische Herausforderung auch für die Sozialphilosophie, nämlich wie die Einbindung entwickelterer Individualität in übermächtige gesellschaftliche Verhältnisse zu analysieren sei. Beck (1997) geht so weit, dass die »Kinder der Freiheit« historisch schon entwickelter seien als die gesellschaftlichen Institutionen, die modernen »Patchwork«-Biografien eher im Wege stünden. Gleichzeitig belegen beispielsweise Untersuchungen zu politischen Orientierungen von Jugendlichen, dass gerade die Deinstitutionalisierung von Lebensläufen an den Übergängen von Ausbildung und Beruf Sicherheitsbedürfnisse und autoritäre bis rechtsradikale Einstellungen befördert. Die gesellschaftlichen Bedingungen werden nicht als unterstützend, sondern verletzend und entfremdend wahrgenommen. Dies sind doch Verhältnisse, die soziale Pathologien und Beschädigungen gesellschaftlicher Anerkennungsverhältnisse produzieren!

Sicherlich. Mir scheint eine emphatische und vollkommen optimistische Auslegung der Individualisierungstheorie äußerst problematisch. Anzunehmen, dass Individualisierung nicht nur zunächst einmal Vereinzelung und ansatzweise eine Zunahme reflexiver Verantwortung durch den Einzelnen bedeutet, sondern darin sogleich einen Zuwachs an Autonomie für den Einzelnen sowie an Gestaltungskraft für die eigene Biografie sehen zu wollen, scheint mir angesichts der Verhältnisse weit verfehlt. Dies war aber der Beck'sche Horizont. Dagegen sollte man aus meiner Sicht soziale Pathologien wieder viel stärker ins Zentrum der Analyse rücken. Welcher Art die sozialen Pathologien der Gegenwart im Einzelnen sind und wie sie selbst mit den gegenwärtigen gesellschaftlichen Umbrüchen, die wir mit dem Stichwort sozialer Exklusion erst in Ansätzen benannt haben, wirklich verknüpft sind, ist natürlich eine schwierige Frage. Ich selbst finde, was kaum überraschen mag, die Überlegung weiterführend und interessant, dass wir es gegenwärtig mit »Umbrüchen in den Anerkennungsverhältnissen« zu tun haben – Wilhelm Heitmeyer (2002) beispielsweise spricht direkt von »Anerkennungszerfall«. Dies müsste man nun für die einzelnen Dimensionen gesellschaftlicher Anerkennungsverhältnisse ausbuchstabieren, um ihre Deformationen greifbar zu machen.

Da ist zunächst die Erschütterung traditionell gewachsener Anerkennungsverhältnisse, die sich auf verschiedenen Ebenen der gesellschaftlichen Reproduktion beobachten lässt. Der anhaltende Strukturwandel des klassischen Familienmodells befördert das Ausschmelzen traditioneller, intimer Anerkennungsmilieus und führt so zu einer ziemlichen Verunsicherung der Einzelnen, insbesondere der Kinder. Noch bedeutsamer für die individuelle Erfahrung einer Mehrzahl der Mitglieder unserer Gesellschaft ist die Auflösung des traditionellen LohnarbeiterInnenstatus: Die Kerninstitution der sozialdemokratischen Ära des Kapitalismus, das sozialstaatlich abgesicherte Normalarbeitsverhältnis, erodiert. Es kommen Beschäftigungsverhältnisse auf, die den eigenen sozialen Status oft auch arbeitsvertraglich nicht mehr zur Anerkennung bringen – das ist der Gesichtspunkt, unter dem etwa Robert Castel die gegenwärtigen Transformationsprozesse in seinem faszinierenden Buch *Die Metamorphosen der sozialen Frage* (2000) untersucht hat, das soeben auf Deutsch erschienen ist.

Anerkennungszerfall beschreibt treffend gegenwärtige soziale Pathologien. Aber wo ist der Grund dieser zerstörerischen Dynamik zu verorten, und wie ist die ambivalent gebrochene Repräsentanz ihrer sozialen Folgewirkungen zu bewerten? Auf der einen Seite wird der »Terror der Ökonomie« angeprangert, auf der anderen Seite das Leitbild von »Arbeitskraftunternehmern« in den harmonischsten Tönen propagiert. Diese Situation in die Grundbegrifflichkeiten der

Habermas'schen Gesellschaftstheorie übersetzt heißt: Die Schnittstelle von System und Lebenswelt ist unter den gegenwärtigen kapitalistischen Bedingungen extremen Belastungen und Übergriffen des ökonomischen Systemzusammenhangs ausgesetzt. Dennoch werden immer noch intakte lebensweltliche Kerne unterstellt, die mittels des Rechtscodes vor Systemübergriffen geschützt werden könnten. Hat aber nicht längst das Geldmedium diese Rolle übernommen und liefert selbst die Wertorientierungen, nach denen System und Lebenswelt gestaltet werden? Geben diese gesellschaftstheoretischen Schlüsselbegriffe analytisch heute überhaupt noch etwas her?

Die Habermas'sche Unterscheidung krankte in der Tat an einer Idealisierung in beide Richtungen: In einer relativ optimistischen Sichtweise wurde unterstellt, dass die Kernbestände der Lebenswelt, wie etwa die bürgerliche Familie, mehr und mehr durch Diskursivität geprägt würden; und im Gegenzug wurde das System als frei von allen lebensweltlichen Komponenten gedacht. Das führte die ungewollte Konsequenz mit sich, dass die Arbeitssphäre selbst nicht mehr als ein lebensweltlicher Erfahrungsraum analysierbar wurde. Die Produktions- und Arbeitsverhältnisse der Gesellschaft wurden so für die Analyse sekundär. Dies schien mir immer ein Problem der ganzen Anlage zu sein. Bei der systemischen Kolonialisierung der Lebenswelt hat Habermas nun durchaus an beide Medien gedacht, Recht und Geld. Verrechtlichung wie Monetarisierung stellen Gefährdungen der Lebenswelt dar. Nun könnte man sagen, was heute stattfindet, ist eine, von Habermas nicht ins Zentrum gerückte, aber mitthematisierte, wachsende Monetarisierung der sozialen Lebenswelt. Das wäre dann eine etwas andere Formulierung für das, was wir heute eine wesentlich beschleunigte Vermarktlichung lebensweltlicher Handlungsfelder nennen könnten. Das Eindringen von Geldmotiven in alltägliche Lebensbereiche ist im Augenblick tatsächlich eine ganz bedeutsame Entwicklungstendenz, die von der Soziologie in ihrer ganzen Tragweite noch gar nicht richtig untersucht wird.

Damit sprechen Sie eine entscheidende analytische Schwachstelle an. Der Tübinger Soziologe Christoph Deutschmann spricht in seiner Studie Die Verheißung des absoluten Reichtums. Zur religiösen Natur des Kapitalismus (2001) *vom Geld als blindem Fleck in der gegenwärtigen Soziologie und versucht im Rückgriff auf Simmel und Marx die Vermögenseigenschaft des Geldes als Basiskategorie für Individualität und Bewusstseinsstrukturen in der bürger-*

lichen Gesellschaft wieder fruchtbar zu machen und darüber zu einer Theorie kapitalistischer Dynamik zu gelangen. Das Geldmedium würde in seiner analytischen Reichweite unterschätzt. Habermas präferierte das Rechtsmedium, weil es sozial verallgemeinerbare wie individualisierende Codierungen in sich vereinigt. Aber es zeigt sich heute, dass das Geld dies in noch viel höherem Maße leistet. Und dass Individuen sich damit identifizieren können, wird ja gerade über das Geldmedium sehr prononciert zum Ausdruck gebracht. Lebensunternehmer und Arbeitskraftunternehmer sind in erster Linie keine rechtlichen Kategorien, sondern hier werden sowohl Identifikationen mit dem Kapitalismus als Geldwirtschaft wie auch seine sozial entfremdenden Seiten und Pathologien ausgedrückt.

Ich glaube schon, dass Habermas die Chance eingeräumt hat, lebensweltliche Verhältnisse unter dem Aspekt der Monetarisierung zu betrachten und hier also das Eindringen von strategischen Geldorientierungen in ihrer die Lebenswelt verformenden Kraft zu analysieren. Bei Deutschmann stellt sich die Sache für mich so dar, als ob nun das Geld tatsächlich zu einer Art von Fetisch der gegenwärtigen Gesellschaftsverfassung wird. Das zielt meines Erachtens aber an dem Selbstverständnis der Subjekte häufig vorbei, die sich ja oft selbst anders deuten, eben nicht auf das Geld fixiert, sondern eher auf so etwas wie ihre eigene Selbstverwirklichung konzentriert. Der ideologietheoretische Beiklang von Deutschmanns Geldanalyse erscheint mir einfach kulturell problematisch, wenn wir uns die gegenwärtigen sozialen Verhältnisse vor Augen führen. Sicher werden heute Handlungsfelder wie Altenpflege und Kinderbetreuung, die früher Fragen traditioneller Bindungen und selbstverständlicher Verpflichtungen waren, zu Fragen ökonomischer Kalkulierbarkeit. Selbst Beziehungen mögen heute zunehmend strategischen Charakter gewinnen. Ich bezweifle aber, dass dies alles uns erlaubt, vom Geld als dem übergreifenden Sozialfetisch oder dem heimlichen Sakralen unserer Gesellschaft zu sprechen.

Sie teilen also den gesellschaftskritischen Ansatz nicht, an ökonomischen Formen unseres gesellschaftlichen Verkehrs wie Geld, Zins, Aktie etc. selbst soziale Verkehrungen und Mystifikationen festzumachen. Es gibt ja auch Positionen, die von einer weitgehenden Entdramatisierung des Geldes ausgehen oder sogar gesellschaftspolitisch der Auffassung sind, das Geld als neutrales Medium mit ethischen und ökologischen Wertorientierungen aufladen zu können. Allerdings bleiben hierbei dann Verwerfungen oder gar Krisen gesellschaftlicher Reproduktion ausgeblendet.

Soweit würde ich nicht gehen. Es muss meines Erachtens doch stärker unterschieden werden zwischen kultureller Selbstdeutung der Subjekte und strukturierenden Effekten geldwirtschaftlicher Motive. Auch der »Arbeitskraftunternehmer«, so er sich denn in diesem Bild sieht, hat dabei keine wirtschaftliche Uminterpretation seines eigenen Lebensvollzugs vor Augen, sondern begreift dies selbst noch als ein Stück Authentizität und Selbstverwirklichung. Aber untergründig ist schon eine Umorientierung und Neudefinition eigener Lebensvollzüge an geldwirtschaftlichen Motiven stärker geworden.

Wo und wie machen Sie dann die von Ihnen selber thematisierten sozialen Pathologien fest?

Also, die Perspektive einer Entdramatisierung des Geldes teile ich nicht. Aber entfremdungstheoretische Analysen, auch die Studie von Deutschmann, würden etwas voraussetzen, was wir selten an Theorie wirklich besitzen und auch Marx in seiner Theorie der Verdinglichung und Versachlichung gesellschaftlicher Verhältnisse nicht ganz klar besessen hat: nämlich eine Theorie der unverformten, nichtentfremdeten Lebenswelt, um dann sagen zu können, inwiefern Monetarisierung und Vermarktlichung unserer Verhältnisse entfremdend oder pathologisch sind. Hier ist ein großer Theoriebedarf.

Aber gleichzeitig formulieren Sie an anderer Stelle, dass Gesellschaftskritik heute keinen Standpunkt außerhalb einnehmen kann. Und schon für Marx galt: »Der Maßstab der Gesellschaftlichkeit muss aus der Natur der jeder Produktionsweise eigenthümlichen Verhältnisse, nicht aus ihr fremden Vorstellungen entlehnt werden.« (Marx [1867–1894] 1980: 41f.) Liegen Entfremdung und soziale Pathologie nicht in den immanenten Ambivalenzen und Widersprüchen kapitalistischer Betriebsweise selbst begründet? Dies unterstreichen beispielsweise die kontroversen Beurteilungen der neuen Arbeitsorganisation und der Gruppenarbeit. Hier ist die höhere Subjektivität der Beschäftigten bei aller Abhängigkeit unbestritten, und gleichzeitig werden in der Kritik an erhöhtem Stress und Selbstausbeutung die entfremdenden Seiten thematisiert.

Dies ist ein immanenter sozialer Anerkennungskampf um betriebliche Lebenswelten.

Was Sie hier immanent nennen, würde ich aber weit prekärer formulieren: Ohne ein Stück normativer Theorie nichtentfremdeter oder intakter Lebensverhältnisse kann man keine Analysen sozialer Pathologien oder Entfremdungen betreiben. Dies war immer ein Tabuthema in der linken Tradition, seit Lukács eigentlich, also der gesamten Tradition des westlichen Marxismus. Mit Habermas unterscheide ich mich hier im Bestehen darauf, dass es einer normativen Theorie der Lebenswelt bedarf, um Pathologien analysieren zu können. Deutschmanns Thesen zum sich globalisierenden Fetischismus des Geldes weisen hier ein theoretisches Defizit auf, indem Entfremdung nicht wirklich begründet wird. Und auf der anderen Seite kann eine Positionsbestimmung von der Entdramatisierung des Geldes doch nur deshalb in so stolzen Tönen vorgetragen werden, weil wir keine bestimmungsgenauen Kriterien besitzen, warum Geldwirtschaft und zunehmende Vermarktlichung deformierend sein soll. Was bedeutet es, wenn auch in Arbeitnehmerkreisen die Orientierung an der finanziellen Verwertbarkeit des eigenen Geldes gewachsen ist und das Finanzkapital selbst in alltäglichen Bereichen sozialer Unterschichten erhöhte Aufmerksamkeit erlangt?

Diese Entwicklungen gilt es nun mit all ihren Ambivalenzen und Widersprüchen zu analysieren.

Wir stimmen zunächst darin überein, dass es große Bereiche der sozialen Realität gibt, die gegenwärtig von der Soziologie eher vernachlässigt werden. Und dies sind gerade solche sozialen Lebensbereiche, in denen selbst die Aufrechterhaltung eines Minimums an sozialer Würde und individueller Identität kaum mehr gelingt. Auf der anderen Seite können wir gesellschaftliche Entwicklungsprozesse ausmachen, die Ursache sozialer Exklusion und Verelendung zu sein scheinen. Was uns fehlt, ist eine gerechtfertigte Verbindung, die es uns erlaubt, von diesen Tendenzen als Pathologien wirklich sprechen zu können. Dazu gehört auch die Schwierigkeit, den Kampf um Anerkennung in all seinen Dimensionen erfassen zu können.

Alltäglich spielt dieser Kampf eine ganz dominierende Rolle. Jedes Subjekt, das unter Tendenzen der Verelendung leidet, sei es die alleinerziehende Mutter, sei es der Rentner, der mit seiner Pension kaum mehr auskommt, kämpft in seinem Alltag um ein Stück der Behauptung seiner eigenen Würde und Identität. Nur hat dieser Kampf um Anerkennung auch ausgesprochen schmutzige und hässliche Seiten. Nehmen Sie nur die, wie ich finde, zu Recht als Ausdruck eines Kampfes um Anerkennung analysierte Gruppen- und Bandenbildung unter den Skinheads. Dies verweist auf Motive versagter und häufig schon frühkindlich entbehrter grundsätzlicher Formen der Anerkennung. Was sich in solchen dann kompensatorischen Kulturen des Respekts, die Skinhead-Banden sicherlich darstellen, abspielt, ist nichts, worauf wir die Analyse positiv stützen können.

Das heißt, im Augenblick fehlt all diesen Kämpfen um Anerkennung jede normative Organisation und Richtungsgebung. Insofern bilden sie keine Strukturen aus, auf die wir uns positiv beziehen können, wie noch in den 20er-Jahren des vorigen Jahrhunderts die Kritische Theorie oder davor die Sozialdemokratie auf den Klassenkampf, der eine politische Organisationsform von Unterdrückungserfahrung darstellt. So etwas Ähnliches gibt es im Augenblick ja gar nicht. Es gibt schüchterne Versuche der Organisierung sozialer Unterschichten wie die Arbeitslosenbewegung in Frankreich. Aber insgesamt hat dieser Kampf um Anerkennung in unserer Gesellschaft einen geradezu verwilderten Ausdruck erhalten. Er findet zwar an allen Ecken und in jeder Domäne der sozialen Lebenswelt statt, aber ist richtungs- und orientierungslos und oft selbst Ausdruck sozialer Pathologie, nicht deren Überwindung. Dies bildet doch eine Schlüsselproblematik unserer gegenwärtigen Situation.

Das heißt, der Kampf um Anerkennung kann dann ein politisch-theoretischer Bezugspunkt sein, wenn er auch substanziell eine kulturelle und politische Repräsentation ausbildet. Aber derzeit erleben wir eine tiefe Krise der Repräsentanz auf verschiedensten Ebenen der politischen und gesellschaftlichen Reproduktion. Deshalb muss zuerst wieder an der Rekonstruktion politischer Repräsentanz und Öffentlichkeit gearbeitet werden, damit sich Kämpfe um Anerkennung zukunftsfähig artikulieren können. Und der Hegemoniewechsel vom Neoliberalismus zu New Labour kam ja mit dadurch zustande, der gesellschaftlich empfundenen »Gerechtigkeitslücke« politische Repräsentanz zu verschaffen. Aber mit Wertorientierungen wie »begrenzter Ungleichheit« etc. als movens innovativer Politik beschreitet Rot-Grün einen Weg, der überhaupt nicht mehr die Stärkung von Anerkennungskämpfen befördert.

Das sehe ich genauso. Der gesamte thematische Horizont von Rot-Grün ist zugeschnitten auf die Lage und Interessen der ökonomisch nicht schlecht versorgten Mittelschichten. Es fehlt damit eine breite und sensible Aufmerksamkeit für Problemlagen, die sich eher im unteren Drittel der Gesellschaft häufen und die Resultate des neuen Kapitalismus sind. Hier verorte ich auch die Bedeutung Pierre Bourdieus als Intellektuellem, der eine Aufmerksamkeit dafür hat, dass wir Formen der öffentlichen Repräsentation für genau diese Problemlagen allererst wieder entwickeln müssen. Das ganze Buch *Das Elend der Welt* (Bourdieu et al. 1997) ist ja nichts anderes als der Versuch, denjenigen überhaupt wieder eine Stimme zu verleihen, die in den etablierten Formen der politischen Öffentlichkeit schon gar nicht mehr zu Gehör kommen, auch deswegen, weil sie nicht mehr organisiert sind. Insofern scheint mir eine wesentliche Aufgabe bei der Organisation des Kampfes um Anerkennung heute darin zu liegen, genau diese Problemlagen, genau diese Verelendungstendenzen so zu analysieren, dass sie politisch wieder repräsentationsfähig werden. Darin scheint mir aber auch die Schwäche des »zivilgesellschaftlichen« Programms von Rot-Grün zu liegen. Wenn Michael Schumann (2000) in dem Interview in der Zeitschrift *Sozialismus* auf das Plädoyer von Bundeskanzler Schröder für Bürgergesellschaft hin einen viel entschiedeneren Bezug auf die Freisetzung von Demokratisierungspotenzialen in den Betriebs- und Arbeitsverhältnissen einfordert, dann liegt ja bei Rot-Grün nicht einfach ein zufälliger Fehler der Kategorien vor, der zu einer Vernachlässigung der Sphäre der Arbeit führt. Vielmehr halte ich Letzteres für ein systematisches Manko des zivilgesellschaftlichen Ansatzes von Rot-Grün. Diese Idee der Zivilgesellschaft lebt doch von der systematischen Abtrennbarkeit jener Disparitäten, Ungleichheiten und Ungerechtigkeiten, die sich auf der sozioökonomischen, also vorpolitischen Ebene entwickelt haben.

Trifft diese Kritik nicht auch auf das »Arbeitsprogramm des Frankfurter Instituts für Sozialforschung« (Institut für Sozialforschung 1997) zu, das Sie mit anderen 1997 publiziert haben, in dem der Zivilgesellschaft auch ein strategisch herausgehobener Stellenwert beigemessen wurde? Fehlt hier nicht die Unterfütterung durch den stärkeren Einbezug ökonomischer Verhältnisse – auch in die Analyse? Wie sehen Sie das heute?

Nicht anders. Es gab schon damals gewisse Spannungen und Differenzen in Bezug auf die Frage, ob die Kategorie der Zivilgesellschaft normativ den angemessenen Rahmen für die Organisation unserer Forschung darstellen kann. Ich hatte meine Bedenken. Die Kategorie der Zivilgesellschaft enthält insofern eine Idealisierung – bei Hannah Arendt wird dies deutlich –, als es um die Organisation der Subjekte in der politischen Gesellschaft geht, ohne dass die Voraussetzungen dieser Repräsentation oder Partizipation angemessen kategorial noch in den Blick genommen werden konnten. Dieser äußerst schmale Bereich politischer Artikulationsfähigkeit ist analytisch nicht hinreichend verknüpft mit strukturellen Entwicklungen und Disparitäten in der Sozial- und Arbeitssphäre. Die Kategorie der Zivilgesellschaft lebt geradezu von einer Verdrängung dieser Lebensverhältnisse und erweckt doch den Anschein, als sei die Rede von der ganzen Gesellschaft. Die frühere Kategorie der politischen oder demokratischen Öffentlichkeit bei Habermas war hier klarer, weil sie die Sphäre der politisch organisierten Bürgerinnen und Bürger meinte, ohne uns illusionär darüber zu täuschen, dass die wesentlichen Voraussetzungen für die Partizipation in der Öffentlichkeit im voröffentlichen Raum und im sozialen Status der Arbeitssphäre und Erwerbsarbeit liegen.

Wenn Sie jetzt so emphatisch die Voraussetzungen demokratischer Öffentlichkeit und Politik betonen, hat dies doch forschungsstrategische Konsequenzen. Wir hatten vorhin vom Geld als einem blinden Fleck in der gegenwärtigen Soziologie, aber auch über Ansätze der erneuten Annäherung an ökonomische Basiskategorien des modernen Kapitalismus gesprochen. Damit entsteht doch die Frage nach dem Stellenwert der Kritik der Politischen Ökonomie innerhalb einer kritischen Gesellschaftstheorie und Sozialforschung. Der Streitpunkt wird doch dann die Gewichtung der ökonomischen basics *und die theoretische Herangehensweise sein.*

Bei uns am Institut besteht meines Erachtens kein Dissens mehr darüber, dass es wesentlich darauf ankommen wird, die sozialen und ökonomischen Bedingungen daraufhin zu analysieren, ob sie die Voraussetzungen für demokratische Partizipation enthalten oder nicht. Insofern gibt es auch eine Ernüchterung über die Analysekraft der Kategorie der Zivilgesellschaft. Mit einer bloß kosmetischen Reparatur dieses Begriffs ist es nicht getan, denn die analytische Schwäche ist in ihm selbst eingebaut. Einig sind wir uns darin, dass dieses gesamte Feld sozialer und wirtschaftlicher Lebenslagen in den Mittelpunkt einer Analyse gehört, die sich normativ von der Idee sozialer Anerkennung der Subjekte als unabdingbarer Voraussetzung demokratischer Partizipation leiten lässt. Aber auch wenn nun die Analyse auf diese zentralen Problemfelder konzentriert sein muss, treten verschiedenste Schwierigkeiten auf, die heute zu einem solchen Forschungsprogramm dazugehören. So ist beispielsweise der Kontakt der Soziologie mit der Politischen Ökonomie dramatisch unterbrochen. Es kann ja in einem substanziellen Sinn gegenwärtig keine Rede von einer Kooperation zwischen Politischer Ökonomie und Soziologie sein, schon seit Jahrzehnten nicht. Dies hängt nun auch mit Verselbständigungstendenzen dieser jeweiligen Disziplinen zusammen. Aber die Zeiten, in denen eine marxistische Ökonomie die Brücke bilden konnte, sind vorbei. Ob die Reste einer marxistischen Ökonomiekritik heute tragfähig genug sind, um diese Vermittlung wiederherzustellen, vermag ich nicht zu beurteilen. Jedenfalls ist es heute sehr schwer, zwischen einer Sozialforschung, die auf soziale Differenzierungen und Exklusionslagen hinaus will, und einer wie auch immer gearteten kritischen Ökonomie wieder eine Verbindung herzustellen.

Der Weg, der sich meines Erachtens hier anbietet, ist zumeist der der Industriesoziologie. Gerade weil im industriesoziologischen Instrumentarium die Umbrüche in den Arbeitsverhältnissen permanent studiert werden, bietet sich die Industriesoziologie an, um überhaupt einen Zentralbereich der gesellschaftlichen Organisation in den Blick zu bekommen, in dem die Arbeitserfahrungen der Einzelnen strukturiert werden. So gesehen ist die Industriesoziologie der Königsweg einer kritischen Sozialforschung seit 30 Jahren. Nichtsdestotrotz dürfen die kulturellen Umbrüche, die zum Teil stärker wirkten, als es uns bewusst war, nicht unterschätzt werden, um Lebenslagen tatsächlich in den Blick zu bekommen.

Welchen Einfluss haben neue Formen der Informations- und Wissensvermittlung auf den Lebensalltag der Einzelnen? Eine unverzichtbare Dimension der Zeitdiagnose. Wir stehen also vor zwei analytischen Defiziten gleichzeitig, einerseits den richtigen Anschluss an eine ökonomisch bestimmte Realität, andererseits an eine auch von kulturellen Entwicklungstendenzen in hohem Maße geformte soziale Realität zu finden. Wir müssten mithin etwas leisten, was in einem einzigen Arbeitsprogramm kaum zu erledigen ist: sowohl Kulturstudien als auch ökonomische Analysen sozialer Exklusionslagen, die zunehmend aus dem gesellschaftlichen Blickfeld geraten sind.

9. Die Anerkennung ist ein Grundmechanismus sozialer Existenz

Gespräch mit Krassimir Stojanov

Krassimir Stojanov: *Meine erste Frage bezieht sich auf Ihren Aufsatz »Die soziale Dynamik von Missachtung« (Honneth 2000a). Am Anfang des Aufsatzes behaupten Sie, dass man heute nicht mehr von einer kritischen Gesellschaftstheorie sprechen könne, dass diese Theorie – jedenfalls im Sinne der klassischen Frankfurter Schule – längst nicht mehr existent sei. Auf der anderen Seite umreißen Sie jedoch eine ziemlich kontinuierliche Traditionslinie, die irgendwo bei Horkheimer und Adorno beginnt und sich bis zu Ihrem eigenen Konzept erstreckt. Wie ist das zu verstehen? Kann man immer noch von einem aktuell wirkenden Paradigma der Frankfurter Schule sprechen?*

Axel Honneth: Die Schwierigkeit bei dieser Frage ergibt sich einfach aus dem geschichtlichen Entwicklungskontext dieses Paradigmas: In der Nachkriegszeit, seit den 50er-Jahren des vorigen Jahrhunderts, haben sich weltweit eine Vielzahl von Konzepten innerhalb der Gesellschaftstheorie entwickelt, die allesamt beanspruchen, eine Art von Kritik an den ihnen gegenwärtigen Gesellschaften auszuüben. Dazu aber verwenden sie im Vergleich zur Frankfurter Schule ganz andere Mittel. Das heißt, wir haben es mit einer geradezu explosionsartigen Pluralisierung von unterschiedlichsten Modellen der Kritik zu tun. Man kann etwa in diesem Zusammenhang an Foucault denken, man kann hierbei den ganzen Diskurs über Kolonialismus, die *postcolonial studies* oder etwa den Diskurs der *gender studies* erwähnen, um sich klar zu machen, dass es ganz schwierig, ja geradezu abenteuerlich wäre, wenn eine bestimmte Tradition einen Monopolanspruch auf den Kritikbegriff erheben würde. Insofern glaube ich, wenn wir heute von »Kritischer Theorie« sprechen, ist es nicht mehr selbstverständlich, was damit gemeint ist, weswegen man schon von vornherein nur im Plural von »Kritischer Theorie« sprechen muss. Wir haben es mit unterschiedlichsten kritischen Theorien zu tun. Wenn man jetzt aber in irgendeiner Weise gleichwohl den Versuch machen möchte, an dieser Tradition festzuhalten –

also an der Tradition der Frankfurter Schule –, dann sollte man auch genauer angeben, worin die Einzigartigkeit dieser Tradition liegt und ob diese Einzigartigkeit heute noch eigentlich erhaltenswert ist. Genau in Bezug auf dieses Problem mache ich einen Vorschlag in jenem Aufsatz, indem ich sage, dass sich im Vergleich zu vielen anderen Modellen von Kritik und kritischer Theorie die Frankfurter Schule durch die Aufnahme eines linkshegelianischen Denkmotivs auszeichnet. Daher können wir von Kritik im Sinne der Frankfurter Schule nur dann sprechen, wenn wir dieses linkshegelianische Motiv für verteidigenswert halten: Es ist ja klar, dass weder Foucault noch der Feminismus noch die *gender studies* noch die *postcolonial studies* linkshegelianische Theorieelemente aufnehmen.

Mit diesem linkshegelianischen Motiv meine ich ausschließlich die Vorstellung, dass der Gesichtspunkt der Kritik in irgendeiner Weise als verankert in der existierenden Gesellschaft gedacht werden soll. Dies bezeichne ich im erwähnten Aufsatz als »vorwissenschaftliche Instanz der Kritik«. Nur wenn so etwas überhaupt intendiert wird – nämlich eine Kritik an der gegenwärtigen Verfassung von Gesellschaften unter Bezug auf eine solche vorwissenschaftliche Instanz (die den kritischen Gesichtspunkt sozial legitimiert) –, dann haben wir es tatsächlich mit einer Kontinuierung der Frankfurter Schule zu tun. Das ist die Grundidee. Diese Anbindung der Kritik an eine vorwissenschaftliche Instanz wäre ein Identitätsmerkmal der Frankfurter Schule, das sie innerhalb der Pluralität der Versionen kritischer Theorie auszeichnet.

Sind Sie der Meinung, dass auch Adorno dieses Motiv verfolgt? Auf der Grundlage einer bestimmten Interpretation seines Werks könnte man behaupten, dass es eine enge Verwandtschaft zwischen Adorno und Foucault mit Bezug auf den Kritikbegriff gibt. Adorno scheint doch ähnlich wie Foucault Kritik als eine reine Negativität, als eine reine Dekonstruktion zu verstehen, die sich auf keine emanzipativen Interessen einer vorwissenschaftlichen Praxis gründen lässt.

Ja, sicherlich gibt es diese Tendenz bei Adorno. Andererseits finde ich, dass gerade seine Ästhetik so zu verstehen ist, dass sie in philosophischer Einstellung den Ort oder das Medium innerhalb der gesellschaftlichen Praxis kennzeichnet – nämlich die Kunst –, das intern, also innergesellschaftlich, eine solche kritische Perspektive bewahrt. Insofern ist der Ansatz von Adorno – ganz anders als der Ansatz von Foucault – systematisch auf die

Rückbindung an eine Ästhetik angewiesen, die sich vornimmt, diese vorwissenschaftliche Instanz der Kritik unter dem Verweis auf das Medium der Kunst offenzulegen. Und das ist in der Tat ein großer Unterschied zwischen den beiden Ansätzen.

Natürlich, die Dynamik der Frankfurter Schule selbst ist dadurch gekennzeichnet, dass die Einsicht in diesen vorwissenschaftlichen Kontext der Kritik immer schwieriger wird: In dem Maße, in dem behauptet wird, dass die Gesellschaft einen Verblendungszusammenhang darstellt, wird die Behauptung einer solchen vorwissenschaftlichen Instanz oder eines vorwissenschaftlichen Agens immer problematischer. Das ist die innere Dynamik dieser ganzen Tradition, deswegen wird diese Instanz als immer schmaler, immer kleiner angesehen. Am Ende bleibt tatsächlich nur die Kunst. Aber selbst wenn nur die Kunst übrig bleibt, ist dieses Modell von Kritik immer noch linkshegelianisch: Sie kommt ohne Rückbindung an etwas nicht aus, was innerhalb der Gesellschaft als vorwissenschaftliche Form der Kritik gedacht wird – bei Adorno dann eben das Medium der Kunst.

In Ihrem Konzept ist die Kritik allerdings immer an normative Maßstäbe gebunden…

Ja, aber auch bei Adorno ist natürlich das Medium der Kunst selbst, wenn man so will, intern-normativ. Mein Dissens mit Adorno besteht in der Überzeugung, die ich mit Habermas immer geteilt habe, dass diese systematische Verbindung von Kritischer Theorie und Ästhetik eine zu schwache Basis ist; dass sie die vollen Ansprüche einer Kritischen Theorie nicht tragen kann. Deswegen habe ich mich in der Nachfolge von Habermas – vor allem von dessen intersubjektivitätstheoretischer Wende – auf den Weg der theoretischen Wiedergewinnung einer vorwissenschaftlichen Instanz gemacht, die breiter und in ihrem normativen Gehalt klarer als das Medium der Kunst ist. Sie können die ganze Entwicklung von Habermas so verstehen, dass er einen Ausweg aus der viel zu engen Verbindung zwischen Kritischer Theorie und Ästhetik sucht, indem er nun in der intersubjektiven Praxis die normativen Ansprüche zu finden glaubt, von denen Adorno wiederum der Meinung war, dass sie nur noch im Medium der Kunst enthalten sind. Ich stehe selbst in der Tradition von Habermas, und insofern glaube ich, dass wir heute die Chance haben, wieder breiter eine solche vorwissenschaftliche Instanz ins Auge zu nehmen, die nun in der Form der normativen Infrastruktur intersubjektiver Verhältnisse erscheint.

Aus der Perspektive der Foucault'schen Tradition würde dieser Kritikbegriff wahrscheinlich nicht radikal genug erscheinen. Eine radikale Kritik würde sich nach Foucault an keine externen normativen Standards binden wollen, denn es gibt keine Garantie, dass diese Standards nicht selbst Produkte gesellschaftlicher Entfremdungsprozesse sind. Die Frage ist, ob der Foucault'sche Kritikbegriff nicht tiefgreifender und konsequenter ist.

Ich würde die umgekehrte Frage stellen, ob nicht eine solche Radikalisierung der Kritik ihrerseits die Gefahr mit sich bringt, gar nicht mehr die Legitimität der eigenen Kritikinstanz ausweisen zu können. Also, wenn wir die Bindung an vorwissenschaftliche Normen zu sehr lockern, dann wird der kritische Standpunkt kontingent. Das indiziert schon die Formulierung, die Sie verwendet haben: Man enthebt sich der Mühe und entzieht sich der Notwendigkeit, in der sozialen Praxis der vorfindlichen Gesellschaft selbst die Normen zu identifizieren, von denen wir uns legitimerweise leiten lassen können, um die gesellschaftliche Verfassung zu kritisieren. Wenn wir diese Bindung aufheben, wie dies bei Foucault geschieht, dann riskieren wir damit einen kontingenten Begriff der Kritik. Dann kann gar nicht mehr gezeigt oder begründet werden, warum überhaupt der kritische Maßstab von anderen für sinnvoll gehalten werden soll. Also, man begibt sich sozusagen des Restes eines Universalitätsanspruches, der mit Kritik immer einhergeht.

Sie haben gerade eben gesagt, dass Sie sich in der Tradition von Habermas positionieren. In Ihren Schriften gibt es allerdings unterschiedliche Formulierungen in Bezug auf diese Tradition, die für mich nicht ganz eindeutig sind. Es ist mir nicht ganz klar, ob Sie Ihren Ansatz als eine Ergänzung zur Universalpragmatik oder als etwas qualitativ Neues verstehen. Auch im hier erörterten Aufsatz ist diese Zweideutigkeit zu spüren. Auf der anderen Seite scheint Habermas selbst Ihren Ansatz als eine Ergänzung zu seiner eigenen Theorie zu verstehen. Wie sehen Sie das?

Ich bin selbst aus dieser Ambivalenz noch nicht ganz herausgekommen. Das besagt nur, dass mein Verhältnis zur Habermas'schen Theorie letztlich sehr verwickelt und in allen Einzelheiten von mir nicht durchschaut ist. Ich glaube, ich hatte lange Zeit die Idee, eine immanente Ergänzung des Habermas'schen Projekts und insbesondere der Universalpragmatik zu verfolgen. Es gibt auch frühere Aufsätze von mir, die zeigen wollten, dass man die Diskursethik nur ein Stück weit radikalisieren muss, um materielle Normen daraus entwickeln zu können, die als Basis einer Gesellschaftskritik fungieren sollen. Auf der anderen Seite aber habe ich im Vollzug meiner eigenen Arbeit realisieren müssen, dass das, was ich tue, kaum als eine Ergänzung zu Habermas zu verstehen ist. Denn ich habe im Grunde genommen die starke Habermas'sche Intuition preisgegeben, dass die normative Rechtfertigung allein über den methodischen Weg einer Rekonstruktion der sprachimmanenten, redepraxisimmanenten Regeln zu gewinnen ist. Ich glaube nicht, dass mein eigenes Projekt heute noch in diesem Sinne verstanden werden kann. Dafür ist es anthropologisch breiter angesetzt: Ich ziele darauf, die normativen Verbindlichkeiten intersubjektiven Handelns im Ganzen vor Augen zu führen – also nicht nur die normativen Prinzipien der Redepraxis, wie dies bei Habermas und Apel der Fall ist, sondern die normativen Prinzipien, die auf einer bestimmten Stufe der gesellschaftlichen Reproduktion in den Strukturen intersubjektiven Handelns verankert sind: institutionell verankert als Ansprüche, die wir wechselseitig gegeneinander erheben können. Dieses Programm erweist sich als viel breiter als das, was Habermas ursprünglich anvisiert hat. Insofern glaube ich inzwischen, dass mein Ansatz nicht mehr als eine Ergänzung, sogar nicht einmal als eine Erweiterung verstanden werden sollte, sondern als eine – zwar durch Habermas enorm motivierte und ohne ihn gar nicht vorstellbare, aber sich von ihm mehr und mehr abkehrende – Neuformulierung, die ihren Ausdruck im Anerkennungsparadigma findet. Unter diesem Paradigma verstehe ich wesentlich mehr als das, was Habermas im Rahmen seiner Diskursethik über Anerkennung sagt.

Mit der Konzeption, die Sie im Kampf um Anerkennung *(Honneth 1992) entwickelt haben, verbinden Sie auch das Programm einer formalen Anthropologie. Sie unterscheiden in diesem Buch zwischen drei Anerkennungsformen: Liebe, Recht und sozialer Wertschätzung. Kann man davon ausgehen, dass diese Dreiteilung auch als die Grundstruktur einer kulturinvarianten Anthropologie zu verstehen ist, oder sind das Anerkennungsformen, die spezifisch für die modernen westlichen Gesellschaften sind?*

Das Letztere ist der Fall. In *Kampf um Anerkennung* schwanke ich ein bisschen zwischen der Idee einerseits, dass wir diese Dreiteilung als universell verstehen sollen, und der Vorstellung andererseits, dass diese drei Anerkennungsformen eher als Resultat einer bestimmten soziomoralischen

Entwicklung aufzufassen sind. Aber schon im *Kampf um Anerkennung* wird klar, dass die Unterscheidung zwischen sozialer Wertschätzung und rechtlicher Anerkennung ein Produkt der Moderne ist. Damit wird schon deutlich, dass ich diese Dreiteilung nicht als etwas Kulturinvariantes verstehe, sondern eben als Ergebnis einer soziomoralischen Entwicklung von Anerkennungsverhältnissen. Invariant ist die Angewiesenheit der sozialen Integration auf Muster wechselseitiger Anerkennung. Das scheint mir in der Tat eine formalanthropologische These zu sein. Zugespitzt gesagt: Wir können uns überhaupt keine Formen lebensfähiger, überlebensfähiger Gesellschaften denken, in denen die normative Integration nicht über bestimmte Muster oder Mechanismen wechselseitiger Anerkennung funktioniert. Ich würde soweit gehen zu sagen, dass Gesellschaft identisch mit der Etablierung von solchen Mustern intersubjektiver Anerkennung ist. Ich kann mich nur in dem Maße als Mitglied der Gesellschaft begreifen, in dem ich mich in bestimmten Aspekten meiner Persönlichkeit anerkannt fühle, und umgekehrt: Die anderen Subjekte können nur das Subjekt als Mitglied der Gesellschaft wahrnehmen, das in gewisser Weise anerkanntes Mitglied ist. Insofern ist Anerkennung ein Grundmechanismus sozialer Existenz. Das ist die formalanthropologische Dimension, und interessant wäre zu untersuchen, wie sich die Anerkennungsverhältnisse soziomoralisch entwickelt haben. Die Unterscheidung von drei Anerkennungsformen, mit der ich in *Kampf um Anerkennung* operiere, ist ein Produkt einer Entwicklung der Anerkennungsverhältnisse, einer bestimmten Reifung und Modernisierung dieser Verhältnisse.

Sie unterscheiden explizit zwischen einem anerkennungstheoretischen und einem marxistischen Paradigma innerhalb der neuesten Kritischen Theorie. Bedeutet dies, dass Sie die theoretische Optik des westlichen Marxismus für endgültig überholt halten – auch im Kontext der Weiterentwicklung der Tradition dieser Theorie?

Nein, nicht als Ganze. So global würde ich das nicht sagen. Ich habe an der Stelle, die Sie wahrscheinlich vor Augen haben – das ist meine Erwiderung auf Nancy Fraser (Honneth 2003b) –, sagen wollen, dass klassischerweise der Marxismus einen Zugang zur vorwissenschaftlichen Instanz der Kritik über den Begriff des Interesses sucht. Dieser Begriff ist – wie der Begriff der Anerkennung – sehr komplex, da er sich auf etwas in den Gesellschaften Anzutreffendes bezieht (wir alle haben Interessen, gesellschaftliche Subjekte sind ohne Interessen gar nicht vorstellbar) und gleichzeitig auf etwas Normatives. Interessen sind subjektive Aspirationen, die insofern einen normativen Status haben, als sie begründet oder unbegründet sein können. Dasselbe gilt für die Anerkennungsansprüche. Und ich habe nur darauf hinweisen wollen, dass der Weg über den Interessenbegriff, den der Marxismus eingeschlagen hat, zu einer utilitaristischen Verengung führt. Der Ansatz, bei den Interessen des Subjekts einzusetzen, scheint mir zu schmal zu sein, weil man dann die intersubjektiven Verflechtungen des Subjekts nicht in den Blick bekommt. Wenn man dagegen bei der Anerkennung ansetzt, hat man von vornhinein den Tatbestand der Intersubjektivität vor Augen.

In diesem Sinne würde ich den westlichen Marxismus für verfehlt halten, soweit er mit dem Begriff des Interesses operiert. Aber das heißt nicht, dass nicht viele interessante Aspekte in der Tradition des westlichen Marxismus angelegt sind, die bis heute als verteidigenswert gelten können – wie zum Beispiel das ganze Paradigma der Rationalität und der gesellschaftlichen Rationalisierung, so wie es sich von Max Weber bis Lukács entwickelt hat: Das ist ja ein zentraler Bestandteil des westlichen Marxismus. Die Radikalisierung des Weber'schen Rationalitätsbegriffs halte ich bis heute für verteidigenswert – trotz der gesamten Struktur, in der dieses Projekt bei Lukács vorgenommen und in der Nachfolgetradition weiter verfolgt wird.

Sie grenzen sich aber auch explizit von der Bedeutung ab, die dem Begriff der instrumentellen Vernunft in der marxistischen Tradition zugeschrieben wird, nämlich als dem Träger der Entfremdung. Sie versuchen doch insgesamt, das emanzipatorische Potenzial, die Basis der sozialen Kritik, unterhalb von kognitivistischen Strukturen anzusiedeln...

Ja... Das ist, glaube ich, ein anderer Gesichtspunkt. Es gibt in der Tradition des westlichen Marxismus eine Verengung. Man hat gedacht, dass sich Pathologien von Gesellschaften automatisch aus Vereinseitigung bestimmter Rationalitätstypen ergeben müssen. Vielleicht ist das ein kognitivistischer Fehlschluss oder eine kognitivistische Engführung. Man achtet zu sehr auf Rationalitätsstrukturen und bekommt zu wenig in den Blick, was sich vielleicht jenseits von rationalen Orientierungen noch an Bindungen und an sozialen Mechanismen zu erkennen gibt. Ich habe nur zum Ausdruck bringen wollen, dass wir nicht den Fehler machen dürfen, uns einseitig auf Rationalitätsstrukturen in der Form von Orientierungen und

Deutungsmustern zu konzentrieren, wenn wir die Pathologien und Verdinglichungen von Gesellschaften analysieren.

Wie gehen Sie mit dem Vorwurf um, den Ihnen die noch verbliebenen »orthodoxen« Vertreter der Kritischen Theorie machen: nämlich dass Sie den neomarxistischen Rahmen dieser Tradition preisgegeben und deshalb – man kann fast sagen – zur Beerdigung dieser Theorie beigetragen hätten, insofern dieser neomarxistische Rahmen notwendige Identitätsbedingung der Kritischen Theorie sei?

Da hängt alles davon ab, was dieser »neomarxistische Rahmen« ist. Und das ist zunächst einmal ein Problem – oder es markiert ein wirkliches Problem. Ich möchte nicht darauf verzichten, die Analyse von Gesellschaften so vorzunehmen, dass der Zusammenhang zwischen ökonomischer Entwicklung und soziokultureller Lebenswelt nicht aus den Augen gerät. Dies wäre wirklich falsch. Wenn das die marxistische Pointe ist, dann scheint sie mir weiterhin erhaltenswert. Und die Tatsache, dass ich diesen Zusammenhang noch nicht richtig in den Griff bekommen habe, ist nur ein Ausdruck der Unvollständigkeit meiner eigener Ansätze und bedeutet nicht, dass ich den Neomarxismus einfach über den Haufen werfen möchte. Habermas (1981) selbst hat in der *Theorie des kommunikativen Handelns* diesen Zusammenhang durch die Verkoppelung von System und Lebenswelt auszubuchstabieren versucht. Das ist sein Versuch, das marxistische Erbe gesellschaftstheoretisch einzubeziehen. Etwas Ähnliches muss auch ich durchführen; ich muss den Zusammenhang zwischen sozioökonomischen Mechanismen der gesellschaftlichen Integration und lebensweltlicher Realität auffassen. Wie dieser Zusammenhang genau aussieht, ist für mich immer noch eine offene Frage. Ich bin auf dem Weg dahin, mir diesen Tatbestand klar zu machen, aber es ist ein Defizit in meiner Theorie.

Wenn das mit »marxistischem Rahmen« gemeint ist, möchte ihn gar nicht preisgeben. Wenn damit mehr gemeint ist – und man muss jetzt fragen, was dieses »mehr« ist –, dann würde ich diesen Rahmen möglicherweise preisgeben. Also das, was ich preisgeben möchte, sind starke sozialontologische Implikationen: etwa bei der Analyse des Warentausches, des Kapitalprozesses und so weiter. Dieser ganze – man kann sagen – linkshegelianische Überhang – Kapitalanalyse, Analyse des Warentausches als Bewusstseinsanalyse: diese ganze Idee, die 50 bis 60 Jahre lang so entscheidend und schon bei Lukács in einer fundamentalen Weise konstitutiv war –, die möchte ich preisgeben. Das, was ich ablehne, ist die Vorstellung, dass wir durch eine Analyse ökonomischer Strukturen zugleich soziale Bewusstseinsformationen untersuchen können. Diese Vorstellung scheint mir das marxistische Erbe des Linkshegelianismus in seiner schlechten Variation zu sein.

Ich möchte noch einmal das Projekt einer anerkennungstheoretisch ansetzenden formalen Anthropologie ansprechen. Ein ähnliches Projekt verfolgt Tzvetan Todorov in seinem Buch Abenteuer des Zusammenlebens *(1998). Können Sie die Differenz zwischen Ihrem Ansatz und dem Ansatz von Todorov beschreiben?*

Wir – Todorov und ich – haben uns sogar darüber verständigt. Wir konnten auf einer Konferenz darüber reden. Wir haben dieselben Grundintuitionen. Auch Todorov behauptet, dass das, was an einer formalen Anthropologie im Wesentlichen in den Blick kommen muss, die Abhängigkeit des Subjekts von Anerkennung ist. Das heißt, auch er hat die Grundposition, dass die Anerkennungsstruktur fundamental für die soziale Existenz und für die gesellschaftliche Integration ist. Insofern haben wir sehr viel an Gemeinsamkeiten.

Die Differenzen liegen dann dort, wo wir den Anerkennungsbegriff konkret ausfüllen. Er hat bestimmte Vorstellungen, dass es elementare Formen der Anerkennung gibt – ich glaube, er nennt sie »existentielle Anerkennung«. Je mehr ich mich mit diesem Begriff beschäftige, desto mehr wird mir unklar, was damit im Einzelnen gemeint ist. Es käme also letztendlich darauf an, dass wir gegenseitig überprüfen, was wir unter »Anerkennung« genau verstehen. Da liegen wahrscheinlich die Differenzen. Aber wir sind noch nicht dazu gekommen, diesen Komplex genauer zu analysieren.

Sie propagieren einen »erweiterten Gerechtigkeitsbegriff« – und zwar auch als Orientierungsmöglichkeit für politisches Handeln. Dabei versuchen Sie, die etwa für Rawls oder für Habermas charakteristische Trennung der Fragen des Gerechten von denen des Guten aufzuheben. Nach diesem Begriff ist gerecht nicht nur das, was den Prinzipien der Gleichberechtigung und der Chancengleichheit entspricht, sondern Gerechtigkeit soll auch die Sicherung von intakten Lebensformen bedeuten, die individuelle Selbstverwirklichung ermöglichen.

Ich frage mich, ob nicht auf diese Weise der Gerechtigkeitsbegriff viel zu weit ausgedehnt wird und ob er nicht dadurch seine Beschreibungsschärfe, ja seine Orientierungsfunktion und seine normative Kraft verliert – insbesondere in Fällen, wo die Frage nach der Sicherung von intakten Lebensformen mit dem Prinzip der Gleichbehandlung kollidiert. Ich meine hierbei zum Beispiel die Politik der so genannten »positiven Diskriminierung«.

Aber die Politik der »positiven Diskriminierung« leitet sich eigentlich vom Prinzip der Gleichbehandlung ab, oder? Sie ist eine Forderung der Gleichheit, nicht eine Forderung eines erweiterten Gerechtigkeitsbegriffs.

Aber diese Politik erfordert, dass bestimmte kulturelle Lebensformen zum Beispiel von Minderheiten – von bisher benachteiligten Minderheiten – bevorzugt behandelt werden sollen...

Ich glaube, wenn wir an Ideen positiver Diskriminierung denken – sei es gegenüber Frauen oder gegenüber kulturellen Minderheiten –, haben wir eigentlich immer die Gleichheit als leitendes Prinzip vor Augen. Wir fordern positive Diskriminierung, um eine Geschichte von Benachteiligungen rückwirkend zu kompensieren. Das heißt, positive Diskriminierung ist eine zeitlich begrenzte Maßnahme im Namen der Gleichberechtigung. Für die Begründung solcher Maßnahmen braucht man nicht mal einen erweiterten Gerechtigkeitsbegriff, sondern nur einen Gleichheitsbegriff, der zunächst einmal an der Vorstellung individueller Autonomie orientiert ist. Man argumentiert, dass die Verhältnisse, unter denen Frauen oder kulturelle Minderheiten leben, diese Autonomie einschränken oder eingeschränkt haben. Man fordert positive Diskriminierung gewissermaßen kompensatorisch, um diesen Gruppen die Ausübung der Autonomie zu ermöglichen. Das ist eine Gleichheitsforderung.

Wenn ich nun »erweiterte Gerechtigkeit« sage, dann entsteht natürlich die Gefahr, die Sie meinen – dass der Gerechtigkeitsbegriff seine Eindeutigkeit verliert, die er hat, solange wir ihn am Leitfaden der Idee der individuellen Gleichheit verstehen. Ich glaube jedoch, dass wir schon heute in Situationen leben, in denen sich diese Unterscheidungen selbst verflüssigen, Situationen, in denen Problematiken, die man früher vielleicht als ethische Fragen abtun konnte – weil man der Überzeugung war, dass sie sich nicht wirklich konsensuell lösen lassen –, zunehmend Herausforderungen darstellen, die wir konsensuell lösen müssen. Die ökologischen

Probleme wären ein Beispiel dafür, die Probleme der Bioethik ein anderes. Und wir können es uns nicht mehr leisten zu sagen, das seien Fragen, die nicht im Kern konsensuell lösbar seien, daher sollten wir es bei den unterschiedlichen kritischen Perspektiven zu ihnen belassen. Vielmehr drängen sich diese Fragen selbst in einer Richtung auf, die uns zwingt, den Gerechtigkeitsbegriff zu erweitern: und zwar durch die Einbeziehung der Idee einer intakten Lebensform. Dadurch wird dieser Begriff natürlich komplexer. Aber ich glaube nicht, dass wir eine andere Chance haben. Die Entwicklung selbst zwingt uns doch, den Gerechtigkeitsbegriff so zu erweitern, dass er über das traditionelle Prinzip der Gleichheit hinauskommt. Denn wir können es nicht umgehen, bestimmte moralische oder ethische Probleme unserer Gegenwart in einem richtigen Sinn zu lösen, und »richtig« kann nur heißen: »gerecht«.

Ich glaube nicht, dass wir uns bei allen diesen Fragen mit den alten begrifflichen Mustern behelfen können, sondern dass wir sozusagen die soziale Struktur unserer Lebensform selbst zum Bezugspunkt machen müssen. Selbstverständlich ist die individuelle Autonomie ein wesentlicher Bestandteil dieser Struktur. Aber es gehört zu dieser Struktur auch Vieles an spezifischen Formen von Sozialbeziehungen, die zu garantieren vielleicht ebenfalls gerecht wäre. Das ist ja die Grundidee.

Sie haben dieses Konzept im Rahmen einer programmatischen Rede bei dem letzten Kongress der Grünen vorgetragen und ihn als ein mögliches Heilmittel für die Identitätskrise dieser Milieus reklamiert, die man hierzulande herkömmlich als »links-liberal« bezeichnet (Honneth 2001). In Bezug darauf habe ich einige Fragen. Die erste davon wäre, wo Sie eigentlich den Unterschied dieser Milieus von den traditionell sozialdemokratischen sehen?

Das ist eine schwierige soziologische Frage. Es ist sicherlich so, dass das sozialdemokratische Wählermilieu sich immer noch viel stärker aus der Schicht der weitgehend qualifizierten Arbeiterschaft rekrutiert und dort seinen Kern hat, während sich die Grünen in ganz hohem Maße aus akademischen Milieus rekrutieren, und zwar aus Milieus, die sich an den so genannten »postmaterialistischen Werten« orientieren. Das sind klassische Entgegensetzungen, die nicht wirklich überwunden worden sind. Die Idee ist, den Grünen ein Programm zu empfehlen, das in sein Zentrum nicht die Ökologie setzt – und auch nicht eine bestimmte Form von Libertarianismus –, sondern sich unter dem Begriff der Gerechtigkeit zu konstituieren versucht. Der Hintergrund eines solchen Vorschlags ist der Versuch, die beiden angesprochenen Milieus einander anzunähern. Die Frage ist also, ob der klassisch gestrickte Gerechtigkeitsbegriff, der bei dem traditionellen Wählermilieu der Sozialdemokratie eine große Rolle spielt, nicht erweitert werden könnte, um ihn anschlussfähig für die grünen Milieus zu machen. Also die Idee ist, dass sich zwei Lager dadurch stärker annähern, dass sich das eine Lager neu definiert.

Zu der Semantik der links-liberalen Milieus – so wie ich sie hier seit fast zehn Jahren erlebe – gehört auch die Idee einer multikulturellen Gesellschaft. Sie haben einmal gesagt, »multikulturelle Gesellschaft« sei ein leeres Wort. Wie meinen Sie das? Meinen Sie, dass dieser Begriff keinerlei Erklärungskraft hat, oder meinen Sie, dass er noch nicht präzisiert ist?

Ich meine dies zunächst als Beschreibung des empirischen Tatbestands, dass der Terminus »multikulturelle Gesellschaft« in unterschiedlichster Weise verstanden wird: einmal als etwas Gutes, einmal als etwas Schlechtes; manchmal weiß man nicht, ob damit ein Rechtstatbestand oder ein bestimmter soziokultureller Tatbestand oder nur ein ökonomischer Tatbestand gemeint ist. Das alles ist so vielschichtig und im semantischen Gebrauch so unklar, dass ich zunächst einmal meinte, sagen zu müssen, dass, wer heute den Begriff »Multikulturalismus« im Mund führt, damit noch gar nichts gesagt hat. Man muss erst ausführen, was damit wirklich gemeint ist. Den Begriff des Multikulturalismus muss man zuerst mit bestimmten Vorstellungen füllen, erst dann wird der Begriff halbwegs greifbar.

Wie ist es dann zu erklären, dass dieser Begriff eine so große Karriere macht?

Gerade weil er so leer ist… Natürlich verbinden die Grünen damit eine ganz bestimmte Vorstellung. Sie verbinden damit die Idee einer Einwanderungsgesellschaft, in der auch zukünftig die Einwanderungsgruppen kulturelle Minderheiten darstellen und gleiche Rechte wie die inländischen Bürger genießen sollten. Das ist eine Grundvorstellung, an der man schon sehen kann, dass der so verstandene Multikulturalismusbegriff eine Erweiterung unserer staatsbürgerlichen und verfassungsrechtlichen Vorstellungsmöglichkeiten erfordert. Andere verbinden aber – wenn man an die Konservativen denkt – etwas ganz anderes mit diesem Begriff. Sie meinen nämlich die Gefahr, dass bei der Vermischung von so vielen kulturellen Vorstellungen, Horizonten und Überzeugungen das, was sie als »deutsch« bezeichnen, verloren gehen würde. Das ist eine völlig andere Idee vom Multikulturalismus. Und ich glaube, dass dieser Begriff so prominent ist, weil er ganz vage eine bestimmte Entwicklung markiert, für die wir noch keine anderen, präziseren Begriffe haben.

Jetzt möchte ich einen Sprung machen, obwohl sich die nächste Frage immer noch auf das links-liberale politische Milieu bezieht. Es ist allgemein bekannt, dass ein genetischer Zusammenhang zwischen diesem Milieu und der 68er-Bewegung (und ihren Nachwirkungen in den 70er-Jahren des vorigen Jahrhunderts) besteht. Aus einer externen Position ist es manchmal schwierig nachzuvollziehen, wogegen sich eigentlich der Protest dieser Bewegung richtete. So hat zum Beispiel Angela Merkel neuerdings im Kontext der Auseinandersetzung um die Vergangenheit der grünen Minister Joschka Fischer und Jürgen Trittin behauptet, dass die Bundesrepublik eigentlich seit 1946 ein demokratisches Land sei und daher die Demokratisierungsforderungen der Außerparlamentarischen Opposition, zu der auch Fischer und Trittin in den 1970er-Jahren gehörten, völlig gegenstandslos seien.

Das ist eine komplexe Frage, weil die 68er-Bewegung unterschiedliche Zielsetzungen hatte. Einige dieser Zielsetzungen waren eingebettet in fiktiven (oder relativ fiktiven) und illusionären Zustandsbeschreibungen. Andere Zielsetzungen lassen sich tatsächlich auf den Nenner einer Demokratisierung, Liberalisierung und auch einer Eingrenzung kapitalistischer Fehlentwicklungen bringen. Man muss sich zuerst den ganzen Komplex von Zielen vor Augen führen: Die Häuserbesetzungen dienten in hohem Maße der symbolischen Artikulation eines eklatanten Missstandes – nämlich der Spekulation mit Wohnungen, durch die eine Vielzahl von Betroffenen in die Gefahr gerieten, obdachlos zu werden. Das war ein ganz konkreter Bezugspunkt des Protestes in der damaligen Situation, der, wie ich glaube, gut begründet war. Hingegen hatte aus heutiger Sicht die Idee, das Proletariat in einem revolutionären Sinne zu mobilisieren, etwas leicht Wahnhaftes. So mischten sich irgendwie in der ganzen Bewegung wahnhafte mit extrem sensitiven Empfindungen. Ökologische Zielsetzungen waren vollkommen fremd. Es gab die Vorstellung davon noch gar nicht. Aber auch die anderen Zielvorstellungen wie Demokratisierung und Liberalisierung kann man nur dann wirklich nachvollziehen, wenn man sich drastisch klar macht, wie die Verhältnisse in den frühen 1960er-Jahren beschaffen waren: wie die Schulen beschaffen waren, wie die Universitäten beschaffen waren; wie die politische Kultur insgesamt beschaffen war, in der von einer Aufarbeitung der Vergangenheit noch nicht die Rede war, in der es eher eine Tendenz zu einem autoritären Elitedemokratismus gab – als ob dieser eine substantielle Demokratie wäre. Das alles muss man sich vor Augen führen, um sich klarzumachen, wie die Verhältnisse waren.

Ich muss jetzt aber fragen, wie der Zustand der politischen Kultur damals konkret war – abgesehen von den Punkten wie der Aufarbeitung der Vergangenheit, die Sie bereits angesprochen haben...

Man muss sich aber die 1960er-Jahre vorstellen, nicht die 1970er. In den 1960er-Jahren hatten wir ein hohes Maß an politischem Autoritarismus. Das war die Zeit der Notstandgesetzgebung. Diese Gesetzgebung war ein drastischer Eingriff in das Demokratiegebot der Verfassung. Es gab eine ziemlich ungehemmte kapitalistische Entwicklung in vielen Bereichen. Es gab eine selbstverständliche Autorität des Bürgertums. Das Bürgertum hatte sich gerade – durch das Wirtschaftswunder – in Reichtum hineingearbeitet (oder hineingesetzt) und vermochte, das dadurch angesammelte ökonomische Kapital ziemlich grenzenlos zu benutzen. Das sind alles Randbedingungen, die heute manchmal aus dem Blick geraten, weil man nur die Gewaltbereitschaft und die revolutionäre Euphorie der 68er-Bewegung vor Augen bekommt. Um sich diese Randbedingungen zu vergegenwärtigen, genügt es manchmal sogar, sich kommunalpolitische Auseinandersetzungen aus der damaligen Zeit anzuschauen. Während meiner Studienzeit war ich bei den Jusos im Ruhrgebiet. Es gab kaum Kindergärten. Die Idee, dass man privates Eigentum zugunsten öffentlicher Güter auch einschränken darf, war vollkommen fremd. Um ein konkretes Beispiel zu nennen: Wir haben damals im Ruhrgebiet dafür gekämpft, dass die Wege zu einem See eröffnet werden. Am See hatten nämlich Privateigentümer ihre Grundstücke und machten es der Gesamtbevölkerung unmöglich, den See zu belaufen. Heute ist es eine relative Selbstverständlichkeit, dass Seegrundstücke einen bestimmten Raum am Ufer für öffentliche Wege frei lassen müssen. Damals war das nicht denkbar.

Dies waren ganz konkrete Zielsetzungen auf lokaler, kommunaler Ebene, die natürlich schwer alle unter einen Begriff zu bringen sind. Und ich glaube, es wäre falsch, alle diese Zielsetzungen unter der Bezeichnung

»Antikapitalismus« zu subsumieren, obwohl dies damals die Tendenz war. Es gab wahrscheinlich nicht mal einen einzigen Nenner für die politischen Vorstellungen von einer weiteren Demokratisierung, von Einschränkung kapitalistischer Fehlentwicklungen. Und vor allem die damals angesetzte Liberalisierung von Kindererziehung und Schulpädagogik ist nur auf dem Hintergrund der unglaublich dumpfen, autoritären Atmosphäre der früheren 1960er-Jahre nachzuvollziehen.

Jetzt möchte ich gerne zum Verhältnis dieses Milieus zu den Transformationsprozessen in Osteuropa kommen. Mein Eindruck ist, dass im Rahmen dieses Milieus, aber auch bei kritischen Intellektuellen in der Bundesrepublik, diese Prozesse überwiegend als ein Ärgernis wahrgenommen werden. Dies ist auf den ersten Blick verwunderlich, denn es handelt sich bei diesen Prozessen unter anderem um Befreiung von Demokratisierungs- und Liberalisierungspotenzialen. Wie ist das zu erklären?

Schwierig. Aber ich glaube, Ihre Feststellung ist teilweise richtig. Es stimmt, dass große Teile der Linken entweder indifferent oder sogar abwehrend zu den Veränderungen in Osteuropa sind. Dem liegt ein bestimmtes Wahrnehmungsschema zugrunde, wonach ein durchgehender Totalitarismus keine demokratiefähige Gesellschaft hervorbringen kann. Dieses Bild wird global projiziert, und dadurch kommt diese Reaktion zustande. Aber, natürlich, es wäre falsch zu sagen, die gesamte Linke sei so borniert bzw. so borniert gewesen. Es gab schon immer Teile der Linken, zumindest hier in der Bundesrepublik, die Kontakt mit Intellektuellen aus der DDR suchten und auch Interesse an den Befreiungsbewegungen in Osteuropa hatten. Schon an *Solidarnosc* haben sich die Geister geschieden. Als *Solidarnosc* auftauchte, stand die eine Seite begeistert dahinter, und die andere Seite warnte vor der katholischen Substanz dieser Bewegung. Und diese zweite Seite, die in *Solidarnosc* vor allem eine katholisch-populistische Bewegung sah, bildet den Kreis derjenigen, die bis heute Osteuropa aufgrund von vermuteten kulturellen Gegebenheiten mit Skepsis betrachten. Sie vermuten dort im Grunde genommen vormoderne, demokratieunfähige Gesellschaftsformen. Aus dieser Vermutung wird manchmal Ungarn ausgenommen, manchmal Polen, aber ansonsten wird alles so dargestellt. Aber zum Beispiel Joschka Fischer ist natürlich anders. Er setzt sich sehr stark in seiner Politik für die Osterweiterung der NATO und der EU ein.

Sie haben das Stichwort »postmaterialistische Werte« als Identitätsmerkmal des links-liberalen Milieus genannt. Wenn man nun im gesamteuropäischen Kontext – Osteuropa miteinbezogen – denkt, dann stellt sich die Frage, ob dieser Begriff eine tragende Funktion haben kann.

Ich muss dazu sagen, ich finde den Ausdruck »postmaterialistische Werte« in vielerlei Hinsicht nicht sehr glücklich. Als Beschreibungsinstrument ist er nicht besonders hilfreich. Ich glaube auch nicht, dass die »postmaterialistischen Werte« das Vereinigende in einem erweiterten Europa sein können. Das könnte eher eine bestimmte Idee von sozialer und politischer Demokratie sein. Ich glaube, dass im Unterschied zu den USA der Demokratieprozess in Europa stärker soziale Elemente mit einbeziehen sollte. Ich glaube auch, dass die viel größere Aufmerksamkeit für soziale Belange – das heißt nicht nur für die sozioökonomische Lage des Einzelnen – eine Resonanz in Osteuropa hat, und dass deswegen eine Idee von Demokratie, die auch starke soziale Komponenten hat, ein angemessener Integrationsfaktor ist und sein wird.

Ist das nicht eine klassische sozialdemokratische Perspektive?

Ja, ich glaube, man kann das so sagen. Vielleicht ist diese Perspektive aber nicht ganz sozialdemokratisch, weil die Sozialdemokratie immer glaubte, dass das Problem der demokratischen gesellschaftlichen Integration durch den klassischen Wohlfahrtsstaat zu lösen sei. Heute wissen wir, dass das so einfach nicht geht. Ich würde da immer hinzufügen – und insofern die sozialdemokratische Perspektive erweitern –, dass das Modell der sozialen Demokratie allein nicht ausreichend ist, sondern dass dazu auch eine pluralistische Unterfütterung hinzukommen muss. Das ist eine viel radikalere Vorstellung als das, was die ehemaligen wohlfahrtsstaatlichen Strukturen geleistet haben. Ich glaube, Europa muss eine enorme Aufmerksamkeit für die Tatsache entwickeln, dass alle seine Mitglieder – und ich glaube wirklich alle europäischen Nationalstaaten – entweder schon jetzt multikulturelle Gesellschaften oder auf dem Weg dahin sind. Der Krieg im ehemaligen Jugoslawien ist nur eine Erinnerung daran, wie ethnisch vielschichtig Europa und wie mosaikreich seine ethnische Zusammensetzung ist. Insofern geht es um die Entwicklung eines gemeinsamen Modells nicht nur einer sozialen Demokratie, sondern auch einer multikulturalistischen Demokratie. Das müssten die beiden Grundprinzipien sein.

Bei den Transformationsprozessen in Osteuropa bzw. innerhalb der führenden Kräfte dieser Prozesse spielte und spielt immer noch das Konzept der Zivilgesellschaft eine zentrale Rolle. Man kann in diesem Zusammenhang etwa Solidarnosc *erwähnen oder aber auch Zoran Djindjic. Sie grenzen sich von diesem Konzept ab…*

Ja, aber nur insoweit es als ein gesamtes politisches Programm gedeutet wird. Ich glaube nicht, dass es dazu tragfähig genug ist. Dies wäre nur dann der Fall, wenn die Idee der *civil society* – die für mich nur eine andere Formulierung für die alte Idee der demokratischen Öffentlichkeit ist – durch eine Aufmerksamkeit für die sozioökonomischen Ungleichheiten erweitert wird, die die Teilnahme an der Zivilgesellschaft behindern. Zumeist wird heute das Konzept der Zivilgesellschaft als ein politizistisches Modell dargestellt: »politizistisch« deswegen, weil dieses Modell in der Nachfolge von Hannah Arendt die Aufmerksamkeit für vorpolitische Ungleichheiten verliert. Deshalb ist die Idee einer sozialen Demokratie wichtig: Die soziale Demokratie ist ein Prinzip, das es nicht zulässt, genau diesen Zusammenhang aus den Augen zu verlieren. Es untermauert die Vorstellung, dass die Fähigkeit zur Teilnahme am demokratischen Willensbildungsprozess in hohem Maße von dem ökonomischen und sozialen Status der Bürger und Bürgerinnen abhängt. Das ist, glaube ich, der große Unterschied zum früheren amerikanischen Demokratiemodell.

Ich weiß nicht, ob die nächste Frage ganz relevant ist, aber ich möchte sie trotzdem stellen. Würden Sie über Erklärungsmöglichkeiten für die ethnischen Konflikte in Osteuropa spekulieren? Wie ist Ihrer Meinung nach der Ausbruch der ethnonationalistischen Kriege im Ex-Jugoslawien zu erklären, obwohl die objektiven kulturellen Unterschiede zwischen den unterschiedlichen ethnischen Gruppen – wie Sie wahrscheinlich wissen – dort gar nicht so groß sind?

Ja, das weiß ich. Ich habe hierzu nur triviale Erklärungen, die wahrscheinlich jeder aufgeklärte und halbwegs soziologisch gebildete Zeitungsleser auch hat. Ich glaube, dieser Krieg hängt in hohem Maße mit der negativen Dynamik zusammen, in die die soziale und politische Unsicherheit hineingezogen war. In dem Augenblick, in dem ein relativ autoritäres Regime – das aber immerhin elementare Sicherheiten garantierte – zusammenbrach, hat sich als ein möglicher Weg abgezeichnet, die entstehenden Unsicherheiten durch die Anbindung an eine kollektive Identität zu verarbeiten.

Und der Rückzugsort für eine solche Suche nach Stabilität war geradezu die Konstruktion einer ethnischen Identität, die bis zu diesem Zeitpunkt gar nicht mehr präsent war. Vor dem Krieg war ich sehr oft in Jugoslawien, und kein Kroate hat sich vor mir als Kroate bezeichnet. Die Sprachunterschiede waren minimal. Kulturelle Unterschiede wurden überhaupt nicht mehr betont. Und plötzlich haben sich innerhalb von zwei Jahren alle durch ethnische Merkmale definiert. Man muss sich vorstellen, wie explosionsartig dieser Prozess verlaufen ist. Dafür habe ich kaum eine bessere Erklärung als die, die Viele andere auch haben: dass die sozialen und ökonomischen Unsicherheiten hier eine primäre Bedeutung hatten.

10. Die Philosophie der Anerkennung: eine Sozialkritik

Gespräch mit Michaël Foessel

Michaël Foessel: *In Ihrem Buch* Kampf um Anerkennung *(Honneth 1992) zeigen Sie, dass Gesellschaftskritik nur im Rahmen einer Analyse konkreter sozialer Praktiken Gestalt annehmen kann. Der Begriff der »Anerkennung« erlaubt es tatsächlich, diejenigen normativen Forderungen zu rekonstruieren, die in der Erfahrung in der Sphäre der Liebe, des Rechts und der Gesellschaft erhoben werden. Die Konflikte auf jeder dieser Ebenen lassen sich nicht auf einen Kampf ums Überleben reduzieren, sondern implizieren die Verwendung solcher Begriffe wie »Respekt« oder »Wertschätzung«, die als eben die symbolischen Bedingungen erscheinen, die für das soziale Leben notwendig sind. Speist sich dieses besondere Interesse an Konkretheit vielleicht aus einem gewissen Misstrauen gegenüber den abstrakten Prinzipien des Liberalismus? Kann man dem Wunsch nach Anerkennung gerecht werden, während man zugleich den Anspruch einer universellen Norm aufrechterhalten will?*

Axel Honneth: Natürlich speist sich der normative Impuls meiner Anerkennungstheorie aus dem Eindruck, dass der Liberalismus in seinen klassischen Gestalten von Locke über Kant bis zu John Rawls nicht dazu in der Lage ist, die moralischen Grundlagen moderner Gesellschaften so zu artikulieren, dass dabei sowohl alle rechtfertigungsfähigen Forderungen als auch die damit verknüpften Konflikte angemessen zum Vorschein kommen. Um dieses Defizit zu beheben, bediene ich mich eines Vorgehens, das in gewisser Weise schon Hegel in seiner Rechtsphilosophie angewandt hat, um eine wesentlich dichtere Beschreibung und Selbstauslegung moderner Gesellschaften zu erzeugen: Ich frage mich nämlich, welche Typen von sozialen Praktiken in unseren Gesellschaften in der Weise institutionalisiert sind, dass Formen der wechselseitigen Anerkennung erzeugt werden, die zugleich die normative Basis für gerechtfertigte Forderungen als auch die Quelle für moralische Konflikte bilden.

Wenn ich mich von diesen metatheoretischen Erwägungen leiten lasse, so erweist es sich als äußerst naheliegend, die zunächst nur deskriptiv rekonstruierte Anerkennungsordnung der modernen Gesellschaft auch als Ausgangspunkt einer normativen Gerechtigkeitskonzeption zu nehmen; in gewisser Übereinstimmung mit pluralistischen Ansätzen innerhalb der Gerechtigkeitstheorie (beispielsweise Michael Walzer [1992], David Miller [2008]) zeigt sich nämlich dann, dass die moderne Idee einer Gerechtigkeit durch Gleichbehandlung faktisch in drei verschiedenen Weisen »institutionalisiert« worden ist, die nacheinander die Berücksichtigung von individuellen Bedürfnissen, von individueller Autonomie und von individuellen Leistungen verlangen – wir finden in unseren Gesellschaften gewissermaßen drei Sphären vor, in denen jeweils unterschiedliche Formen der wechselseitigen Anerkennung etabliert sind, die alle eine spezifische Interpretation dessen geben, was es heißen soll, den Anderen als »gleich« zu behandeln. Insofern nimmt die Gerechtigkeitskonzeption, die ich der kritischen Gesellschaftstheorie zugrunde legen möchte, eine pluralistische Gestalt an; anstatt nur ein einziges sind es hier drei Prinzipien, die bei der Analyse sozialer Kämpfe und Veränderungsprozesse normativ darüber Auskunft geben sollen, welche moralischen Forderungen als gerechtfertigt gelten können.

Der Unterschied zum Liberalismus besteht mithin darin, dass ich von einer institutionellen Ausdifferenzierung des Gleichheitsgrundsatzes ausgehe, die zu einer Etablierung von drei Anerkennungsprinzipien führt, die erst zusammengenommen die moralische Infrastruktur moderner Gesellschaften bilden: Erst, wenn wir verstanden haben, dass die Liebe, die Rechtsgleichheit und das Leistungsprinzip normative Prinzipien darstellen, in Hinblick auf die wir in jeweils unterschiedlichen Sphären spezifische Ansprüche auf Gleichbehandlung geltend machen können, haben wir die moralischen Geltungsgrundlagen unserer Gesellschaften durchschaut; und erst dann können wir verstehen, welche unglaubliche moralische Dynamik diese Gesellschaften besitzen, weil sie es erlauben, rechtfertigungsfähige Forderungen unter Berufung auf ganz unterschiedliche Aspekte des Gleichheitsgrundsatzes zu erheben – moralische Konflikte gibt es eben nicht nur um die angemessene Auslegung des Prinzips der Rechtsgleichheit, sondern auch um die legitime Interpretation der Idee der Liebe und des Grundsatzes der Leistungsgerechtigkeit. Insofern fußt die moderne Gesellschaftsordnung natürlich auf dem einen Gedanken der gleichen Freiheit, aber dieser Gedanke hat gleichsam drei verschiedene Gestalten angenommen, deren Differenzen der Liberalismus nicht zu artikulieren vermag.

Als Nachfolger Jürgen Habermas' am philosophischen Lehrstuhl an der Frankfurter Universität verorten Sie Ihr theoretisches Unternehmen in einer Linie mit der Kritischen Theorie, die ursprünglich von Horkheimer und Adorno in den 1930er-Jahren entwickelt wurde. Bis zu welchem Grad erscheint Ihnen der Begriff der Kritik und sogar ihre Möglichkeit heute in eine Krise geraten zu sein? Welchen Status sollte Ihrer Meinung nach eine Philosophie besitzen, die zwischen der Neutralität des Expertendiskurses und bloßen moralischen Beteuerungen gefangen ist?

In der Tat ist die ganze Idee einer Sozialkritik nach den 1970er-Jahren in eine heftige Krise geraten, weil immer unklarer wurde, auf welche verallgemeinerungsfähigen Prinzipien sich das Unternehmen einer solchen Kritik eigentlich berufen könne; nicht selten konnte ja der Eindruck entstehen, dass sich die mit der Reputation wissenschaftlicher Neutralität auftretende Gesellschaftskritik bloß auf normative Standards beruft, die sich den partikularen Vorlieben des Kritikers verdanken, sei es für die Interessen einer bestimmten sozialen Klasse, sei es für ein bestimmtes Reformprojekt. Aus dieser Malaise der Sozialkritik, der Fragwürdigkeit ihres verallgemeinerungsfähigen Anspruchs, hat mein Kollege Luc Boltanski später die Konsequenz gezogen, das Projekt einer soziologischen Kritik in Gänze durch das Unternehmen einer Soziologie der Kritik zu ersetzen: Statt bestimmte Entwicklungstendenzen der Gesellschaft aus soziologischer Perspektive zu kritisieren, was immer die Gefahr ungerechtfertigter Parteilichkeiten mit sich bringt, soll nur noch empirisch untersucht werden, auf welche normativen Prinzipien sich die Betroffenen bei ihrer Kritik berufen. (Vgl. Boltanski/Chiapello 2003; Boltanski 2007)

Ich denke nicht, dass wir als Sozialtheoretiker einen Anlass zu einer solchen resignativen Bescheidung haben, auch wenn ich natürlich die vielen Probleme sehe, die sich dem Versuch einer Begründung von gerechtfertigten, universalisierungsfähigen Standards der Kritik entgegenstellen. Leider ist auch in meiner eigenen Tradition, der der Frankfurter Schule, dieses Problem nicht immer zufriedenstellend gelöst worden, weil der in Anspruch genommene Begriff der gesellschaftlichen Vernunft nur selten so deutlich und klar artikuliert war, dass durchsichtig werden konnte, inwiefern er eine Basis für gerechtfertigte Urteile über gesellschaftliche Entwicklungen abgeben könnte; aus meiner Sicht hat sich diese Situation in meiner eigenen Tradition erst mit den Schriften von Jürgen Habermas geändert, der alle seine Anstrengungen darauf konzentriert hat, die Strukturen einer kommunikativen Vernunft zu umreißen, welche rechtfertigungsfähige Ansprüche an die Entwicklung der Gesellschaft zu erkennen gibt. In diesem Unternehmen von Habermas habe ich daher auch immer mein großes Vorbild gesehen, nur dass ich die abstrakten Konturen der kommunikativen Vernunft viel stärker soziologisch begreifen wollte, indem ich sie als Prinzipien der wechselseitigen Anerkennung direkt in der gesellschaftlichen Reproduktion zu verankern versuchte.

Im Sinne einer solchen Soziologisierung der kommunikativen Vernunft versuche ich heute das Unternehmen einer Gesellschaftskritik zu verteidigen: Wir finden in beinahe jeder Gesellschaftsordnung institutionalisierte Prinzipien der wechselseitigen Anerkennung vor, die einen normativen »Geltungsüberhang« besitzen, auf die sich die Kritik mit dem Anspruch auf Universalisierungsfähigkeit stützen kann. Die stets drohende Gefahr des bloßen Partikularismus, der Verletzung des Gebots der Wertneutralität, scheint mir bei einem solchen Vorgehen dadurch gebannt, dass die herangezogenen Normen stets schon soziale Geltung besitzen, weil sie als Anerkennungsprinzipien institutionalisiert sind: Nicht der Theoretiker behauptet, dass die Liebe wechselseitige Fürsorge, Rücksichtnahme und Vertrauen verlangt, dies sind vielmehr genau diejenigen Normen, die seit der sozialen Herausbildung der romantischen Liebe die gesellschaftliche Praxis des Intimlebens bestimmen – kurz, wer sich in unseren Gesellschaften auf Intimbeziehungen einlässt, besitzt eine implizite Kenntnis all der normativen Verpflichtungen, die mit solchen Praktiken einhergehen.

Der Gesellschaftstheoretiker, der sich auf das Geschäft der Kritik einlässt, kann sich nach meiner Auffassung nun in zweierlei Weise auf diese impliziten Normen beziehen, ohne dabei die Grenze zum bloßen Partikularismus zu überschreiten: Einerseits darf er gewissermaßen defensiv diese normativen Prinzipien reartikulieren, um auf gewisse Gefahren der gesellschaftlichen Fehlentwicklung, der Veruntreuung zugrunde liegender Normen und Einstellungen aufmerksam zu machen; andererseits kann er sich aber auf diese bereits akzeptierten, insofern verallgemeinerungsfähigen Normen auch in einem »progressiven« Sinn beziehen, indem er nämlich den Geltungsüberhang zum Tragen bringt, den alle solche »Anerkennungsprinzipien« in dem Sinn besitzen, dass sie stets noch einer besseren, angemesseneren, umfassenderen institutionellen Ausgestaltung fähig sind.

Ich verstehe die Aufgabe der Gesellschaftskritik heute vor allem in diesem zweiten Sinn: Ohne das Neutralitätsgebot zu verletzten, können wir uns als Gesellschaftstheoretiker auf institutionalisierte, allgemein anerkannte Normen der wechselseitigen Anerkennung beziehen, um deren möglichst umfassende Anwendung in der gesellschaftlichen Praxis einzuklagen.

Mit dem Titel der »Missachtung« belegen Sie die Gesamtheit der Pathologien der fortgeschrittenen kapitalistischen Gesellschaft. Über die objektiven Exklusionsmechanismen hinaus, die von der Soziologie und der Politischen Ökonomie erfasst werden können, wie würden Sie die psychologische Dimension der sozialen Missachtung definieren? Welchen Beitrag leistet die Psychoanalyse zu Ihrem Ansatz, der darauf zielt, die politischen Bedingungen eines »positiven Selbstverhältnisses« zu rekonstruieren?

An der psychischen Seite der Missachtung, der Demütigung oder der Erniedrigung war ich zunächst interessiert, um die Wirkung identifizieren zu können, die die gesellschaftlichen Verhältnisse auf Subjekte ausüben; im Grunde genommen wollte ich zeigen, in welchem Maße die individuellen Erfahrungen von Subjekten mit sozialen Prozessen verwoben sind, ja, dass es kaum gesellschaftliche Veränderungen gibt, auf die wir nicht mit moralischer Sensibilität reagieren. Insofern sah ich mich vor die Aufgabe gestellt, das ganze Spektrum von moralischen Gefühlsreaktionen herauszuarbeiten, mit denen die Betroffenen auf die Wahrnehmung einer als »Unrecht« empfundenen Verletzung ihrer Anerkennungserwartungen reagieren – das reicht nämlich von der stillschweigenden Scham über die bittere Duldung bis zur wütenden Empörung, alles Gefühlszustände, in denen sich immerhin eine moralische Stellungnahme anmeldet. Wenn Sie so wollen, wollte ich auf diesem Wege dem näherkommen, was wir als die motivationale Grundlage unserer Gesellschaftsmoral bezeichnen können: Das Subjekt ist eben nicht, wie es manchmal in der Sozialtheorie behauptet wird, ein strategisch operierender Akteur, sondern ein durch und durch moralisches Wesen, das mit all seinen Gefühlsempfindungen am gesellschaftlichen Leben teilnimmt und normativ darauf reagiert.

Um die Aufgabe bewältigen zu können, diesen Zusammenhang deutlich zu machen, also die Moral in der Gesellschaft zu verankern, habe ich mich zunächst vor allem auf die Psychoanalyse gestützt, allerdings nicht in ihrer klassischen, von Freud geprägten Version, sondern in ihrer durch Donald Winnicott geprägten Version einer Objektbeziehungstheorie (vgl.

Winnicott 1989; Honneth 2003a); das schien mir den Vorteil zu bieten, herausarbeiten zu können, inwiefern das heranwachsende Subjekt vom frühesten Moment an auf ein zustimmendes, anerkennendes Verhalten seiner Umwelt angewiesen war. Darüber hinaus ließ sich mit Winnicott sehr schön zeigen, dass zwischen der psychischen Gesundheit eines Subjekts und intakten Anerkennungsverhältnissen insofern ein Korrespondenzverhältnis besteht, als wir zu einem freien Umgang mit uns selbst, zur individuellen Autonomie nur in dem Maße gelangen können, in dem wir auf die Zustimmung unserer Umwelt rechnen können.

Wenn Sie so wollen, war mir damit die Chance gegeben, den Einfluss der Organisationsformen der Gesellschaft bis in die Kapillaren des psychischen Innenlebens zurückzuverfolgen. Erst später habe ich dann festgestellt, dass sich die Ansätze zu einem solchen Unternehmen schon bei Freud zeigen, vor allem in seiner Schrift *Hemmung, Symptom und Angst* (1926); dort nämlich wird in großartiger Weise der psychische Zusammenhang zwischen Individuum und Gesellschaft über den Begriff der »sozialen Angst« erschlossen, der besagen soll, dass wir im Nachklang der frühkindlichen Angst vor dem Verlust des geliebten Bezugsobjekts zeitlebens fürchten, von der Umwelt allein gelassen zu werden und der anerkennenden Zustimmung durch Andere verlustig zu gehen – daher wohl hat die Furcht vor der Arbeitslosigkeit oder die Angst des Statusverlustes wohl die aufwühlende, dramatische Qualität, die sie für die meisten Menschen besitzen.

Nun darf man natürlich nicht den Fehler machen, aus dem bloßen Vorliegen solcher Missachtungs- oder Exklusionsgefühle schon auf die Rechtfertigbarkeit der in ihnen artikulierten Ansprüche an die Gesellschaft zu schließen – nicht jedes Gefühl der Demütigung enthält bereits den Hinweis auf einen moralisch gerechtfertigten Anspruch, nicht jeder Anfall von sozialer Angst darf als Indikator eines gesellschaftlichen Unrechts verstanden werden. Auf diese notwendige Entkoppelung von moralischen Gefühlen und Rechtfertigbarkeit habe ich zwar häufig hingewiesen, aber das ist doch häufig überlesen worden. Für mich ist es ganz selbstverständlich, dass sich die in Missachtungsgefühlen enthaltenen Ansprüche nur in dem Maße begründen lassen, in dem sie im Lichte allgemein akzeptierter Anerkennungsprinzipien gerechtfertigt werden können.

Dennoch warnt Paul Ricœur, der sich auf Ihre Arbeit stützt, in Wege der Anerkennung (2006) *vor dem »schlechten Unendlichen« eines unaufhörlichen*

Kampfes um Anerkennung. Für ihn ist es notwendig, an einem Gleichgewicht zwischen der Notwendigkeit des Konfliktes und den »geglückten« und befriedeten Erfahrungen der Anerkennung festzuhalten. Wie stehen Sie zu diesem Versuch? Was wäre für Sie die positive Definition einer Situation der wechselseitigen Anerkennung?

So sehr ich das Werk von Paul Ricœur im Ganzen bewundere, so wenig habe ich diesen Einwand aus seinem Buch *Wege der Anerkennung* wirklich verstanden. Von Anfang an habe ich mich ja gerade darum bemüht, den sozialen Kampf von seinem Gegenteil her zu verstehen, also einem Zustand vervollständigter, intakter Anerkennung; und diesen Zustand habe ich in meinem Buch *Kampf um Anerkennung* aus einem formalen Begriff des Guten gewinnen wollen, der all die Bedingungen von wechselseitiger Anerkennung enthält, unter denen ein Subjekt seine Identität frei von Angst und ungezwungen entwickeln kann. Allerdings halte ich es für eine offene Frage, ob ein solcher gesellschaftlicher Zustand jemals erreichbar sein wird; und insofern können wir vielleicht wirklich davon ausgehen, dass Gesellschaften auf absehbare Zeit von sozialen Konflikten geprägt sein werden, die den Charakter eines Kampfes um Anerkennung besitzen. Ich vermute, dass sich hinter dem Einwand von Paul Ricœur eine ganz andere Problematik verbirgt, die mit der Frage zusammenhängt, ob wir einen solchen befriedeten Zustand der Anerkennung als ein einseitiges oder als ein reziprokes Verhältnis deuten sollten; mein Eindruck ist, dass sich Ricœur die Befriedung nur aus einer Haltung der Gabe, der vollkommen uneigennützigen, einseitigen Anerkennung heraus erklären kann, während ich tatsächlich daran festhalte, dass ein derartiger Zustand ein reziprokes Verhältnis der Anerkennung voraussetzt.

Ein sehr wichtiges Element Ihrer Bezugnahme auf das Thema der Anerkennung liegt in der von Ihnen vorgeschlagenen Zugangsweise zu denjenigen Paradoxien des Kapitalismus, die mit dem zusammenhängen, was man im Allgemeinen als »Globalisierung« bezeichnet. Besonderes Gewicht legen Sie auf die Tatsache, dass der normative Fortschritt in den liberalen Demokratien vom Auftauchen neuer Beschränkungen begleitet wird, die mit dem Projekt einer Emanzipation durch Anerkennung unvereinbar sind. Im Zentrum dieser paradoxalen Entwicklung liegt die »neoliberale Revolution« und die ihr entsprechende Anthropologie, die auf der Definition des Individuums als »unternehmerisches Selbst« gründet. Können Sie den Unterschied zwischen »Neolibera-

lismus« und klassischem Liberalismus noch einmal präzisieren? Wie kann das Ideal der Autonomie die Quelle einer neuen Form der Entfremdung sein?

Bei der Beantwortung der ersten Teilfrage hängt natürlich Vieles davon ab, wie wir den klassischen Liberalismus im Einzelnen verstehen; denn schon in seiner klassischen Periode kannte der Liberalismus zwei höchst verschiedene Denkströmungen und Ordnungsmodelle, zwischen denen von Anfang an eine gewisse Spannung existierte: Während der politische Liberalismus die Autonomie des politischen Bürgers gegen Eingriffe des Staates und des ökonomischen Marktes zu schützen versuchte, nahm der Wirtschaftsliberalismus an den Gesellschaftsmitgliedern stets nur die Seite der ökonomischen Unabhängigkeit wahr, also das, was früher im Begriff des »Bourgeois« festgehalten wurde, um von dort aus die Ordnung der Gesellschaft im Ganzen nach dem Modell einer marktvermittelten Transaktion zu konstruieren. In einer radikalen Expansion dieses Modells sehe ich eigentlich die Eigenart neoliberaler Ordnungsvorstellungen: Der gesellschaftliche Zusammenhang wird hier durchgängig nach dem Muster der ökonomischen Transaktion zwischen unabhängigen Wirtschaftsbürgern gedacht, so dass kein Raum mehr bleibt für eigensinnige Sozialsphären, die nach anderen Prinzipien oder Orientierungen funktionieren als denen der ökonomischen Rentabilität – daher die enorm gewachsene Bedeutung von neuen Managementmodellen, von Budgetierungen und ökonomischen Kalkulationen, die im Augenblick in alle Poren des gesellschaftlichen Lebens einzudringen scheinen. Weil in der sozialen Durchsetzung solcher Ordnungsmodelle die individuelle Autonomie des Einzelnen auf seine ökonomische Unabhängigkeit hin verkürzt wird, kann unter dem Titel einer Erweiterung von Freiheit jetzt eine neue Form von subtiler Abhängigkeit und Disziplinierung entstehen; denn der Einzelne lernt im Zuge der Übernahme solcher Adressierungen, sich allein noch als ein ökonomisch kalkulierendes Wesen zu verstehen, das für sich selbst verantwortlich ist und auf die Solidarität der Anderen nicht mehr rechnen kann – kurz, die in Aussicht gestellte Erweiterung von Freiheit schlägt in eine Einschränkung der eigenen Handlungsoptionen um, weil Wege der nichtstrategischen Interaktion gar nicht mehr offen zu stehen scheinen.

11. Stationen auf dem Weg zu einer Kritischen Theorie der Anerkennung

Gespräch mit Francesc Hernàndez und Benno Herzog

Francesc Hernàndez und Benno Herzog: *Im spanischsprachigen Raum hat die Rezeption der Werke der Frankfurter Schule eine große Tradition. Dabei kommen zunehmend auch Ihre Arbeiten in den Blick. Welche Bedeutung hat dieser Prozess der globalen Rezeption für ihre Arbeit?*

Axel Honneth: Ganz allgemein lässt sich wohl sagen, dass ein solcher Prozess der Transnationalisierung der Rezeption des eigenen Werkes einen Ansporn schafft, sich immer wieder neu mit den Voraussetzungen und Prämissen der bereits abgeschlossen erscheinenden Überlegungen zu beschäftigen: Sobald die Rezeption in einem anderen Land startet, kommen neue Bedenken und Probleme ins Spiel, die häufig mit den theoretischen Orientierungen des nationalen Diskursuniversums zusammenhängen – auf jeden Fall habe ich diese Erfahrung in der Vergangenheit machen können, als meine anerkennungstheoretischen Ideen in Italien etwa auf doch sehr andere Einwände stießen als etwa im angelsächsischen Raum; dort spielte der Marxismus noch eine mächtige Rolle, während er hier kaum mehr eine theoretische Bezugsgröße darstellt. Allerdings darf man diese kulturellen Differenzen zwischen den philosophischen Kulturen auch nicht überschätzen; im Augenblick schreitet auch in der Philosophie und Gesellschaftstheorie der Prozess der Transnationalisierung sehr schnell voran, so dass man nicht selten in sehr verschiedenen Ländern auf die gleichen Referenztheorien und Autorennamen stößt. Mit Spanien habe ich nur erst geringe Erfahrungen, obwohl ich eine Reihe von spanischen Studentinnen und Studenten betreut habe; daher bin ich noch nicht in der Lage zu beurteilen, ob die Rezeption meines Werkes dort auf einen besonderen Kranz von wirkungsgeschichtlich überlieferten Überzeugungen und Problemstellungen stößt.

Ihr Werk ist längst schon über den deutschsprachigen Raum hinaus verbreitet und kommentiert worden, und es existieren sehr vielseitige Auseinandersetzungen mit dem Thema der Anerkennung. Allerdings haben wir den Eindruck, dass viele Kommentare zur »Anerkennung« die Schlüsselkategorie des »Kampfes« außer Acht lassen. Der erste Begriff scheint dabei den Zweiten zu überdecken, dabei ist er es doch gerade, der ihre Doktorarbeit mit ihrer Habilitationsschrift verbindet (Honneth 1989; 1992). Könnte sich hierin ein Indiz für das Verblassen von soziologischen Fragestellungen und eine Reduktion auf die philosophische Dimension in der Kommentierung ihres Werkes verbergen?

Zunächst möchte ich Ihnen sagen, dass ich für die Frage sehr dankbar bin, weil es in der Rezeption meines Buches tatsächlich die Tendenz gibt, die theoretischen Überlegungen zur Neubestimmung des sozialen Kampfes zu vernachlässigen. Ursprünglich hatte ich vor, die Argumentation des Buches noch viel stärker auf diese Dimension zuzuschneiden; es sollte sich dabei nicht nur um eine Rehabilitation der soziologischen Konflikttheorie handeln, vielmehr war mir daran gelegen, die moralische Dimension so gut wie aller sozialen Konflikte herauszuarbeiten. Inzwischen trage ich mich mit dem Gedanken, diesem verschütteten Gedanken einmal ein eigenes kleines Buch zu widmen; denn heute wird das Feld der Konfliktsoziologie ja beinah vollständig von den Rational-Choice-Ansätzen beherrscht, denen gegenüber eine Herausarbeitung des normativen Eigensinns sozialer Kämpfe noch viel wichtiger wäre.

Was Sie darüber hinaus vermuten, scheint mir durchaus richtig: Die Soziologie ist inzwischen normativ-philosophisch so sehr entkernt worden, dass sie von sich aus kaum mehr in der Lage ist, Brücken zur moralphilosophischen Diskussion zu schlagen; und das gilt natürlich umgekehrt auch für die Philosophie, die jeden Kontakt mit der Gesellschaftsanalyse verloren hat. Zudem ist im öffentlichen Bewusstsein die Soziologie gegenüber der Philosophie in Hinblick auf Erklärungskraft und Anregungsreichtum stark ins Hintertreffen geraten, so dass an meinem Buch vor allem die philosophischen Elemente Aufmerksamkeit fanden.

Soll das heißen, dass sich die Philosophie in ihren Elfenbeinturm zurückgezogen hat, während sich die Soziologie in der alltäglichen projektbezogenen Forschungspraxis zerreibt?

Nein, zumindest in Deutschland ist es gegenwärtig so, dass sich die Vertreter der Philosophie recht deutungsaktiv und interventionswillig verhalten, also mit Stellungnahmen auf die politische Öffentlichkeit einzuwirken versuchen, während nur die Soziologie sich in das Alltagsgeschäft projektbezogener Kleinarbeit zurückzuziehen scheint. Während also hier im Augenblick ein starker Professionalisierungsschub stattfindet, der sich im Wesentlichen dem Zwang der Einwerbung öffentlicher Gelder verdankt und zu einer Abkopplung von den praktisch-politischen Themen führt, hat dort das gewachsene Interesse der Öffentlichkeit zu einer gewissen Tendenz der Repolitisierung geführt – es ist ja nicht nur Habermas, der unermüdlich in die Rolle des politischen Intellektuellen schlüpft, diese Rolle wird heute vielmehr von einer Vielzahl deutscher Philosophen wahrgenommen, die ihre fachlichen Kompetenzen nutzen, um zur Klärung moralischer und politischer Fragen beizutragen. Fatal an dieser Entwicklung ist aber, dass die Asymmetrie im Grad der Professionalisierung zu einer Vertiefung der Spaltung zwischen Philosophie und Soziologie beiträgt: Die Soziologen entwickeln kaum mehr ein Interesse an der normativen Terminologie, mit der die praktische Philosophie arbeitet, weil sie ihre empirischen Fragen unter forschungspragmatischen Gesichtspunkten vorweg so definieren, dass dabei normative oder moralische Sachverhalte kaum mehr eine Rolle spielen. Man sehnt sich nach den Zeiten zurück, als ein Talcott Parsons (1982) noch darangehen konnte, im Rückgriff auf Traditionsbestände des deutschen Idealismus ein normativistisches Konzept der Gesellschaft zu entwickeln.

Seit Ihrer Auseinandersetzung mit Foucault in Ihrer stark von Habermas beeinflussten Promotionsschrift, spielt Foucault in ihren Texten immer wieder eine Rolle, wenngleich auch nur am Rande. Dabei scheint doch gerade Foucaults Beschäftigung mit Ein- und Ausschlussmechanismen, mit Biomacht und Gouvernementalität gewisse Parallelen zu den »Pathologien des Sozialen« (vgl. Honneth 2000c) aufzuweisen. Wie schätzen Sie in diesem Kontext die gerade stattfindende Wiederentdeckung Michel Foucaults für ihr eigenes Werk ein? Könnte darin auch ein Schlüssel für die von Ihnen als Zukunftsprojekt genannte Auseinandersetzung mit der Konfliktsoziologie und der Kategorie des Kampfes liegen?

Tatsächlich verfolge ich mit allergrößtem Interesse diese Welle einer Neubeschäftigung mit Foucault, die ja vor allem an dessen Schriften und Vorlesungen zum Wandel gouvernementaler Macht ansetzt, um daraus die Mittel für eine Analyse unserer Gegenwartsgesellschaft zu gewinnen (Foucault 2004a; 2004b). Hier findet sich ein breites Arsenal von konzeptuellen Instrumenten, die dabei behilflich sein können, den Zusammenhang zwischen staatlicher Regierungspraxis und wissenschaftlichen Neuerungen zu untersuchen; überdies wird an den posthum veröffentlichten Vorlesungen Foucaults auch sehr schön deutlich, dass ihm das soziale Wechselspiel zwischen gouvernementalen Machttechniken und Widerstandspraktiken viel deutlicher vor Augen stand, als es in seinen Schriften bisher sichtbar wird. Andererseits wohnt dieser neuen Rezeptionswelle nicht nur eine gewisse Tendenz zur soziologischen Einseitigkeit inne, die sich in einer groben Vernachlässigung des Eigensinns sozialer Wertsphären niederschlägt, vielmehr ist sie häufig auch mit begrifflichen Mängeln und Unklarheiten behaftet, wie sich etwa an der Vieldeutigkeit des Begriffs der »Biomacht« zeigt – hierunter versteht ja Giorgio Agamben etwas vollkommen anderes als diejenigen, die im Rahmen ihrer Gouvernementalitätsstudien darlegen wollen, dass heute die politische Macht vor allem auf die Verwendung biotechnologischen Wissens gestützt ist. Insofern ist es wohl ratsam, die konzeptuellen Anregungen all dieser Studien mit einer gewissen Vorsicht aufzunehmen.

Wenn man sich Ihre eigenen Ausführungen zum Thema der Anerkennung ansieht, kann man den Eindruck gewinnen, dass es sich, wenn Sie uns diesen Ausdruck gestatten, um eine negative Soziologie der Anerkennung *(oder des Kampfes darum) handelt. Viele Ihrer Texte behandeln Themen wie Unsichtbarkeit, Verdinglichung, soziale Pathologien oder Missachtung, also gerade die andere Seite der Anerkennung. Stimmen Sie mit dieser Interpretation überein, und wie erklären Sie diese »negativistische« Wende?*

Auch diese Beobachtung scheint mir richtig. Häufig werden meine Argumente entweder der Moralpsychologie oder der Moralphilosophie zugeordnet, ohne dass der im Kern soziologische Anspruch noch gesehen wird. In der Tat bin ich der Überzeugung, dass es ratsam ist, bei der soziologischen (oder philosophischen) Analyse von normativen Phänomenen bei negativen Vorkommnissen zu beginnen; denn diese sind im Allgemeinen viel deutlicher artikuliert und daher leichter greifbar als die positiven Bekundungen oder Stellungnahmen. Den systematischen Grund für diesen Sachverhalt erblicke ich darin, dass normative Pro-Einstellungen im Allgemeinen implizit bleiben, während Contra-Einstellungen schon deswegen der Artikulation bedürfen, weil sie ansonsten keine Berücksichtigung fänden. Der deutlichste Fall ist hier das Rechtsverhältnis, an dem ich mir diese Umstände habe klarmachen können. Solange wir über subjektive Rechte verfügen, sind wir uns derer im Allgemeinen gar nicht explizit bewusst, nur im Falle einer Verletzung dieser Rechte werden wir auf sie aufmerksam. Daher scheint es mir theoretisch ratsam, stets mit negativen Phänomenen zu beginnen, um Zugang zu den entsprechenden normativen Präsuppositionen zu finden; eine ähnliche Begründung findet sich im Übrigen in dem vorzüglichen Buch *Politik der Würde* von Avishai Margalit (1997), der ebenfalls negativistisch verfährt. Erst im Nachhinein bin ich dann darauf gestoßen, dass Adorno ähnliche Begründungen anführt, um sein negativistisches Vorgehen zu rechtfertigen; es handelte sich also nicht um eine bewusste Anknüpfung an diese ältere Tradition der Frankfurter Schule, eher wurde ich durch davon unabhängige Überlegungen in dieselbe Richtung gedrängt.

Sie haben immer wieder auf das soziologische Defizit der Frankfurter Schule hingewiesen. Inwiefern hat Ihr eigener anerkennungstheoretischer Ansatz dieses soziologische Defizit überwunden?

Zumindest kann ich sagen, dass ich mit meinen theoretischen Überlegungen zur Behebung dieses soziologischen Defizits beitragen wollte; ob ich dabei erfolgreich war, werden andere beurteilen müssen. Ich habe mit dem Ausdruck des »soziologischen Defizits« darauf hinweisen wollen, dass es in der gesamten Tradition der Frankfurter Schule eine gewisse Tendenz gibt, den eigentlichen Kern des Sozialen, nämlich die Tatsache unentwegter Auseinandersetzungen um die Ordnungen der wechselseitigen Anerkennung, zu verdrängen oder zu ignorieren; und bei meinem Versuch, diesen Kern wieder sichtbar zu machen, habe ich mich auf unterschiedlichste Ansätze gestützt, die gemeinsam dazu beitragen sollten, neben dem Zwang zur sozialen Integration durch Anerkennung auch die Tatsache der Konflikthaftigkeit solcher Integrationsprozesse deutlich zu machen. Bei der älteren Generation der Frankfurter Schule gab es immerhin eine Bereitschaft, die Tatsache sozialer Konflikte anzuerkennen, auch wenn deren Gegenstand häufig im Unklaren blieb; bei Habermas gibt es umgekehrt die Tendenz, im kommunikativen Handeln zwar den Mechanismus zur sozialen Integration zu erkennen, aber darüber die Umstrittenheit der jeweiligen

Anerkennungsordnungen zu vergessen; und ich wollte durch meinen eigenen Vorschlag beide Perspektiven integrieren, also herausarbeiten, dass die Gesellschaftsmitglieder erst durch Mechanismen der wechselseitigen Anerkennung in die Gesellschaft integriert werden, diese aber jeweils umstritten und daher Gegenstand eines Kampfes um Anerkennung sind. Ob ich mit diesem Vorschlag das erreicht habe, was ich leisten wollte, nämlich das soziologische Defizit der Kritischen Theorie zu beheben, wird sich aber, wie gesagt, wohl erst später herausstellen.

Die Bedeutung von Jürgen Habermas für Ihr eigenes Werk ist sicherlich nicht zu unterschätzen. Jetzt, kurz vor dessen 80. Geburtstag fragen wir uns, ob Sie das soziologische Defizit immer noch als zentrales Problem seiner Theorie des kommunikativen Handelns *(Habermas 1981) deuten würden und wie Sie den Einfluss von Habermas auf Sie auch über dessen eigenes Werk hinaus aus heutiger Sicht interpretieren würden.*

Natürlich war die Habermas'sche Wende hin zur Analyse der Rationalität kommunikativen Handelns für mich der entscheidende Anstoß, dem ich überhaupt erst die Idee verdanke, auf den Spuren Hegels die soziale und normative Bedeutung der wechselseitigen Anerkennung zu untersuchen. Erst mit der Zeit habe ich gelernt, mich von den breiten Vorgaben der Habermas'schen Theorie soweit anzugrenzen, dass ich schließlich zur vorsichtigen Formulierung eines Eigenen in der Lage war; heute sehe ich sehr viel deutlicher, dass ich etwa mit den Grundannahmen der Diskursethik nie wirklich einverstanden war, weil sie mir zu formalistisch scheint und der internen Moralität der unterschiedlichen Anerkennungsbeziehungen keine Rechnung trägt; auch die Entgegensetzung von »System« und »Lebenswelt« hat mich nie, wie Sie vielleicht wissen, überzeugt, da sie der inneren Konfliktualität der Lebenswelt nicht gerecht wird; im Übrigen würde ich inzwischen bei der Analyse der menschlichen Lebenswelt anders ansetzen als Habermas, nämlich nicht beim verständigungsorientierten Handeln, sondern bei den elementaren Formen der wechselseitigen Anerkennung. Aber alle diese Abgrenzungen, die sich inzwischen vielleicht zu einem eigenen Ansatz addieren, besagen wenig über die enorme Wirkung, die die Habermas'sche Hinwendung zur kommunikativ strukturierten Lebenswelt ursprünglich auf mich ausgeübt hat.

Uns scheint es so, als ob sich auch Ihre Vorgehensweise von derjenigen Habermas' grundlegend unterscheidet. In Ihrem Werk vereinen Sie nicht nur philosophische und soziologische Ansätze, sondern Sie beschäftigen sich auch mit Psychologie und sogar mit Psychoanalyse. Kürzlich haben Sie ein Buch über Bob Dylan herausgegeben (Honneth/Kemper/Klein 2007). Außerdem haben Sie sich nicht nur mit dem »Zentrum« der Frankfurter Schule (wie Adorno oder Habermas) befasst, sondern zunehmend auch deren »Peripherie« entdeckt (Honneth 1990b; 2007). Könnte man sagen, dass Sie mit Ihren breiten Ansätzen bewusst grundlegende Elemente des ursprünglichen Forschungsprogramms des Instituts für Sozialforschung, so wie sie von Horkheimer ([1931] 1972; [1937] 1988) vorgestellt wurden, wiederentdecken?

Ich bin mir zunächst ein wenig unsicher, ob Sie die Vorgehensweise von Habermas angemessen darstellen. Auch er hat sich bei der Entwicklung seines Werks nicht auf die Rezeption allein von philosophischen und soziologischen Ansätzen beschränkt, sondern je nach der Stufe der Ausarbeitung seiner Theorie auch von ganz anderen Disziplinen und Diskurszusammenhängen Gebrauch gemacht – denken Sie nur an die Rolle, die bestimmte Texte der Literatur im *Strukturwandel der Öffentlichkeit* (Habermas 1990) spielen, oder an die Rolle, die der Entwicklungspsychologie im Rahmen des Arbeitsprogramms des von Habermas geleiteten Starnberger Forschungsinstituts zugedacht war.

Aber sicherlich ist es so, dass ich viel bewusster darauf abziele, entweder in meiner eigenen Arbeit oder in der des Instituts für Sozialforschung die ganze Breite der Disziplinen und Erfahrungskontexte zu berücksichtigen, die in der damaligen Form den ehemaligen Vertretern der Frankfurter Schule vor Augen standen; und so erklärt sich, dass ich es für wichtig halte, ebenso auf die kulturprägende Rolle der neuen Rockmusik wie etwa auf die neueren Entwicklungen innerhalb der Psychoanalyse und der Entwicklungspsychologie einzugehen. Der wesentliche Unterschied in den Vorgehensweisen von Habermas und mir ergibt sich wohl daraus, dass ich die Begründung und Entwicklung der Anerkennungstheorie nicht primär auf eine Sprachanalyse stützen möchte; hier setze ich gewissermaßen breiter als mein Vorgänger und Lehrer an, indem ich in der Tradition der philosophischen Anthropologie auf all das an empirischen Forschungen zurückgreife, was der Erläuterung des zentralen Stellenwertes der wechselseitigen Anerkennung dienlich sein kann. Die Peripherie des Frankfurter Instituts, also Autoren wie Walter Benjamin, Erich Fromm oder Franz Neumann, war für mich immer deswegen wichtig, weil sich in ihr Bruchstücke einer intersubjektivistischen Konflikttheorie zeigen, die äußerst wichtige Anregungen für meine Idee eines Kampfes um Anerkennung enthält.

Viele Ihrer Schriften lassen den klaren Willen erkennen, sich auf aktuelle politische, soziale und soziologische Debatten einzulassen (zum Beispiel die Diskussion über die Zivilgesellschaft, den Kommunitarismus oder die Rekonstruktion des historischen Materialismus). Dabei haben wir wenige Bezüge zur Soziologie des Risikos oder des Kosmopolitismus von Ulrich Beck (1986; 2004) gefunden, obwohl zumindest im spanischsprachigen Ausland der Begriff des »Risikos« neben dem der »Anerkennung« wohl zu den prominentesten Beiträgen der deutschen Soziologie zählt. Wir würden gerne wissen, wie Sie den Versuch Becks einschätzen, mit Hilfe seiner Theorie des Kosmopolitismus eine »neue kritische Theorie« zu schaffen?

Ich habe die Analysen meines Kollegen Ulrich Beck aus der Distanz immer sehr bewundert. Seine Fähigkeit, für aktuelle Entwicklungen diagnostische Begriffe zu prägen, ist enorm, und ebenso beeindruckend ist die Schnelligkeit, mit der er unübersichtliche, empirisch komplexe Zusammenhänge überblicken und theoretisch auf den Punkt bringen kann. Was nun seinen Versuch anbelangt, mit der Idee des »Kosmopolitismus« eine neue Ära der Kritischen Theorie einzuläuten, so bin ich aus zwei Gründen eher skeptisch: Zunächst enthält dieser Begriff nur eine normative Leitidee, gibt aber in keiner Weise bereits ein theoretisches Programm oder eine sozialdiagnostische These zu erkennen; insofern habe ich große Zweifel, ob die pure Erwähnung der Idee bereits hinreicht, um eine neue Stufe der Kritischen Theorie zu begründen, mir fehlt gewissermaßen sowohl die Umsetzung in ein interdisziplinäres Forschungsprogramm als auch die Verankerung in einer Sozialtheorie.

Aber das ist nur ein Teil meines Problems, viel wichtiger ist, dass ich in Bezug auf die empirische Prognosekraft der Idee des Kosmopolitismus durchaus Zweifel habe: Trotz aller begrüßenswerten Tendenzen in Richtung einer Transnationalisierung politischer Ordnungen scheinen die Einzelstaaten doch ein viel größeres Beharrungsvermögen zu haben, als bis vor Kurzem vermutet wurde, viele internationale Konflikte besitzen weiterhin die Form einer einzelstaatlichen Konkurrenz um den Zugang zu Energiequellen oder Absatzmärkten, der Kapitalismus hat sich in Form einer Diversifizierung seiner institutionellen Grundmuster weiterentwickelt, die jeweils von einer Reihe benachbarter Einzelstaaten (die skandinavische, die westeuropäische, die mediterrane, die fernöstliche oder die US-amerikanische Variante des Kapitalismus) repräsentiert werden – kurz, die Formel des Kosmopolitismus droht eine bloße Utopie zu werden, ohne empirische Analysekraft und Anweisung eines theoretischen Untersuchungsprogramms.

Abschließend möchten wir Sie noch bitten, uns einen kleinen Ausblick auf die zukünftig von Ihnen zu erwartenden Arbeiten zu gewähren. Gibt es außer der von Ihnen bereits erwähnten Auseinandersetzung mit der Konfliktsoziologie noch andere Stränge, die Sie gezielt verfolgen? Wird es eine Zusammenführung all ihrer bisherigen Überlegungen in einem einzigen Werk geben?

Von einem zusammenfassenden Werk kann ich im Augenblick nur träumen, dafür fehlt mir angesichts der institutionellen Belastungen durch die Professur und das Institut die Zeit. Aber ich sitze, soweit es die Verhältnisse überhaupt erlauben, an zwei längerfristigen Projekten, die in Form von Büchern zentrale Stränge meiner bisherigen Arbeit weiterverfolgen sollen: Zum einen will ich auf der Basis meiner anerkennungstheoretischen Arbeiten und im Rückgriff auf Hegel ein Konzept der »demokratischen Sittlichkeit« entwickeln, das in Form einer pluralistischen Gerechtigkeitstheorie die unterschiedlichen institutionellen Anerkennungsformen darstellen soll, die als intersubjektive Voraussetzung der Demokratie gedacht werden müssen. Zum anderen habe ich gemeinsam mit meinem Assistenten Martin Hartmann vor, die in unserem Aufsatz »Paradoxien des Kapitalismus« (Hartmann/Honneth 2004) entwickelte Analyse weiterzutreiben und zu einem kleinen Büchlein zu vervollständigen. Für das erste Projekt habe ich den Grundstein durch ein hundertseitiges Manuskript bereits gelegt, das zweite Projekt wollen wir in Angriff nehmen, sobald die Zeit es zulässt.

Literatur

Adorno, Theodor W. ([1949] 1997), *Philosophie der neuen Musik*, in: ders., *Gesammelte Schriften*, Bd. 12, Frankfurt/M.

— ([1951] 1997), *Minima Moralia. Reflexionen aus dem beschädigten Leben*, in: ders., *Gesammelte Schriften*, Bd. 4, Frankfurt/M.

— ([1966] 1997), *Negative Dialektik*, in: ders., *Gesammelte Schriften*, Bd. 6, Frankfurt/M.

Adorno, Theodor W./Eisler, Hans ([1944] 1997), *Komposition für den Film*, in: Theodor W. Adorno, *Gesammelte Schriften*, Bd. 15, Frankfurt/M.

Beck, Ulrich (1986), *Risikogesellschaft. Auf dem Weg in eine andere Moderne*, Frankfurt/M.

— (1997), »Kinder der Freiheit: Wider das Lamento über den Werteverfall«, in: ders. (Hg.), *Kinder der Freiheit*, Frankfurt/M., S. 9–33.

— (2004), *Das kosmopolitische Europa. Gesellschaft und Politik in der zweiten Moderne*, Frankfurt/M.

Boltanski, Luc (2007), *Über die Rechtfertigung. Eine Soziologie der kritischen Urteilskraft*, Hamburg.

Boltanski, Luc/Chiapello, Ève (2003), *Der neue Geist des Kapitalismus*, Konstanz.

Bourdieu, Pierre et al. (1997), *Das Elend der Welt. Zeugnisse und Diagnosen alltäglichen Leidens an der Gesellschaft*, Konstanz.

Castel, Robert (2000), *Die Metamorphosen der sozialen Frage. Eine Chronik der Lohnarbeit*, Konstanz.

Deutschmann, Christoph (2001), *Die Verheißung des absoluten Reichtums. Zur religiösen Natur des Kapitalismus*, Frankfurt/M.

Foucault, Michel (1976), *Überwachen und Strafen. Die Geburt des Gefängnisses*, Frankfurt/M.

— (1983), »Structuralism and Post-Structuralism«, in: *Telos* 55, S. 195–211.

— (2004a), *Geschichte der Gouvernementalität. Sicherheit, Territorium, Bevölkerung*, Bd. 1, Frankfurt/M.

— (2004b), *Geschichte der Gouvernementalität. Die Geburt der Biopolitik*, Bd. 2, Frankfurt/M.

Fraser, Nancy (2003), »Anerkennung bis zur Unkenntlichkeit verzerrt. Eine Erwiderung auf Axel Honneth«, in: dies., Axel Honneth, *Umverteilung oder Anerkennung? Eine politisch-philosophische Kontroverse*, Frankfurt/M., S. 225–270.

Fraser, Nancy/Honneth, Axel (2003), *Umverteilung oder Anerkennung? Eine politisch-philosophische Kontroverse*, Frankfurt/M.

Freud, Sigmund (1926), *Hemmung, Symptom und Angst*, Leipzig, Zürich u.a.

Gamm, Gerhard (2003), »Kritische Theorie nach ihrem Ende«, in: Gernot Böhme, Alexandra Manzei (Hg.), *Kritische Theorie der Natur und der Technik*, München, S. 25–37.

Habermas, Jürgen (1981), *Theorie des kommunikativen Handelns*, 2 Bände, Frankfurt/M.

— (1990), *Strukturwandel der Öffentlichkeit. Untersuchungen zu einer Kategorie der bürgerlichen Gesellschaft*, Frankfurt/M.

— (1992), *Faktizität und Geltung. Beiträge zur Diskurstheorie des Rechts und des demokratischen Rechtsstaats*, Frankfurt/M.

— (1999), »Braucht Europa eine Verfassung? Eine Bemerkung zu Dieter Grimm«, in: ders., *Die Einbeziehung des Anderen. Studien zur politischen Theorie*, Frankfurt/M., S. 185–191.

Hartmann, Martin/Honneth, Axel (2004), »Paradoxien des Kapitalismus. Ein Untersuchungsprogramm«, in: *Berliner Debatte Initial* 15 (1), S. 4–17.

Heitmeyer, Wilhelm (2002), »Soziale Desintegration, Anerkennungszerfall und Jugendgewalt in Deutschland«, in: Susanne Kreitz-Sandberg (Hg.), *Jugendliche in Japan und Deutschland*, Opladen, S. 209–226.

Honneth, Axel (1980), »Arbeit und instrumentelles Handeln. Kategoriale Probleme einer kritischen Gesellschaftstheorie«, in: ders., Urs Jaeggi (Hg.), *Arbeit, Handlung, Normativität. Theorien des Historischen Materialismus*, Bd. 2, Frankfurt/M., S. 185–233.

— (1989), *Kritik der Macht. Reflexionsstufen einer kritischen Gesellschaftstheorie*, Frankfurt/M.

— (1990a), *Die zerrissene Welt des Sozialen. Sozialphilosophische Aufsätze*, Frankfurt/M.

— (1990b), »Kritische Theorie. Vom Zentrum zur Peripherie einer Denktradition«, in: ders., *Die zerrissene Welt des Sozialen*, Frankfurt/M., S. 25–72.

— (1992), *Kampf um Anerkennung. Zur moralischen Grammatik sozialer Konflikte*, Frankfurt/M.

— (2000a), »Die soziale Dynamik von Mißachtung. Zur Ortsbestimmung einer kritischen Gesellschaftstheorie«, in: ders., *Das Andere der Gerechtigkeit. Aufsätze zur praktischen Philosophie*, Frankfurt/M., S. 88–109.

— (2000b), »Moralbewußtsein und soziale Klassenherrschaft. Einige Schwierigkeiten in der Analyse normativer Handlungspotentiale«, in: ders., *Das Andere der Gerechtigkeit. Aufsätze zur praktischen Philosophie*, Frankfurt/M., S. 110–129.

— (2000c), »Pathologien des Sozialen. Tradition und Aktualität der Sozialphilosophie«, in: ders., *Das Andere der Gerechtigkeit. Aufsätze zur praktischen Philosophie*, Frankfurt/M., S. 11–69.

— (2000d), »Rekonstruktive Gesellschaftskritik unter genealogischem Vorbehalt. Zur Idee der ›Kritik‹ in der Frankfurter Schule«, in: *Deutsche Zeitschrift für Philosophie* 48 (5), S. 729–737.

— (2000e), »Über die Möglichkeit einer erschließenden Kritik. Die ›Dialektik der Aufklärung‹ im Horizont gegenwärtiger Debatten über Sozialkritik«, in: ders., *Das Andere der Gerechtigkeit. Aufsätze zur praktischen Philosophie,* Frankfurt/M., S. 70–87.

— (2001), »Identitätsfindung durch einen erweiterten Gerechtigkeitsbegriff. Sozialphilosophische Überlegungen zum Grundsatzprogramm der Grünen«, in: *Kommune 4*, S. 6–12.

— (2002, Hg.), *Befreiung aus der Mündigkeit. Paradoxien des gegenwärtigen Kapitalismus*, Frankfurt/M.

— (2003a), »Objektbeziehungstheorie und postmoderne Identität. Über das vermeintliche Veralten der Psychoanalyse«, in: ders., *Unsichtbarkeit. Stationen einer Theorie der Intersubjektivität*, Frankfurt/M., S. 138–161.

— (2003b), »Umverteilung als Anerkennung. Eine Erwiderung auf Nancy Fraser«, in: Nancy Fraser, ders., *Umverteilung oder Anerkennung? Eine politisch-philosophische Kontroverse*, Frankfurt/M., S. 129–224.

— (2003c), »Unsichtbarkeit. Über die moralische Epistemologie von Anerkennung«, in: ders., *Unsichtbarkeit. Stationen einer Theorie der Intersubjektivität*, Frankfurt/M., S. 10–27.

— (2003d), »Zwischen Hermeneutik und Hegelianismus. John McDowell und die Herausforderung des moralischen Realismus«, in: ders., *Unsichtbarkeit. Stationen einer Theorie der Intersubjektivität*, Frankfurt/M., S. 106–137.

— (2004), »Anerkennung als Ideologie«, in: *Westend. Neue Zeitschrift für Sozialforschung* 1, S. 51–70.

— (2005a), *Dialektik der Freiheit. Frankfurter Adorno-Konferenz 2003*, Frankfurt/M.

— (2005b), *Verdinglichung*, Frankfurt/M.

— (2007), *Pathologien der Vernunft. Geschichte und Gegenwart der Kritischen Theorie*, Frankfurt/M.

Honneth, Axel/Kemper, Peter/Klein, Richard (Hg., 2007), *Bob Dylan. Ein Kongreß*, Frankfurt/M.

Horkheimer, Max ([1931] 1972), *Die gegenwärtige Lage der Sozialphilosophie und die Aufgaben eines Instituts für Sozialforschung*, Frankfurt/M.

— ([1937] 1988), »Traditionelle und Kritische Theorie«, in: ders., *Gesammelte Schriften*, Bd. 4, Frankfurt/M., S. 162–216.

— ([1958] 1996), »Max Horkheimer an Theodor W. Adorno, Montagnola 27. 9. 1958«, in: ders., *Gesammelte Schriften*, Bd. 18, »Briefwechsel 1949–1973«, Frankfurt/M., S. 437–449.

Horkheimer, Max/Adorno, Theodor W. ([1947] 1997), *Dialektik der Aufklärung. Philosophische Fragmente*, in: Theodor W. Adorno, *Gesammelte Schriften*, Bd. 3, Frankfurt/M.

Institut für Sozialforschung an der Johann Wolfgang Goethe-Universität Frankfurt am Main (1952), *Ein Bericht über die Feier seiner Wiedereröffnung, seine Geschichte und seine Arbeiten*, Frankfurt/M.

— (1997), »Arbeitsprogramm des Instituts für Sozialforschung 1997«, in: *Zeitschrift für kritische Theorie*, Heft 5, S. 5–42.

Jaeggi, Rahel (2005), *Entfremdung. Zur Aktualität eines sozialphilosophischen Problems*, Frankfurt/M.

Jaerisch, Ursula (1975), *Sind Arbeiter autoritär? Zur Methodenkritik politischer Psychologie*, Frankfurt/M.

Luhmann, Niklas (1982), *Liebe als Passion. Zur Codierung von Intimität*, Frankfurt/M.

Lukács, Georg (1981), *Geschichte und Klassenbewußtsein. Studien über marxistische Dialektik*, Darmstadt.

Margalit, Avishai (1997), *Politik der Würde. Über Achtung und Verachtung*, Berlin.

Marx, Karl ([1844] 1966), *Zur Kritik der Hegelschen Rechtsphilosophie*, in: ders., Friedrich Engels (1966), *Werke*, Bd.1, Berlin.

— ([1867–1894] 1980), *»Das Kapital« und Vorarbeiten*, in: ders., Friedrich Engels (1980), *Karl Marx Friedrich Engels Gesamtausgabe*, Bd. II, Berlin.

Miller, David (2008), *Grundsätze sozialer Gerechtigkeit*, Frankfurt/M.

Nietzsche, Friedrich ([1887] 1988), *Zur Genealogie der Moral*, in: ders., *Kritische Studienausgabe*, hg. von Giorgio Colli, Mazzino Montinari, Bd. 5, München, Berlin.

Nolte, Paul (2001), »Unsere Klassengesellschaft«, in: *Die Zeit*, Nr. 2, 4. Januar 2001, S. 7.

Parsons, Talcott (1937), *The Structure of Social Action*, New York.

— (1982), *Das System moderner Gesellschaften*, München.

Ricœur, Paul (2006), *Wege der Anerkennung. Erkennen, Wiedererkennen, Anerkanntsein*, Frankfurt/M.

Schäfer, Thomas (1990), »Aufklärung und Kritik. Foucaults Geschichte des Denkens als Alternative zur ›Dialektik der Aufklärung‹«, in: Eva Erdmann, Rainer Forst, Axel Honneth (Hg.), *Ethos der Moderne*, Frankfurt/M., S.70–86.

Schmid, Wilhelm (1991), *Auf der Suche nach einer neuen Lebenskunst. Die Frage nach dem Grund und die Neubegründung der Ethik bei Foucault*, Frankfurt/M.

Schulze, Gerhard (1992), *Die Erlebnisgesellschaft: Kultursoziologie der Gegenwart*, Frankfurt/M.

Schumann, Michael (2000), »Für Schröder: Suche deine Bataillone nicht nur in der Beckschen Bürgerarbeit. Diskussion mit Michael Schumann«, in: *Sozialismus* 11, S. 24–39.

Skinner, Quentin (1996), *Reason and Rhetoric in the Philosophy of Hobbes*, Cambridge.

Sloterdijk, Peter (1983), *Kritik der zynischen Vernunft*, 2 Bände, Frankfurt/M.

Smith, Adam ([1776] 1910), *An Inquiry into the Nature and Causes of the Wealth of Nations*, London.

Todorov, Tzvetan (1998), *Abenteuer des Zusammenlebens. Versuch einer allgemeinen Anthropologie*, Frankfurt/M.

Walzer, Michael (1992), *Sphären der Gerechtigkeit. Ein Plädoyer für Pluralität und Gleichheit*, Frankfurt/M.

Weber, Max ([1904/05] 2006), *Die protestantische Ethik und der Geist des Kapitalismus*, München.

Winnicott, Donald (1989), *Vom Spiel zur Kreativität*, Stuttgart.

Drucknachweise

1. »Die gespaltene Gesellschaft – Axel Honneth im Gespräch mit Armin Pongs«; ursprünglich erschienen in: Armin Pongs (Hg.), *In welcher Gesellschaft leben wir eigentlich? Gesellschaftskonzepte im Vergleich*, München: Dilemma-Verlag 2000, S. 80–102.
2. »Frei, aber abhängig: Zu den Paradoxien des Kapitalismus und der Zukunft des Instituts für Sozialforschung – Axel Honneth im Gespräch mit Ulrike Jaspers«; ursprünglich erschienen in: *Forschung Frankfurt*, Heft 3–4, 2003, S. 84–90.
3. »Erbe und Erneuerung der Kritischen Theorie – Axel Honneth im Gespräch mit der Internationalen Studiengruppe zur Kritischen Theorie«; ursprünglich auf Spanisch erschienen in: *Revista internacional de filosofia politica* 26, 2005, S. 107–128.
4. »Das soziologische Defizit der Kritischen Theorie – Axel Honneth im Gespräch mit Marcos Nobre und Luiz Repa«; ursprünglich auf Portugiesisch erschienen in: *Folha de S. Paulo*, 11. 10. 2003, S. E-7.
5. »Eine Ergänzung für die Diskursethik – Axel Honneth im Gespräch mit Reinhard Brunner«; ursprünglich erschienen in: *TÜTE, Wissen und Macht. Die Krise des Regierens* (Sonderheft), 1994, S. 18–22.
6. »Kampf um Anerkennung und Engagement: Wege zur normativen Begründung Kritischer Theorie – Axel Honneth im Gespräch mit Roger Behrens und Harald Lemke«; ursprünglich erschienen in: *Widerspruch. Münchner Zeitschrift für Philosophie* 26, 1994, S. 69–77.
7. »Die Kritische Theorie der Frankfurter Schule und die Anerkennungstheorie – Axel Honneth im Gespräch mit Olivier Voirol«; ursprünglich auf Französisch erschienen in: Axel Honneth, *La société du mépris. Vers une nouvelle théorie critique*, Paris: La Découverte 2006, S. 151–180.

8. »Schwierigkeiten kapitalismuskritischer Zeitdiagnosen – Axel Honneth im Gespräch mit Christoph Lieber«; ursprünglich erschienen in: *Sozialismus*, Heft 3, 2001, S 11–15.

9. »Die Anerkennung ist ein Grundmechanismus sozialer Existenz – Axel Honneth im Gespräch mit Krassimir Stojanov«; ursprünglich auf Deutsch erschienen in: Alexander Kiossev, Krassimir Stojanov, Christo Todorov und Dimitar Vazov (Hg.), *Justice and Communicative Freedom. The Recognition Paradigm in a Post-Socialist Context*, Sonderheft der Zeitschrift *Critique & Humanism Journal*, Heft 22, 2006, S. 139–153.

10. »Die Philosophie der Anerkennung: eine Sozialkritik – Axel Honneth im Gespräch mit Michaël Foessel«; ursprünglich auf Französisch erschienen in: *Èsprit*, Heft 7, 2008, S. 88–95.

11. »Stationen auf dem Weg zu einer Kritischen Theorie der Anerkennung – Axel Honneth im Gespräch mit Francesc Hernàndez und Benno Herzog«; ursprünglich auf Spanisch erschienen in: Axel Honneth, *La sociedad del desprecio*, Madrid: Trotta 2009, im Erscheinen.

Hinweise zu den beteiligten Personen

Mauro Basaure, geb. 1973, ist Associate Professor des Instituto de Humanidades der Universidad Diego Portales, Santiago de Chile, und Mitglied des Instituts für Sozialforschung (IfS), Frankfurt/M., wo er die von ihm gegründete Internationale Studiengruppe zur Kritischen Theorie leitet. Darüber hinaus ist er Mitglied der Groupe de Sociologie Politique et Morale (GSPM) an der Pariser École des Hautes Études en Sciences Sociales (EHESS). Letzte Veröffentlichungen: »Foucault und die Psychoanalyse. Grammatik eines Missverständnisses«, in: *Werkblatt. Zeitschrift für Psychoanalyse und Gesellschaftskritik* 61 (2), 2008, S. 25–52.; »Die pragmatistische Soziologie der Kritik heute – Luc Boltanski im Gespräch mit Mauro Basaure«, in: *Berliner Journal für Soziologie* 18 (4), 2009, S. 526–549; (Hg.) *Foucault et la Psychoanalyse*, Sonderheft der *Revue Incidence*, Paris 2009.

Roger Behrens, geb. 1967, ist Autor und Lehrbeauftragter an der Leuphana-Universität Lüneburg, der Universität Hamburg und der Universität Paderborn. Von ihm sind u.a. erschienen: *Kritische Theorie*, Hamburg 2002, 2. Aufl. 2008; *Weitermachen. Achtundsechzig und der Kommunismus*, Münster 2009, im Erscheinen; *Cultural Studies*, Hamburg 2009, im Erscheinen.

Reinhard Brunner studierte Philosophie und neuere deutsche Literatur und promovierte 1992 in Tübingen. Seit 1999 ist er angestellt am Akademischen Beratungszentrum der Universität Tübingen mit Zuständigkeit für Internationale Studierende, seit 1993 Dozent am Leibniz Kolleg der Universität Tübingen. Wichtigste Publikationen: *Die Fragmentierung der Vernunft*, Frankfurt/M. 1994; (Hg.) *Anthropologie, Ethik und Gesellschaft*, Frankfurt/M. 2001; (Hg.) *Die Geschichtlichkeit des Utopischen*, St. Ingbert 2001.

Michaël Foessel ist Maître de conférences (Assistant Professor) für Philosophie an der Université de Bourgogne in Dijon, Frankreich. Wichtigste Veröffentlichungen: *Anthologie Paul Ricoeur*, Paris 2007; *Kant et l'équivoque du monde*, Paris 2008 ; *La privation de l'intime, Mises en scènes politiques des sentiments*, Paris 2008.

Francesc Jesús Hernàndez Dobon ist ordentlicher Dozent des Fachbereiches Soziologie und Sozialanthropologie der Universität Valencia, Spanien, und Autor zahlreicher Bücher und Artikel zu Erziehung und Gesellschaft. Zuletzt sind von ihm erschienen: *Crítica de l'escola zombie*, Valencia 2004; (Koautor) *Teorias sobre sociedad y educación*, Valencia 2005; *Primum videre, deinde philosophari. Una historia de la filosofía a través del cine*, Valencia 2006.

Benno Herzog ist Dozent für Sprachsoziologie an der Universität Valencia, Spanien, und promoviert derzeit über diskursive Exklusionsmechanismen. Seine Forschungsschwerpunkte sind: Migrationssoziologie, Qualitative Forschung und Diskurstheorie. Für seine Forschungsarbeit zu Vorurteilen gegenüber Migranten erhielt er 2007 den Solidaritätspreis der Stadt Valencia.

Die *Internationale Studiengruppe zur Kritischen Theorie* entstand im Sommer 2003 in Frankfurt am Main aus der Zusammenarbeit von jungen Wissenschaftlerinnen und Wissenschaftlern verschiedener Nationalität, die aus unterschiedlichen Disziplinen kamen und das gemeinsame Interesse an einer Auseinandersetzung mit der Tradition der Kritischen Theorie teilten. Im Januar 2005 wurde die Gruppe institutionalisiert als ein Arbeitskreis des Instituts für Sozialforschung an der J. W. Goethe-Universität Frankfurt. Die Studiengruppe hat sich zum Ziel gesetzt, einerseits aktuelle Positionen kritischer Theorie in einen konstruktiven Dialog mit deren älteren Positionen, den »Klassikern«, treten zu lassen. Andererseits zielt die Gruppe darauf ab, in der gegenwärtigen wissenschaftlichen Landschaft jene Arbeiten oder Entwicklungen ausfindig zu machen, die neue Wege für eine zeitgemäße kritische Gesellschaftstheorie aufzeigen. Darüber hinaus ist die Studiengruppe zunehmend wissenschaftsorganisatorisch tätig. Ein wichtiger Bestandteil der Arbeit ist die Kooperation mit anderen Forschungsgruppen sowohl innerhalb des Instituts als auch mit anderen wissenschaftlichen Institutionen im In- und Ausland. Für weitere Informationen siehe [http://www.ifs.uni-frankfurt.de/forschung/arbeitskreise.htm].

Ulrike Jaspers, geb. 1956 in Münster, arbeitet seit 1988 als Referentin für Wissenschaftskommunikation der Goethe-Universität Frankfurt und ist u.a. verantwortlich für das Wissenschaftsmagazin *Forschung Frankfurt*. Sie studierte Politologie, Kommunikationswissenschaften und Öffentliches Recht in München und absolvierte die Deutsche Journalistenschule. Nach einer Phase als Lokaljournalistin qualifizierte sie sich mit einem Stipendium der Robert-Bosch-Stiftung für den Wissenschaftsjournalismus.

Harald Lemke, geb. 1965, lehrt Philosophie am Institut für Kulturtheorie, Kulturforschung und Künste, Universität Lüneburg. Seit 2007·ist er Gastprofessor am Departement of Philosophy der East China Normal University Shanghai. Publikationen u.a.: »Was ist Praxologie? Von Karl Marx über die Kritische Theorie zur Philosophie der Praxis«, in: Horst Müller (Hg.), *Die Übergangsgesellschaft des 21. Jahrhunderts. Kritik, Analytik, Alternativen*, Norderstedt 2007, S. 66–85; »Kritische Theorie der Esskultur«, in: Iris Därmann, Christoph Jamme (Hg.), *Kulturwissenschaften. Konzepte, Theorien, Autoren*, München 2007, S. 169–190; *Freundschaft. Ein philosophischer Essay*, Darmstadt 2000.

Christoph Lieber, geb. 1950, ist Diplom Soziologe, Lektor und Redakteur. Seine Arbeitsschwerpunkte sind Politische Ökonomie und Marxistische Theorie. Wichtigste Publikationen: »Die ›Gefahr der Selbstzerstörung‹ und ihre Folgen. Oktoberrevolution und Sozialismusversuch im ›Zeitalter der Extreme‹«, in: Wladislaw Hedeler, Klaus Kinner (Hg.), *»Die Wache ist müde«. Neue Sichten auf die russische Revolution von 1917 und ihre Wirkungen*, Berlin 2008, S. 306–326; »Gouvernementalität und Neoliberalismus bei Foucault«, in: Giovanni Arrighi u.a., *Kapitalismus Reloaded – Kontroversen zu Imperialismus, Empire und Hegemonie*, Hamburg 2007, S. 372–397; »Krise und Perspektiven der Lohnarbeit«, in: Marcel van der Linden, ders. (Hg.), *Kontroversen über den Zustand der Welt. Weltmarkt – Arbeitsformen – Hegemoniezyklen*, Hamburg 2007, S. 152–172.

Marcos Nobre, geb. 1965, ist Professor für Philosophie an der Universität von Campinas (Unicamp), Brasilien. Er hat verschiedene Texte im Bereich der Kritischen Theorie publiziert. Auf Deutsch sind von ihm erschienen:

»Hochschulphilosophie in Brasilien unter der Militärdiktatur«, in: *Comparativ*, Bd. 8, No. 6, 1998, S. 50–72 (Mitherausgeber des Bandes); »Staatskapitalismus gestern und heute«, in: *Zeitschrift für kritische Theorie*, No. 17, 2003, S. 89–106.

Armin Pongs, geb. 1968, gründete nach langjähriger wissenschaftlicher Tätigkeit am Max Planck Institut für psychologische Forschung 1997 den Dilemma Verlag. Darüber hinaus war er u.a. Kurator mehrerer sozialwissenschaftlicher Ausstellungen und Privatdozent an der Universität Cluj in Rumänien. Derzeit arbeitet er für das Bundesministerium für Bildung und Forschung an einem Projekt zum demografischen Wandel, schreibt Kinderbücher und lehrt an der Zeppelin Universität in Friedrichshafen. Publikationen: *In welcher Gesellschaft leben wir eigentlich? Band 1*, München 1999; *In welcher Gesellschaft leben wir eigentlich? Band 2*, München 2000; *In welcher Welt wollen wir leben? Band 1*, München 2003.

Jan Philipp Reemtsma, geb. 1952, lebt und arbeitet in Hamburg und ist Vorstand des Hamburger Instituts für Sozialforschung und der Arno Schmidt Stiftung sowie Professor für Neuere deutsche Literatur an der Universität Hamburg. Veröffentlichungen u.a.: *Folter im Rechtsstaat?*, Hamburg 2005; *Lessing in Hamburg*, München 2007; *Vertrauen und Gewalt. Versuch über eine besondere Konstellation der Moderne*, Hamburg 2008.

Luiz Repa, geb. 1967, lehrt derzeit Philosophie an der Universidade Federal do Paraná in Curitiba, Brasilien. Unter anderem hat der den Band *A transformação da filosofia em Jürgen Habermas* (dt.: *Die Transformation der Philosophie bei Habermas*) veröffentlicht und Werke von Jürgen Habermas und Axel Honneth ins Portugiesische übersetzt.

Nora Sieverding, geb. 1977, arbeitet als freie Lektorin und ist wissenschaftliche Mitarbeiterin am Institut für Philosophie der Wolfgang Goethe-Universität, Frankfurt/M., sowie am Frankfurter Institut für Sozialforschung (IfS). Derzeit arbeitet sie in dem interdisziplinären Forschungsprojekt »Strukturwandel der Anerkennung im 21. Jahrhundert« und ist Mitglied der *Internationalen Studiengruppe zur Kritischen Theorie* am IfS.

Krassimir Stojanov, geb. 1965 in Goce Delcev, Bulgarien, ist Professor für Bildungstheorie und Bildungsphilosophie an der Universität der Bundeswehr München. Seine letzte Monographie trägt den Titel *Bildung und Anerkennung. Soziale Voraussetzungen von Selbst-Entwicklung und Welt-Erschließung*, Wiesbaden 2006.

Olivier Voirol ist Junior Professor an der Universität von Lausanne, Schweiz, und Mitarbeiter am Institut für Sozialforschung an der Johann Wolfgang Goethe-Universität, Frankfurt/M. Außerdem ist er Mitglied der Redaktion der Zeitschriften *Réseaux. Communication, technologie, société* und *Mouvements* und leitet die Reihe »Kritische Theorie« des Verlags La Découverte, Paris. Publikationen: *Visibilité/invisibilité*, Paris 2005; *Critique des médias. Actualités de la Théorie critique*, Paris 2009 (im Erscheinen).

Rasmus Willig, geb. 1973, ist Vorsitzender der Danish Sociological Association, Leiter der Forschungsgruppe »Sociological critique« und Associate Professor am Institute for Society and Globalization, Roskilde University, Dänemark. Veröffentlichungen u.a.: (zus. mit Anders Petersen) »An Interview with Axel Honneth: The Role of Sociology in the Theory of Recognition«, in: *The European Journal of Social Theory* 5 (2), 2002, S. 265–277; (zus. mit Anders Petersen) »Work and Recognition. Reviewing New Forms of Pathological Developments«, in: *Acta Sociologica. Journal of Scandinavian Sociolgical Association* 47 (4), 2004, S. 338–350.

Schriftenverzeichnis (ohne Übersetzungen)

A. Monografien und Aufsatzbände

1. *Pathologien der Vernunft. Geschichte und Gegenwart der Kritischen Theorie*, Frankfurt/M.: Suhrkamp 2007.
2. *Verdinglichung. Eine anerkennungstheoretische Studie*, Frankfurt/M.: Suhrkamp 2005.
3. (zus. mit Nancy Fraser), *Umverteilung oder Anerkennung? Eine politisch-philosophische Kontroverse*, Frankfurt/M.: Suhrkamp 2003.
4. *Unsichtbarkeit. Stationen einer Theorie der Intersubjektivität*, Frankfurt/M.: Suhrkamp 2003.
5. *Leiden an Unbestimmtheit. Eine Reaktualisierung der Hegelschen Rechtsphilosophie*, Stuttgart: Reclam 2001.
6. *Das Andere der Gerechtigkeit. Aufsätze zur praktischen Philosophie*, Frankfurt/M.: Suhrkamp 2000.
7. *Desintegration. Bruchstücke einer soziologischen Zeitdiagnose*, Frankfurt/M.: Fischer 1994.
8. *Kampf um Anerkennung. Zur moralischen Grammatik sozialer Konflikte*, Frankfurt/M.: Suhrkamp 1992; geb. Neuausgabe (mit neuem Nachwort): Frankfurt/M.: Suhrkamp 2003.
9. *Die zerrissene Welt des Sozialen. Sozialphilosophische Aufsätze*, Frankfurt/M.: Suhrkamp 1990; erweiterte Neuausgabe: Frankfurt/M.: Suhrkamp 1999.
10. *Kritik der Macht. Reflexionsstufen einer kritischen Gesellschaftstheorie*, Frankfurt/M.: Suhrkamp 1985; Taschenbuch-Ausgabe: Frankfurt/M.: Suhrkamp 1989.
11. (zus. mit Hans Joas) *Soziales Handeln und menschliche Natur. Anthropologische Grundlagen der Sozialwissenschaften*, Frankfurt/M., New York: Campus 1980.

B. Herausgegebene Schriften

1. (zus. mit Beate Rössler) *Von Person zu Person. Zur Moralität persönlicher Beziehungen*, Frankfurt/M.: Suhrkamp 2008.
2. (zus. mit Peter Kemper und Richard Klein) *Bob Dylan. Ein Kongreß*, Frankfurt/M.: Suhrkamp 2007.
3. (zus. mit Christoph Menke) *Theodor W. Adorno: Negative Dialektik*, Klassiker auslegen, Bd. 28, Berlin: Akademie-Verlag 2006.
4. *Schlüsseltexte der Kritischen Theorie*, Wiesbaden: VS-Verlag für Sozialwissenschaften 2006.
5. *Dialektik der Freiheit. Frankfurter Adorno-Konferenz 2003*, Frankfurt/M.: Suhrkamp 2005.
6. (zus. mit Martin Saar) *Michel Foucault. Zwischenbilanz einer Rezeption*, Frankfurter Foucault Konferenz 2001, Frankfurt/M.: Suhrkamp 2003.
7. *Befreiung aus der Mündigkeit. Paradoxien des gegenwärtigen Kapitalismus*, Frankfurter Beiträge zur Soziologie und Sozialphilosophie, Bd. 1. Frankfurt/M., New York: Campus 2002.
8. *Pathologien des Sozialen. Die Aufgaben der Sozialphilosophie*, Frankfurt/M.: Fischer 1994.
9. *Kommunitarismus: Eine Debatte über die moralischen Grundlagen moderner Gesellschaften*, Frankfurt/M., New York: Campus 1993.
10. (zus. mit Eva Erdmann, Rainer Forst) *Ethos der Moderne. Foucaults Kritik der Aufklärung*, Frankfurt/M., New York: Campus 1990.
11. (zus. mit Thomas McCarthy, Claus Offe und Albrecht Wellmer) *Zwischenbetrachtungen. Im Prozeß der Aufklärung. Jürgen Habermas zum 60. Geburtstag*, Frankfurt/M.: Suhrkamp 1989.
12. (zus. mit Albrecht Wellmer) *Die Frankfurter Schule und die Folgen*, Referate eines Symposiums der Alexander von Humboldt-Stiftung vom 10.–15. Dezember 1984 in Ludwigsburg, Berlin, New York: Walter de Gruyter 1986.
13. (zus. mit Hans Joas) *Kommunikatives Handeln. Beiträge zu Jürgen Habermas' »Theorie des kommunikativen Handelns«*, Frankfurt/M.: Suhrkamp 1986; erweiterte und aktualisierte Neuausgabe, Frankfurt/M.: Suhrkamp 2002.
14. (zus. mit Wolfgang Bonß) *Sozialforschung als Kritik. Das sozialwissenschaftliche Potential der Kritischen Theorie*, Frankfurt/M.: Suhrkamp 1982.
15. (zus. mit Urs Jaeggi) *Arbeit, Handlung, Normativität. Theorien des Historischen Materialismus*, Bd. 2, Frankfurt/M.: Suhrkamp 1980.
16. (zus. mit Urs Jaeggi) *Theorien des Historischen Materialismus*, Bd. 1, Frankfurt/M.: Suhrkamp 1977.

C. Aufsätze

1. »Verflüssigungen des Sozialen. Zur Gesellschaftstheorie von Luc Boltanski und Laurent Thévenot«, in: *WestEnd. Neue Zeitschrift für Sozialforschung*, Nr. 5, 2008, S. 84–103.
2. »Réification, connaissance, reconnaissance: quelques malentendus«, in: *Esprit*, Nr. 346, 2008, S. 96–107.
3. »Arbeit und Anerkennung. Versuch einer Neubestimmung«, in: *Deutsche Zeitschrift für Philosophie*, Bd. 56, Nr. 3, 2008, S. 327–241; Auszug in: *polar*, H. 4, Frühling 2008, S. 13–20.
4. »Ethos der Illusionslosigkeit. Jan Philipp Reemtsma als Intellektueller«, in: *Neue Rundschau*, Nr. 119, 2008, S. 257–273.
5. »From desire to recognition: Hegel's account of human sociality«, in: Michael Quante/Dean Moyar (Hg.), *Hegel's Phenomenology of Spirit. A Critical Guide*, Cambridge Critical Guides, Cambridge: Cambridge University Press 2008, S. 76–90.
6. »Ein Artist der Dissonanz. Albrecht Wellmer und die Kritische Theorie«, in: *WestEnd. Neue Zeitschrift für Sozialforschung*, Nr. 1, 2007, S. 127–137; wiederabgedruckt als »Dissonanzen der kommunikativen Vernunft. Albrecht Wellmer und die Kritische Theorie«, in: Axel Honneth, *Pathologien der Vernunft. Geschichte und Gegenwart der Kritischen Theorie*, Frankfurt/M.: Suhrkamp 2007, S. 201–218.
7. »Aneignung von Freiheit. Freuds Konzeption der individuellen Selbstbeziehung«, in: *WestEnd. Neue Zeitschrift für Sozialforschung*, Nr. 2, 2006, S. 32–47; wiederabgedruckt in: Axel Honneth, *Pathologien der Vernunft. Geschichte und Gegenwart der Kritischen Theorie*, Frankfurt/M.: Suhrkamp 2007, S. 57–69.
8. (zus. mit Richard Klein) »Zwischen Kulturindustrie und autonomer Kunst – Das Subversive im Werk Bob Dylans«, in: *Forschung Frankfurt*, Nr. 1, 2006, S. 48–52.
9. »Anerkennung als Ideologie«, in: *WestEnd. Neue Zeitschrift für Sozialforschung*, Nr. 1, 2004, S. 51–70.
10. (zus. mit Martin Hartmann) »Paradoxien des Kapitalismus«, in: *Berliner Debatte Initial* 15 (1), 2004, S. 4–17.
11. »Considerations on Alessandro Ferrara's ›Reflective Authenticity‹«, in: *Philosophy & Social Criticism* 30 (1), 2004, S. 11–16.
12. »Herbert Marcuse und die Frankfurter Schule«, in: *Leviathan. Zeitschrift für Sozialwissenschaft* 31(4), Dezember 2003, S. 496–504; wiederabgedruckt in: AStA der Freien Universität Berlin (Hg.), *Zur Aktualität der Philosophie Herbert Marcuses*, FU Berlin: Berlin 2005, S. 47–56.

13. »Das Ich im Wir. Anerkennung als Triebkraft von Gruppen«, in: *Jahrbuch für Gruppenanalyse*, Bd. 9, Heidelberg: Mattes-Verlag 2003, S. 5–22.

14. »Grounding Recognition: A Rejoinder to Critical Questions«, in: *Inquiry*, Vol. 45, Nr. 4, Dezember 2002, S. 499–519; dt.: »Nachwort: Der Grund der Anerkennung. Eine Erwiderung auf kritische Rückfragen«, in: Axel Honneth, *Kampf um Anerkennung*, Sonderausgabe, Frankfurt/M.: Suhrkamp 2003, S. 303–341.

15. »Reconnaissance et justice. Esquisse d'une théorie pluraliste de la justice«, in: *Passant Ordinaire*, Nr. 38, 2002, S. 39–44.

16. »Rassismus als Wahrnehmungsdeformation. Über Unsinnigkeiten der Toleranzforderung«, in: *Neue Rundschau*, Jg. 112, Nr. 3, 2001, S. 159–165.

17. »Zur Zukunft des Instituts für Sozialforschung«, in: *Mitteilungen des Instituts für Sozialforschung*, H. 12, September 2001, S. 54–63.

18. »Facetten des vorsozialen Selbst. Eine Erwiderung auf Joel Whitebook«, in: *Psyche*, Jg. 55, Nr. 8, August 2001, S. 790–802; wiederabgedruckt in: Martin Altmeyer/Helmut Thomä (Hg.), *Die vernetzte Seele. Die intersubjektive Wende in der Psychoanalyse*, Stuttgart: Klett Cotta 2006, S. 314–333.

19. »Invisibility: On the Epistemology of ›Recognition‹«, in: *Supplement to the Proceedings of the Aristotelian Society*, Volume LXXV, 2001, S. 111–126; dt.: »Unsichtbarkeit. Über die moralische Epistemologie von ›Anerkennung‹«, in: Axel Honneth, *Unsichtbarkeit. Stationen einer Theorie der Intersubjektivität*, Frankfurt/M.: Suhrkamp 2003, S. 10–27.

20. »Sphären reziproker Anerkennung«, in: *Sats – Nordic Journal of Philosophy* 2 (1), 2001, S. 5–36.

21. »Identitätsfindung durch einen erweiterten Gerechtigkeitsbegriff. Sozialphilosophische Überlegungen zum Grundsatzprogramm der Grünen«, in: *Kommune*, Nr. 4, April 2001, S. 6–12; wiederabgedruckt in: Peter Siller/Gerhard Pitz (Hg.), *Zukunft der Programmpartei*, Baden-Baden: Nomos Verlag 2002, S. 197–210.

22. »Rekonstruktive Gesellschaftskritik unter genealogischem Vorbehalt. Zur Idee der ›Kritik‹ in der Frankfurter Schule«, in: *Deutsche Zeitschrift für Philosophie* 48 (5), 2000, S. 729–737; wiederabgedruckt in: Axel Honneth, *Pathologien der Vernunft. Geschichte und Gegenwart der Kritischen Theorie*, Frankfurt/M.: Suhrkamp 2007, S. 57–69.

23. »Philosophie. Eine Kolumne. Zwischen den Generationen«, in: *Merkur*, Bd. 54, Nr. 610, 2000, S. 147–152.

24. »Negative Freedom and Cultural Belonging: An Unhealthy Tension in the Political Philosophy of Isaiah Berlin«, in: *Social Research* 66 (4), 1999, S. 1063–1077; dt.: »Zwischen negativer Freiheit und kultureller Zugehörigkeit. Eine ungelöste Spannung in der politischen Philosophie Isiah Berlins«, in:

Axel Honneth, *Das Andere der Gerechtigkeit. Aufsätze zur praktischen Philosophie*, Frankfurt/M.: Suhrkamp 2000, S. 282–309.

25. »Zwischen Prozeduralismus und Teleologie. Ein ungelöster Konflikt in der Moraltheorie von John Dewey«, in: *Deutsche Zeitschrift für Philosophie* 47 (1), 1999, S. 59–74; auch in: Hans Joas (Hg.), *Philosophie der Demokratie. Beiträge zum Werk von John Dewey*, Frankfurt/M.: Suhrkamp 2000, S. 116–138.
26. »Postmodern Identity and Object-Relations Theory: On the Supposed Obsolence of Psychoanalysis«, in: *Philosophical Explorations* 2 (3), 1999, S. 225–242; dt: »Objektbeziehungstheorie und postmoderne Identität. Über das vermeintliche Veralten der Psychoanalyse«, in: *Psyche*, Bd. 54, Nr. 11, 2000, S. 1087–1107.
27. »Philosophie. Eine Kolumne. Ungleichzeitigkeiten der Marx-Rezeption«, in: *Merkur*, Bd. 53, Nr. 603, 1999, S. 643–652.
28. »Reply to Andreas Kalyvas: ›Critical Theory at the Crossroads: Comments on Axel Honneth's Theory of Recognition‹«, in: *European Journal of Social Theory* 2 (2), 1999, S. 249–252.
29. »Literary Imagination and Morality: A Modest Query of an Immodest Proposal«, in: *Philosophy & Social Criticism*, Vol. 24, No. 2/3, 1998, S. 41–47.
30. »Philosophie. Eine Kolumne. Liebe und Moral«, in: *Merkur*, Bd. 52, Dezember 1998, S. 1155–1161; wiederabgedruckt in: Axel Honneth, *Das Andere der Gerechtigkeit. Aufsätze zur praktischen Philosophie*, Frankfurt/M.: Suhrkamp 2000, S. 216–236.
31. »Democracy as Reflexive Cooperation: John Dewey and the Theory of Democracy Today«, in: *Political Theory* 26 (6), Dezember 1998, S. 763–783; dt.: »Demokratie als reflexive Kooperation. John Dewey und die Demokratietheorie der Gegenwart«, in: Hauke Brunkhorst/Peter Niesen (Hg.), *Das Recht der Republik*, Frankfurt/M.: Suhrkamp 1999, 35–65; wiederabgedruckt in: Axel Honneth, *Das Andere der Gerechtigkeit. Aufsätze zur praktischen Philosophie*, Frankfurt/M.: Suhrkamp 2000, S. 282–309.
32. »Über die Möglichkeit einer erschließenden Kritik. Die ›Dialektik der Aufklärung‹ im Horizont gegenwärtiger Debatten über Sozialkritik«, in: *Paradigmi. Rivista di critica filosofica* Anno XVI, Nr. 48, September-Dezember 1998, S. 501–514; wiederabgedruckt in: Axel Honneth, *Das Andere der Gerechtigkeit. Aufsätze zur praktischen Philosophie*, Frankfurt/M.: Suhrkamp 2000, S. 70–87.
33. »Philosophie. Eine Kolumne. Liebe«, in: *Merkur*, Bd. 52, Nr. 591, 6/1998, S. 519–525.
34. »A Society Without Humiliation? On Avishai Margalit's Draft of a ›Decent Society‹«, in: *European Journal of Philosophy* 5(3), Dezember 1997, S. 306–324; dt.: »Eine Gesellschaft ohne Demütigung? Zu Avishai Margalits Entwurf einer ›Politik der Würde‹«, in: Axel Honneth, *Die zerrissene Welt des Sozialen.*

Sozialphilosophische Aufsätze, erweiterte Neuausgabe, Frankfurt/M.: Suhrkamp 1999, S. 227–277.

35. »Anerkennung und moralische Verpflichtung«, in: *Zeitschrift für philosophische Forschung* 51 (1), 1997, S. 25–41.

36. »Zwischen Gerechtigkeit und affektiver Bindung. Die Familie im Brennpunkt moralischer Kontroversen«, in: *Deutsche Zeitschrift für Philosophie* 43 (6), 1995, S. 989–1004; wiederabgedruckt in: Axel Honneth, *Das Andere der Gerechtigkeit. Aufsätze zur praktischen Philosophie*, Frankfurt/M.: Suhrkamp 2000, S. 193–215.

37. »Nachruf auf Hinrich Fink-Eitel«, erschienen als: Einleitung in ›Archiv‹, *Deutsche Zeitschrift für Philosophie* 43 (3), 1995, S. 535–538.

38. »Die unendliche Perpetuierung des Naturzustandes. Zum theoretischen Erkenntnisgehalt von Canettis Masse und Macht«, in: *Sinn und Form*, 3/1995, S. 401–416.

39. »Die soziale Dynamik von Mißachtung. Zur Ortsbestimmung einer kritischen Gesellschaftstheorie«, in: *Leviathan. Zeitschrift für Sozialwissenschaft* 22 (1), 1994, S. 78–93; erweiterte Fassung in: Christoph Görg (Hg.), *Gesellschaft im Übergang. Perspektiven kritischer Soziologie*, Darmstadt: Wissenschaftliche Buchgesellschaft 1994, S. 44–62; wiederabgedruckt in: Axel Honneth, *Das Andere der Gerechtigkeit. Aufsätze zur praktischen Philosophie*, Frankfurt/M.: Suhrkamp 2000, S. 88–109.

40. »Universalismus als moralische Falle. Bedingungen und Grenzen einer Politik der Menschenrechte«, in: *Merkur*, Nr. 9/10, 1994, S. 867–883; wiederabgedruckt in: Axel Honneth, *Das Andere der Gerechtigkeit. Aufsätze zur praktischen Philosophie*. Frankfurt/M.: Suhrkamp 2000, S. 255–281.

41. »Das Andere der Gerechtigkeit. Habermas und die ethische Herausforderung der Postmoderne«, in: *Deutsche Zeitschrift für Philosophie* 42 (2), 1994, S. 195–220; wiederabgedruckt in: Axel Honneth, *Das Andere der Gerechtigkeit. Aufsätze zur praktischen Philosophie*, Frankfurt/M.: Suhrkamp 2000, S. 133–170.

42. »Kommunikative Erschließung der Vergangenheit. Zum Zusammenhang von Anthropologie und Geschichtsphilosophie bei Walter Benjamin«, in: *Internationale Zeitschrift für Philosophie*, Nr. 1, 1993, S. 3–20.

43. »Soziologie. Eine Kolumne. Die Wiederkehr der Armut«, in: *Merkur*, Bd. 47, Nr. 531, 6/1993, S. 518–524.

44. »Soziologie. Eine Kolumne. Zum Wandel familialer Lebensformen«, in: *Merkur*, Bd. 47, Nr. 526, 1/1993, S. 59–64.

45. »Soziologie. Eine Kolumne. Ästhetisierung der Lebenswelt«, in: *Merkur*, Bd. 46, Nr. 519, 6/1992, S. 522–527.

46. »Soziologie. Eine Kolumne. Konzeptionen der ›civil society‹«, in: *Merkur*, Nr. 514 (1), 1992, S. 61–66.

47. »Pluralisierung und Anerkennung. Zum Selbstmißverständnis postmoderner Sozialtheorien«, in: Merkur, Nr. 508 (1), 1991, S. 624–629.

48. »Grenzen des Liberalismus. Zur politisch-ethischen Diskussion um den Kommunitarismus«, in: *Philosophische Rundschau*, Nr. 1–2, 1991, S. 83–102.

49. »Integrität und Mißachtung. Grundmotive einer Moral der Anerkennung«, in: *Merkur*, Nr. 501, 1990, S. 1043–1054.

50. »Enlightenment and Rationality«, in: *Journal of Philosophy* 84, No. 11, November 1987, S. 692–699.

51. »Ein strukturalistischer Rousseau. Zur Anthropologie von Claude Lévi-Strauss«, in: *Merkur*, Nr. 9, Jg. 41, 1987, S. 819–833.

52. »Ohnmächtige Selbstbehauptung. Sartres Weg zu einer intersubjektivistischen Freiheitslehre«, in: *Babylon. Zeitschrift für jüdische Gegenwart*, Nr. 2, 1987, S. 82–88.

53. »Adorno et Foucault. Deux formes d'une critique de la modernité«, in: *Critique*, Nr. 471/472, 1986, S. 800–815; dt.: »Foucault und Adorno. Zwei Formen einer Kritik der Moderne«, in: Peter Kemper (Hg.), *»Postmoderne« oder der Kampf um die Zukunft*, Frankfurt/M.: Fischer 1988, S. 127–144.

54. »La planète Lévi-Strauss – Allemagne«, in: *magazine littéraire*, Nr. 223, Oktober 1985, S. 63.

55. »Die verletzte Ehre – zur Alltagsform moralischer Erfahrungen«, in: *Literaturmagazin*, Nr. 16, 1985, S. 84–90.

56. »Otto tesi sull'individuazione dei presupposti di teoria dell'azione sociale per un'attualizzazione del marxismo«, in: *Marx centouno*, Nr. ½, 1985, S. 103–110.

57. »Eine ontologische Rettung der Revolution. Zur Gesellschaftstheorie von Cornelius Castoriadis«, in: *Merkur*, Nr. 439/440, 1985, S. 807–821.

58. »Der Affekt gegen das Allgemeine. Zu Lyotards Konzept der Postmoderne«, in: *Merkur*, Nr. 430, 1984, S. 893–902.

59. »Die zerrissene Welt der symbolischen Formen. Zum kultursoziologischen Werk Pierre Bourdieus«, in: *Kölner Zeitschrift für Soziologie und Sozialpsychologie* 36, 1984, S. 147–164.

60. »Moralbewußtsein und soziale Klassenherrschaft«, in: *Leviathan. Zeitschrift für Sozialwissenschaft*, Jg. 9, H. 3, Nr. 4, 1981, S. 556–570; wiederabgedruckt in: Axel Honneth, *Die zerrissene Welt des Sozialen. Sozialphilosophische Aufsätze*, Frankfurt/M.: Suhrkamp 1990, S. 182–201; ebenfalls wiederabgedruckt in: Axel Honneth, *Das Andere der Gerechtigkeit. Aufsätze zur praktischen Philosophie*, Frankfurt/M.: Suhrkamp 2000, S. 110–129.

61. »Communication and Reconciliation. Habermas' Critique of Adorno«, in: *Telos*, Nr. 39, 1979, S. 45–61; ursprüngliche Fassung in: Wolfgang Bonß/ Axel Honneth (Hg.), *Sozialforschung als Kritik*, Frankfurt/M. 1982, S. 87–126.

D. Beiträge zu Sammelbänden

1. »Entmächtigungen der Realität«, in: Timo R. Peters/Claus Urban (Hg.), *Über den Trost. Für Johann Baptist Metz*, Ostfildern: Matthias-Grünewald-Verlag 2008, S. 20–37.
2. (zus. mit Beate Rössler) »Einleitung: Zur Moralität persönlicher Beziehungen«, in: Axel Honneth/Beate Rössler (Hg.), *Von Person zu Person. Zur Moralität persönlicher Beziehungen*, Frankfurt/M.: Suhrkamp 2008, S. 9–25.
3. (zus. mit Beate Rössler) »Einführung (I. Liebe)«, in: Axel Honneth/Beate Rössler (Hg.), *Von Person zu Person. Zur Moralität persönlicher Beziehungen*, Frankfurt/M.: Suhrkamp 2008, S. 55–59.
4. (zus. mit Beate Rössler) »Einführung (II. Freundschaft)«, in: Axel Honneth/ Beate Rössler (Hg.), *Von Person zu Person. Zur Moralität persönlicher Beziehungen*, Frankfurt/M.: Suhrkamp 2008, S. 143–147.
5. »Das moderne Frankfurt der 1920er-Jahre«, in: IHK Frankfurt am Main/ Werner Plumpe/Dieter Rebentisch (Hg.), *Der Flor der hiesigen Handlung*, Frankfurt/M.: Societäts-Verlag 2008, S. 226–231.
6. »From Desire to Recognition: Hegel's Account of Human Sociality«, in: Michael Quante/Dean Moyar (Hg.), *Hegel's Phenomenology of Spirit. A Critical Guide*, Cambridge Critical Guides, Cambridge: Cambridge University Press 2008, S. 76–90.
7. »Reconnaissance et reproduction sociale«, in: Jean-Paul Payet/Alain Battegay (Hg.), *La reconnaissance à l'épreuve. Explorations socio-anthropologiques*, Villeneuve d'Ascq: Presses Universitaires du Septentrion 2008, S. 45–58.
8. »Rejoinder«, in: Axel Honneth, *Reification. A New Look at an Old Idea*, Oxford, New York: Oxford University Press 2008, S. 147–159.
9. »Verwicklungen von Freiheit. Bob Dylan und seine Zeit«, in: Axel Honneth/ Peter Kemper/Richard Klein (Hg.), *Bob Dylan. Ein Kongreß*, Frankfurt/M.: Suhrkamp 2007, S. 15–28.
10. »Rejoinder«, in: Bert van den Brink/David Owen (Hg.), *Recognition and Power. Axel Honneth and the Tradition of Critical Social Theory*, Cambridge, New York: Cambridge University Press 2007, S. 347–370.

11. »Georg Wilhelm Friedrich Hegel, Grundlinien der Philosophie des Rechts (1821)«, in: Manfred Brocker (Hg.), *Geschichte des politischen Denkens. Ein Handbuch*, Frankfurt/M.: Suhrkamp 2007, S. 403–418.

12. »Die moralischen Grundlagen moderner Gesellschaften«, in: *Frankfurter Positionen 2006. Zeitgenössische Urteilskraft. Vorträge, Essays, Diskussionen*, Frankfurt/M.: Verlag der Autoren 2006, S. 73–84.

13. »Demokratie und innere Freiheit. Alexander Mitscherlichs Beitrag zur kritischen Gesellschaftstheorie«, in: Sibylle Drews (Hg.), *Freud in der Gegenwart. Alexander Mitscherlichs Gesellschaftskritik*, Frankfurt/M.: Brandes & Apsel 2006, S. 94–102; wiederabgedruckt in: Axel Honneth, *Pathologien der Vernunft. Geschichte und Gegenwart der Kritischen Theorie*, Frankfurt/M.: Suhrkamp 2007, S. 192–200.

14. »Einleitung. Zum Begriff der Philosophie«, in: Axel Honneth/Christoph Menke (Hg.), *Theodor W. Adorno: Negative Dialektik*, Klassiker auslegen, Bd. 28, Berlin: Akademie-Verlag 2006, S. 11–27; wiederabgedruckt als »Gerechtigkeit im Vollzug: Adornos ›Einleitung‹ in die *Negative Dialektik*«, in: Axel Honneth, *Pathologien der Vernunft. Geschichte und Gegenwart der Kritischen Theorie*, Frankfurt/M.: Suhrkamp 2007, S. 93–111.

15. (zus. mit Christoph Menke) »Zur Einführung«, in: Axel Honneth/Christoph Menke (Hg.), *Theodor W. Adorno: Negative Dialektik*, Klassiker auslegen, Bd. 28, Berlin: Akademie-Verlag 2006, S. 1–9.

16. »›Zur Kritik der Gewalt‹. Ein Kommentar«, in: Burkhardt Lindner (Hg.), *Benjamin-Handbuch. Leben-Werk-Wirkung*, Stuttgart, Weimar: J.B. Metzler 2006, S. 193–210; wiederabgedruckt als »Eine geschichtsphilosophische Rettung des Sakralen. Zu Benjamins ›Kritik der Gewalt‹«, in: Axel Honneth, *Pathologien der Vernunft. Geschichte und Gegenwart der Kritischen Theorie*, Frankfurt/M.: Suhrkamp 2007, S. 112–156.

17. (zus. mit Joel Anderson) »Autonomy, Vulnerability, Recognition, and Justice«, in: John Christman/Joel Anderson (Hg.), *Autonomy and the Challenges to Liberalism. New Essays*, New York: Cambridge University Press 2005, S. 77–10.

18. »Eine Physiognomie der kapitalistischen Lebensform. Skizze der Gesellschaftstheorie Adornos«, in: Axel Honneth (Hg.), *Dialektik der Freiheit. Frankfurter Adorno-Konferenz 2003*, Frankfurt/M.: Suhrkamp 2005, S. 165–187; wiederabgedruckt in: Axel Honneth, *Pathologien der Vernunft. Geschichte und Gegenwart der Kritischen Theorie*, Frankfurt/M.: Suhrkamp 2007, S. 70–92.

19. »Buchstabengitter. Eine Interpretation der Wandinstallation im Institut für Sozialforschung«, in: Maren Flößer, *Ausstellungskatalog*, Frankfurt/M. 2005, S. 29–32.

20. »Adorno und Hannah Arendt – Zwei Formen der Bewältigung des Totalitarismus«, in: Stefamp Poggi/Enno Rudolph (Hg.), *Diktatur und Diskurs. Zur Rezeption des Totalitarismus in den Geisteswissenschaften*, Zürich: Orell Füssli 2005, S. 189–196.

21. »Die Unhintergehbarkeit des Fortschritts. Kants Bestimmung des Verhältnisses von Moral und Geschichte«, in: Herta Nagl-Docekal/Rudolf Langthaler (Hg.), *Recht-Geschichte-Religion. Die Bedeutung Kants für die Gegenwart*, Berlin: Akademie-Verlag 2004, S. 85–98; erweiterte Fassung: »Geschichte als Fortschritt? Kants Geschichtsphilosophie und die Gegenwart«, in: Birgit Recki/Sven Meyer/Ingmar Ahl (Hg.), *Kant lebt. Sieben Reden und ein Kolloquium zum 200. Todestag des Aufklärers*, Paderborn: Mentis 2006, S. 126–145; wiederabgedruckt in: Axel Honneth, *Pathologien der Vernunft. Geschichte und Gegenwart der Kritischen Theorie*, Frankfurt/M.: Suhrkamp 2007, S. 9–27.

22. »Vortrag anlässlich der Eröffnung des Adornoplatzes, Frankfurt/M., 10. September 2003«, in: Stadt Frankfurt/M. (Hg.), *Adornoplatz*, Frankfurt/M.: Stadt Frankfurt Dezernat für Kultur und Freizeit 2004, S. 18–19.

23. »Vom Schreibtisch«, in: Carmen R. Köper/Klaus Reichert/Dieter Stolte/Rüdiger Vollhard (Hg.), *Für Frankfurt leben. Begegnungen – Erfahrungen – Perspektiven. Petra Roth zum 60. Geburtstag*, Frankfurt/M.: Fischer 2004, S. 174–177.

24. »Rede zur Eröffnung der Autorenbuchhandlung Marx & Co.«, in: Hanne Kulessa (Hg.), *Bücher sind unser Kapital. Autorenbuchhandlung Marx & Co., 25 Jahre (1979–2004). Eine Firmengeschichte*, Frankfurt/M.: Autorenbuchhandlung 2004, S. 39–46.

25. »Antworten auf die Beiträge der Kolloquiumsteilnehmer«, in: Christoph Halbig/Michael Quante (Hg.), *Axel Honneth: Sozialphilosophie zwischen Kritik und Anerkennung*, Münster: LIT-Verlag 2004, S. 99–121.

26. »Eine soziale Pathologie der Vernunft. Zur intellektuellen Erbschaft der Kritischen Theorie«, in: Christoph Halbig/Michael Quante (Hg.), *Axel Honneth: Sozialphilosophie zwischen Kritik und Anerkennung*, Münster: LIT-Verlag 2004, S. 9–32; wiederabgedruckt in: Axel Honneth, *Pathologien der Vernunft. Geschichte und Gegenwart der Kritischen Theorie*, Frankfurt/M.: Suhrkamp 2007, S. 28–56.

27. »Gerechtigkeit und kommunikative Freiheit. Überlegungen im Anschluss an Hegel«, in: Barbara Merker/Georg Mohr/Michael Quante (Hg.), *Subjektivität und Anerkennung*, Paderborn: Mentis 2004, S. 213–227.

28. »Halbierte Rationalität. Erkenntnisanthropologische Motive der Frankfurter Schule«, in: Joachim Fischer/Hans Joas (Hg.), *Kunst, Macht und Institution: Studien zur philosophischen Anthropologie, soziologischen Theorie und Kultursoziologie der Moderne. Festschrift für Karl-Siegbert Rehberg*, Frankfurt/M., New York: Campus 2003, S. 58–74.

29. »Die Gleichursprünglichkeit von Anerkennung und Verdinglichung. Zu Sartres Theorie der Intersubjektivität«, in: Bernard Schumacher (Hg.), *Jean-Paul Sartre: Das Sein und das Nichts*, Klassiker Auslegen, Bd. 22, Berlin: Akademie-Verlag 2003, S. 135–158; erweiterte Fassung: »Erkennen und Anerkennen. Zu Sartres Theorie der Intersubjektivität«, in: Axel Honneth, *Unsichtbarkeit. Stationen einer Theorie der Intersubjektivität*, Frankfurt/M.: Suhrkamp 2003, S. 71–105.

30. »La Reconnaissance: une piste pour la théorie sociale contemporaine«, in: Roman Le Coadic/Christian Demeuré-Vallée (Hg.), *Identités et Démocratie. Diversité culturelle et mondialisation: repenser la démocratie*, Rennes: Presses Universitaires de Rennes 2003, S. 205–223.

31. »Einleitung: Genealogie als Kritik«, in: Axel Honneth/Martin Saar (Hg.), *Michel Foucault. Zwischenbilanz einer Rezeption*, Frankfurter Foucault-Konferenz 2001, Frankfurt/M.: Suhrkamp 2003, S. 117–121.

32. »Foucault und die Humanwissenschaften. Zwischenbilanz einer Rezeption«, in: Axel Honneth/Martin Saar (Hg.), *Michel Foucault. Zwischenbilanz einer Rezeption*, Frankfurter Foucault-Konferenz 2001, Frankfurt/M.: Suhrkamp 2003, S. 15–26.

33. »Einleitung«, in: Axel Honneth (Hg.), *Befreiung aus der Mündigkeit. Paradoxien des gegenwärtigen Kapitalismus*, Frankfurter Beiträge zur Soziologie und Sozialphilosophie, Frankfurt/M., New York: Campus 2002, S. 7–12.

34. »Organisierte Selbstverwirklichung. Paradoxien der Individualisierung«, in: Axel Honneth (Hg.), *Befreiung aus der Mündigkeit. Paradoxien des gegenwärtigen Kapitalismus*, Frankfurter Beiträge zur Soziologie und Sozialphilosophie, Frankfurt/M., New York: Campus 2002, S. 141–158.

35. »›Angst und Politik‹ – Stärken und Schwächen der Pathologiediagnose von Franz Neumann«, in: Mattias Iser/David Strecker (Hg.), *Kritische Theorie der Politik. Franz Neumann – eine Bilanz*, Baden-Baden: Nomos 2002, S. 200–207; wiederabgedruckt in: Axel Honneth, *Pathologien der Vernunft. Geschichte und Gegenwart der Kritischen Theorie*, Frankfurt/M.: Suhrkamp 2007, S. 180–191.

36. »Idiosynkrasie als Erkenntnismittel. Gesellschaftskritik im Zeitalter des normalisierten Intellektuellen«, in: Herfried Münkler (Hg.), *Der demokratische Nationalstaat in den Zeiten der Globalisierung: Politische Leitideen für das 21. Jahrhundert*, Festschrift zum 80. Geburtstag von Iring Fetscher, Berlin: Akademie-Verlag 2002, S. 241–252; gekürzter Vorabdruck in: *Neue Zürcher Zeitung*, 9./10. März 2002, Nr. 57, S. 49f.; erw. Fassung in: Uwe Justus Wenzel (Hg.), *Der kritische Blick. Über intellektuelle Tätigkeiten und Tugenden*, Frankfurt/M.: Fischer 2002, S. 61–79; wiederabgedruckt in: Axel Honneth, *Pathologien der Vernunft. Geschichte und Gegenwart der Kritischen Theorie*, Frankfurt/M.: Suhrkamp 2007, S. 219–234.

37. »Wie ist eine gute Gesellschaft denkbar und gestaltbar? Thesen zu einer unübersichtlichen Diskussionslandschaft«, in: Jutta Allmendinger (Hg.), *Gute Gesellschaft? Verhandlungen des 30. Kongresses der Deutschen Gesellschaft für Soziologie in Köln 2000*, Opladen: Leske + Budrich 2001, S. 1322–1329.

38. »Zwischen Hermeneutik und Hegelianismus. John McDowell und die Herausforderung des moralischen Realismus«, in: Lutz Wingert/Klaus Günther (Hg.), *Die Öffentlichkeit der Vernunft und die Vernunft der Öffentlichkeit*, Festschrift für Jürgen Habermas, Frankfurt/M.: Suhrkamp 2001, S. 372–402.

39. »Das Werk der Negativität. Eine psychoanalytische Revision der Anerkennungstheorie«, in: Werner Bohleber/Sibylle Drews (Hg.), *Die Gegenwart der Psychoanalyse – Die Psychoanalyse der Gegenwart*, Stuttgart: Klett-Cotta 2001, S. 238–245.

40. »Die transzendentale Notwendigkeit von Intersubjektivität. Zum Zweiten Lehrsatz in Fichtes Naturrechtsabhandlung«, in: Jean-Christophe Merle (Hg.), *Johann Gottlieb Fichte: Grundlage des Naturrechts*, Klassiker Auslegen, Bd. 24, Berlin: Akademie-Verlag 2001, S. 63–8; wiederabgedruckt in: Axel Honneth, *Unsichtbarkeit. Stationen einer Theorie der Intersubjektivität*, Frankfurt/M.: Suhrkamp 2003, S. 28–48.

41. »Das Revolutionszeitalter von 1789 bis 1989. Zur Einführung in das Kolloquium VIII«, in: Rüdiger Bubner/Walter Mesch (Hg.), *Die Weltgeschichte – das Weltgericht? Stuttgarter Hegel-Kongreß 1999*, Stuttgart: Klett-Cotta 2001, S. 425–428.

42. »Anerkennungsbeziehungen und Moral. Eine Diskussionsbemerkung zur anthropologischen Erweiterung der Diskursethik«, in: Reinhard Brunner/Peter Kelbel (Hg.), *Anthropologie, Ethik und Gesellschaft. Für Helmut Fahrenbach*, Frankfurt/M., New York: Campus 2000, S. 101–111.

43. »Jürgen Habermas. Theorie des kommunikativen Handelns« (Lexikonartikel), in: Dirk Kaesler/Ludgera Vogt (Hg.), *Hauptwerke der Soziologie*, Stuttgart: Kröner 2000, S. 186–192.

44. »Logik des Fanatismus. Deweys Archäologie der deutschen Mentalität (Einführung)«, in: John Dewey, *Deutsche Philosophie und Deutsche Politik*, Berlin, Wien: Philo Verlagsgesellschaft 2000, S. 7–35.

45. »Anerkennung oder Umverteilung? Veränderte Perspektiven einer Gesellschaftsmoral«, in: Peter Ulrich/Thomas Maak (Hg.), *Die Wirtschaft in der Gesellschaft – Perspektiven an der Schwelle zum 3. Jahrtausend*, St. Gallener Beiträge zur Wirtschaftsethik, hg. vom Institut für Wirtschaftsethik St. Gallen, Bd. 27, Bern, Stuttgart, Wien: Haupt-Verlag 2000, S. 131–150.

46. »Pathologien der individuellen Freiheit: Hegels Zeitdiagnose und die Gegenwart«, in: Jörg Huber (Hg.), *Darstellung, Korrespondenz, Interventionen 9*, Zürich: Edition Voldemeer 2000, S. 215–232.

47. »Von der zerstörerischen Kraft des Dritten. Gadamer und die Intersubjektivitätslehre Heideggers«, in: Günter Figal/Jean Grodin/Dennis J. Schmidt (Hg.), *Hermeneutische Wege – Hans-Georg Gadamer zum Hundersten*, Tübingen: J. C. B. Mohr Siebeck 2000, S. 307–324.

48. »Einleitung«, in: Gerhart Graevenitz (Hg.), *Konzepte der Moderne*, Stuttgart, Weimar: J. B. Metzler 1999, S. 491–496.

49. »Jürgen Habermas«, in: Dirk Käsler (Hg.), *Klassiker der Soziologie, Bd. 2. Von Talcott Parsons bis Pierre Bourdieu*, München: C. H. Beck 1999, S. 230–251.

50. »Kommentar zu Erich Wulf«, in: Martin Heinze/Christian Kupke/Stephan Pflanz/Kay Vogeley (Hg.), *Psyche im Streit der Theorien*, Würzburg: Königshausen & Neumann 1996, S. 69–73.

51. »Communauté«, in: Monique Canto-Sperber (Hg.), *Dictionnaire d'éthique et de philosophie morale*, Paris: Presses Universitaires de France 1996, S. 270–274.

52. »Reconnaissance«, in: Monique Canto-Sperber (Hg.), *Dictionnaire d'éthique et de philosophie morale*, Paris: Presses Universitaires de France 1996, S. 1272–1278.

53. »Pathologien des Sozialen. Tradition und Aktualität der Sozialphilosophie«, in: Axel Honneth (Hg.), *Pathologien des Sozialen. Die Aufgaben der Sozialphilosophie*, Frankfurt/M.: Fischer 1994, S. 9–69; gekürzt als Lexikonartikel »Sozialphilosophie« in: Hans Jörg Sandkühler (Hg.), *Enzyklopädie Philosophie*, Hamburg: Meiner 1999, S. 1183–1198; wiederabgedruckt in: Axel Honneth, *Das Andere der Gerechtigkeit. Aufsätze zur praktischen Philosophie*, Frankfurt/M.: Suhrkamp 2000, S. 11–69.

54. »Posttraditionale Gemeinschaften. Ein konzeptueller Vorschlag«, in: Micha Brumlik/Hauke Brunkhorst (Hg.), *Gemeinschaft und Gerechtigkeit*, Frankfurt/M.: Fischer 1993, S. 260–273; wiederabgedruckt in: Axel Honneth, *Das Andere der Gerechtigkeit. Aufsätze zur praktischen Philosophie*, Frankfurt/M.: Suhrkamp 2000, S. 328–338.

55. »Dezentrierte Autonomie. Moralphilosophische Konsequenzen aus der Subjektkritik«, in: Christoph Menke/Martin Seel (Hg.), *Zur Verteidigung der Vernunft gegen ihre Liebhaber und Verächter*, Frankfurt/M.: Suhrkamp 1993, S. 149–164; wiederabgedruckt in: Axel Honneth, *Das Andere der Gerechtigkeit. Aufsätze zur praktischen Philosophie*, Frankfurt/M.: Suhrkamp 2000, S. 237–254.

56. »Einleitung«, in: Axel Honneth (Hg.), *Kommunitarismus. Eine Debatte über die moralischen Grundlagen moderner Gesellschaften*, Frankfurt/M., New York: Campus 1993, S. 7–18.

57. »Leuchtfeuer der Katastrophe. Emile Zola und die Sozialforschung«, in: Gabriele Althaus/Helmut Berking/Ursula Evers/Rudi Thiessen (Hg.), *Avanti Di-*

lettanti. Über die Kunst, Experten zu widersprechen. Urs Jaeggi zum 60. Geburtstag, Berlin: Metropol 1992, S. 131–138.

58. »Die Herausforderung des Kommunitarismus. Eine Nachbemerkung«, in: Christel Zahlmann (Hg.), *Kommunitarismus in der Diskussion*, Berlin: Rotbuch 1992, S. 118–124.

59. »Individualisierung und Gemeinschaft«, in: Christel Zahlmann (Hg.), *Kommunitarismus in der Diskussion*, Berlin: Rotbuch 1992, S. 16–24.

60. »Atomisierung und Sittlichkeit. Über Hegels Kritik der Französischen Revolution«, in: Forum für Philosophie Bad Homburg (Hg.), *Die Ideen von 1789 in der deutschen Rezeption*, Frankfurt/M.: Suhrkamp 1989, S. 174–185.

61. »Moralische Entwicklung und sozialer Kampf. Sozialphilosophische Lehren aus dem Frühwerk Hegels«, in: Axel Honneth/Thomas McCarthy/Claus Offe /Albrecht Wellmer (Hg.), *Zwischenbetrachtungen. Im Prozeß der Aufklärung. Jürgen Habermas zum 60. Geburtstag*, Frankfurt/M.: Suhrkamp 1989, S. 549–573.

62. »Zur Logik der Emanzipation. Zum philosophischen Erbe des Marxismus«, in: Hans-Leo Krämer/Claus Leggewie (Hg.), *Wege ins Reich der Freiheit. André Gorz zum 65. Geburtstag*, Berlin: Rotbuch 1989, S. 86–106.

63. »Kampf um Anerkennung. Zu Sartres Theorie der Intersubjektivität«, in: Traugott König (Hg.), *Sartre-Konferenz*, Reinbek bei Hamburg: Rowohlt 1988, S. 73–83.

64. »Critical Theory«, in: Anthony Giddens/Jonathan Turner (Hg.), *Social Theory Today*, Palo Alto: Stanford University Press, 1987, S. 347–382; dt.: »Kritische Theorie«, in: *Kölner Zeitschrift für Soziologie und Sozialpsychologie*, Jg. 41, 1989, S. 1–32.

65. »Eine Welt der Zerrissenheit. Zur untergründigen Aktualität von Lukács' Frühwerk«, in: Rüdiger Dannemann (Hg.), *Georg Lukács – Jenseits der Polemiken*, Frankfurt/M.: Suhrkamp 1986, S. 39–52; wiederabgedruckt in: Axel Honneth, *Die zerrissene Welt des Sozialen. Sozialphilosophische Aufsätze*, Frankfurt/M.: Suhrkamp 1990, S. 9–25.

66. »Diskursethik und implizites Gerechtigkeitskonzept«, in: Emil Angehrn/ Georg Lohmann (Hg.), *Ethik und Marx*, Frankfurt/M.: Suhrkamp 1986, S. 268–274; erweitert in: Wolfgang Kuhlmann (Hg.), *Moralität und Sittlichkeit*, Frankfurt/M.: Suhrkamp 1986, S. 183–193.

67. »Strukturalismus«, in: Harald Kerber/Arnold Schmieder (Hg.), *Handbuch Soziologie*, Reinbek bei Hamburg: Rowohlt 1984, S. 582–586.

68. »L'esprit et son objet. Parentés anthropologiques entre la ›dialectique de la raison‹ et la critique de la civilisation dans la philosophie de la vie«, in : Gérard Raulet (Hg.), *Weimar ou l'explosion de la modernité*, Paris: Éditions Anthropos 1984, S. 97–112.

69. »Arbeit und instrumentales Handeln«, in: Hans Joas/Axel Honneth (Hg.), *Arbeit, Handlung, Normativität. Theorien des Historischen Materialismus*, Bd. 2, Frankfurt/M.: Suhrkamp 1980, S. 185–233.

70. (mit Birgit Mahnkopf und Rainer Paris) »Zur ›latenten Biographie‹ von Arbeiterjugendlichen«, in: *Soziologische Analysen. Referate des 19. Deutschen Soziologentages*, Berlin 1979, S. 930–939.

71. »Geschichte und Interaktionsverhältnisse«, in: Hans Joas/Axel Honneth (Hg.), *Theorien des Historischen Materialismus*, Bd. 1, Frankfurt/M., New York: Campus 1977, S. 405–449.

E. Einleitungen, Vor- und Nachworte zu Monographien

1. (zus. mit Martin Saar) »Nachwort: Geschichte der Gegenwart. Michel Foucault's Philosophie der Kritik«, in: Michel Foucault, *Die Hauptwerke*, Frankfurt/M.: Suhrkamp 2008, S. 1651–1682.

2. (zus. mit Klaus Günther) »Vorwort« zu: David Garland, *Kultur der Kontrolle. Verbrechensbekämpfung und soziale Ordnung in der Gegenwart*, Frankfurter Beiträge zur Soziologie und Sozialphilosophie, Bd. 12, Frankfurt/M., New York: Campus 2008, S. 7–16.

3. »Philosophie als Sozialforschung. Die Gerechtigkeitstheorie von David Miller«, Vorwort zu: David Miller, *Grundsätze sozialer Gerechtigkeit*, Frankfurt/M., New York: Campus 2008, S. 7–25.

4. »Nachwort« zu: Aurel Kolnai, *Ekel, Hochmut, Haß. Zur Phänomenologie feindlicher Gefühle*, Frankfurt/M.: Suhrkamp 2007, S. 143–175.

5. »Vorwort« zu: Thomas Lemke, *Die Polizei der Gene. Formen und Felder genetischer Diskriminierung*, Frankfurter Beiträge zur Soziologie und Sozialphilosophie, Bd. 9, Frankfurt/M., New York: Campus 2006, S. 9–11.

6. »Vorwort« zu: Rahel Jaeggi, *Entfremdung. Zur Aktualität eines sozialphilosophischen Problems*, Frankfurter Beiträge zur Soziologie und Sozialphilosophie, Bd. 8, Frankfurt/M., New York: Campus 2005, S. 7–10.

7. »Nachwort« zu: Robin G. Collingwood, *Die Idee der Natur*, Frankfurt/M.: Suhrkamp 2005, S. 215–232.

8. »Vorwort« zu: Thomas Biebricher, *Selbstkritik der Moderne. Foucault und Habermas im Vergleich*, Frankfurter Beiträge zur Soziologie und Sozialphilosophie, Bd. 7, Frankfurt/M., New York: Campus 2005, S. IX-XI.

9. (zus. mit Hans Joas) »Vorwort« zu: Robert Pippin, *Die Verwirklichung der Freiheit. Der Idealismus als Diskurs der Moderne*, Frankfurt/M., New York: Campus 2005, S. 7–14.
10. »Vorwort« zu: Alain Ehrenberg, *Das erschöpfte Selbst. Depression und Gesellschaft in der Gegenwart*, Frankfurter Beiträge zur Soziologie und Sozialphilosophie, Bd. 6, Frankfurt/M., New York: Campus 2004, S. VII-IX.
11. »Vorwort« zu: Reimut Reiche, *Triebschicksal der Gesellschaft. Über den Strukturwandel der Psyche*, Frankfurter Beiträge zur Soziologie und Sozialphilosophie, Bd. 5, Frankfurt/M., New York: Campus 2004, S. VII-XI.
12. »Vorwort« zu: Eva Illouz, *Der Konsum der Romantik. Liebe und die kulturellen Widersprüche des Kapitalismus*, Frankfurt/M., New York: Campus 2003, S. VII-XXI.
13. (zus. mit Martin Seel) »Einleitung« zu: John McDowell, *Wert und Wirklichkeit. Aufsätze zur Moralphilosophie*, Frankfurt/M.: Suhrkamp 2002, S. 7–29.
14. »Nachwort« (1988) zur Taschenbuch-Ausgabe von: Axel Honneth, *Kritik der Macht*, Frankfurt/M.: Suhrkamp 1989, S. 380–406.
15. »Nachwort« zu: Charles Taylor, *Negative Freiheit? Zur Kritik des neuzeitlichen Individualismus*, Frankfurt/M.: Suhrkamp 1988, S. 295–314.

F. Rezensionsaufsätze (ohne kurze Rezensionen und Stellungnahmen)

1. »Flucht in die Peripherie. Zu Judith Shklars Rezension von Hannah Arendt ›Between Past and Future‹«, in: *Deutsche Zeitschrift für Philosophie*, Vol. 56, No. 6, 2008, S. 26–30.
2. »Review of Margarete Kohlenbach, *Walter Benjamin: Self-Reference and Religiosity*«, in: *European Journal of Philosophy*, Vol. 13, No. 2, 2005, S. 293–301; dt.: »Religiöser Dezisionismus. Zu Margarete Kohlenbachs ›Walter Benjamin: Self-Reference and Religiosity‹«, in: *WestEnd. Neue Zeitschrift für Sozialforschung*, H. 1, 2006, S. 121–129.
3. »Tigersprung in die Vorgeschichte der Arbeit. Zu Robert Castels grundlegendem Werk ›Metamorphosen der sozialen Frage‹«, in: *Literaturen*, Nr. 2, 2001, S. 58–59; auch erschienen als: »Eine Archäologie der Lohnarbeitsgesellschaft«, in: *Journal Arbeit*, Bd. 1, Nr. 2, Herbst 2001, S. 39–40.
4. »Universalismus und kulturelle Differenz. Zu Michael Walzers Modell der Gesellschaftskritik«, in: *Merkur*, Nr. 512, Bd. 45, 1991, S. 1049–1055.

5. »Leibhaftige Vernunft. Zur Wiederentdeckung von Maurice Merleau-Ponty«, in: *Merkur*, Nr. 454, Bd. 40, 1986, S. 1052–1058.

6. »In der Grauzone zwischen Therapie und Theorie. Richard Sennetts Studie über ›Autorität‹«, in: *Merkur*, Bd. 40, Nr. 448, 1986, S. 511–515.

7. »›Die Kunst der Entzweiung‹. Zu Martin Seels Studie über die ästhetische Rationalität«, in: *Merkur*, H. 3, 40. Jg., März 1986, S. 240–245.

8. »Moralischer Konsens und Unrechtsempfindung. Zu Barrington Moores Untersuchung ›Ungerechtigkeit‹«, in: *Suhrkamp Verlag Wissenschaft. Weißes Programm. Almanach*, Frankfurt/M.: Suhrkamp 1984, S. 108–114.

9. »Ein unabgeschlossenes Kapitel kritischer Gesellschaftstheorie. Zu McCarthys ›Kritik der Verständigungsverhältnisse‹«, in: *Ästhetik und Kommunikation*, H. 45–46, 1981, S. 162–170.

10. (zus. mit Rainer Paris) »Zur Interaktionsanalyse von Politik«, in: *Leviathan*, Jg. 7, H. 1, 1979, S. 138–142.

11. (zus. mit Rainer Paris) »Reproduktion und Sozialisation. Grundfragen einer materialistischen Sozialisationstheorie – und wie man sie nicht beantwortet«, in: *Leviathan*, Jg. 5, H. 3, 1977, S. 424–440.